国家社会科学基金项目"中国英语学习者口语能力的发展变异与提升路径研究"（19BYY228）

浙江理工大学学术著作出版资金资助（2024年度）

# 第二语言
# 口语发展变异研究

A Study of the Variability in
Development of
Second Language Speaking

安 颖 著

ZHEJIANG UNIVERSITY PRESS
浙江大学出版社
·杭州·

图书在版编目（CIP）数据

第二语言口语发展变异研究 / 安颖著. — 杭州 ：
浙江大学出版社，2024.5
ISBN 978-7-308-24973-7

Ⅰ．①第… Ⅱ．①安… Ⅲ．①第二语言－口语－研究
Ⅳ．①H0

中国国家版本馆CIP数据核字(2024)第099124号

**第二语言口语发展变异研究**

安　颖　著

| | |
|---|---|
| **责任编辑** | 黄静芬 |
| **责任校对** | 杨诗怡 |
| **封面设计** | 周　灵 |
| **出版发行** | 浙江大学出版社 |
| | （杭州市天目山路148号　　邮政编码　310007） |
| | （网址：http：//www.zjupress.com） |
| **排　　版** | 杭州林智广告有限公司 |
| **印　　刷** | 广东虎彩云印刷有限公司绍兴分公司 |
| **开　　本** | 710mm×1000mm　1/16 |
| **印　　张** | 14.5 |
| **字　　数** | 251千 |
| **版 印 次** | 2024年5月第1版　2024年5月第1次印刷 |
| **书　　号** | ISBN 978-7-308-24973-7 |
| **定　　价** | 68.00元 |

# 前　言

自 20 世纪 70 年代以来，应用语言学界的不同流派都对变异进行过探讨。20 世纪 70 年代，社会语言学派针对变异研究提出了威廉·拉波夫（William Labov）范式。之后在 80 年代，以威廉·J. M. 李维特（Willem J. M. Levelt）为代表的心理语言学派也开始对变异进行研究。这两个学派都认为变异是受到各种因素（如社会、心理等）影响的一种结果，所以这是在静态观的指导下进行的变异研究。直到 90 年代，复杂动态系统理论引入二语习得领域，变异的研究取得了从"静态变异观"到"动态变异观"的重大进展。动态变异观对变异给出了具有突破性的意义诠释，即变异是涌现自嵌套的系统中异质子系统间的交互非线性发展，是动态系统的固有属性。动态变异观弥补了前期研究的不足，由此，变异研究开始从结果取向朝着过程取向、从静态视角朝着动态视角转变。

本研究基于复杂动态系统理论视角，以"整体论"为学术指导思想，诠释整个第二语言（英语）口语系统的发展情况，遵循"动态发展观"，关注第二语言（英语）口语能力的发展变异过程，运用跨学科、多样化的研究方法，对二语口语系统基本分析单位（词汇和句法）的发展变异进行研究，以期达到发现二语口语发展变异轨迹、变异趋势和变异规律的目的。本研究将为我国制定二语口语多元化评价体系提供数据帮助，为我国制定符合二语口语发展规律的教学目标提供决策支持。发展变异研究在国内外都具有前沿性和创新性，本研究顺应趋势，以中国英语学习者的口语语料为研究对象，使得研究更加本土化。

本研究项目组在 4 年的研究期内，对从大学一年级或研究生一年级开始的 18 名中国高校英语学习者的英语口语进行了研究，其中包括本科阶段英语专业学习者 6 人、非英语专业学习者 6 人①，研究生阶段硕士研究生 4 人和博士研究生 2 人。最终收集有效口语录音语料 1323 个，总时长 31028 分钟，共获取 12288 个历史数据值，转写文本的总形符数超 1000000 个。本专著共分 7 章。第 1 章"导论"首先提出目前第二语言口语教学的现状和不足，接着简述本研究的研究框架、主要研究内容和研究目标，然后指出本研究的价值和意义以及专著的结构和章节安排。第 2 章"文献综述"通过既有研究重点回顾了英语二语口语研究和复杂动态系统理论视角下的发展变异研究，进而指出先行研究中存在的问题。第 3 章"理论基础与研究框架"介绍复杂动态系统理论的缘起以及基于复杂动态系统的二语发展观和二语发展特征，并阐述多种理论视角下关于变异的观点，最后以此为基础构建了本研究的分析框架。第 4 章"研究设计"详述了本研究中测量指标的选取、研究受试的情况、口语语料的收集与处理，以及统计分析数据的工具、技术和方法。第 5 章"英语二语口语的发展变异轨迹"、第 6 章"英语二语口语的发展变异趋势"和第 7 章"英语二语口语的发展变异规律"为本专著的核心部分，论述了中国英语学习者在本科阶段和研究生阶段的口语系统的发展变异轨迹、发展变异趋势和发展变异规律，最后据此提出了重要的二语口语教学启示，并指明了未来此类研究的方向。

本课题研究的顺利开展得益于国家社会科学基金项目、浙江理工大学学术著作出版资金以及浙江理工大学科研启动基金项目的大力支持，同时也是本项目组全体成员辛勤努力、团结协作的结果。尤其是在新冠疫情的特殊时期，他们的超常付出和坚持才使本研究得以高质量完成。最后还要特别鸣谢浙江大学出版社国际文化出版中心的黄静芬副主任及其编辑团队给予的专业意见和建议，使得本专著可以尽早出版发行，与读者见面。

---

① 本书后文中提到的"英语专业学习者"和"非英语专业学习者"，如非特殊说明，均指本科阶段的学习者。

# 目　录

# 第1章 导 论

本章首先介绍了研究背景，确定了复杂动态系统理论（Complex Dynamic Systems Theory，CDST）指导下的第二语言发展（Second Language Development，SLD）变异研究的必要性和可行性；接着构建了英语二语口语动态发展变异研究中由三大板块八个具体研究内容构成的研究总体框架，分别从口语发展变异轨迹、口语发展变异趋势和口语发展变异规律三个层面展开讨论；然后指出了本研究在学术理论、实际应用和方法论方面的意义和价值；最后论述了本书的结构以及每章的主要内容。

## 1.1 研究背景

长期以来，我国英语二语教学改革取得了相当不错的成果，但本科阶段的英语口语教学现状却不能令人满意，口语仍然是外语学习中最重要也最困难的部分之一。对二语产出过程与能力的研究一直是心理语言学、认知语言学（Cognitive Linguistics，CL）、二语习得等学科关注的一个核心课题。虽然口语表达较书面表达更为常用，但二语研究语料多来自后者，这是因为口语语料比书面语料更加难以收集、记录和分析。因此，国内外对二语学习者口语表达的研究都较为薄弱（王立非、周丹丹，2004）。目前，二语口语研究的焦点还是集中在口语技能的表达结果上，而对其发展过程的研究甚是少见（李英、闵尚超，2010）。虽然探讨口语学习与思维过程、口语水平发展等的研究似乎是对口语的过程性研究，但其主要的目的还是考察最终呈现的口语发展结果，而不是在详尽地描述二语学习者口语动态发展过程的基础上，分析发展过程中出现的复杂的变异情况。近年来，随着认知语言学、心理语言学、二语习得、教育学、语料库、计算机科学、统计学等相关学科的发展，人们开始关注英语口语的表达过程（李英、闵尚超，2010）。但是，关于口语表达过程的研究还停留在对于表达中词汇、句法等方面特点的描述或总结上。而且，关于这些特点的研究其实大多数还是在描绘一种静态的结果，虽然也有关于某些特点的对比研究，但是由于这种对比研究的持续时间太短，更重要的是，在这样的研究中时间（动态发展）并不是研究者们考虑的主要因素，因此这也不能被归为二语口语发展中的变异研究。

受到传统的语言观和二语习得观的影响，二语口语发展中的变异研究关注的都是发现系统性和群体普遍性，以及由此引起或影响变异发生的因素。传统观点认为，发展中的变异只不过是各种语言外部和内部因素影响下的一种结果，并不是以口语发展的时间为自变量而进行的动态的发展研究。学习者的口语发展一直以来都是语言学界所关注的重点，但英语口语能力依然是中国学习者较为薄弱的环节（于涵静、戴炜栋，2019），这说明前期的口语研究带给口语教学的启示较为有限，甚至前期为数不多的关于二语口语发展过程的研究也有待完善，因为在这样的研究中，时间（动态发展）并不是研究者们考虑的主要因素。直到 1997 年黛安娜·拉森－弗雷曼（Diane Larsen-Freeman）将自然科学领域中的复杂动态系统理论这一全新的研究视角引入二语习得领域中之后，才有了真正意义上的以时间为自变量的二语口语动态发展过程（历时）研究。

二语发展中的变异（variability）指的是第二语言发展中学习者的语言行为在不同的时间点发生的习得（acquisition）与磨蚀（attrition）并存的情况（Verspoor, de Bot & Lowie, 2011）。语言磨蚀（也被称作语言损耗）是指第二语言或外语学习者在接受语言教学之后，经过若干时间而产生的第二语言或外语技能和知识丧失或退化的现象（蔡寒松、周榕，2004）。

传统的研究要么忽略语言中的变异，把变异看作发展中的"噪声"（noise）；要么从语言外部寻找变异产生的原因，如把变异归因于第一语言（first language）的迁移、目的语（target language）的泛化（generalization）（Verspoor, Lowie & van Dijk, 2008；Dörnyei, 2009b, 2010）。然而，Selinker（1972）认为，在语言发展中同时存在系统性和变异性，其中变异性强调了学习者语言发展的动态变化。Ellis（1994）也曾论及变异在语言发展中的作用：变异可以反映下一阶段的语言发展，并对语言发展起到推动作用。因此，变异成为发展的源泉和发展过程中某个特定时刻的指标（Thelen & Smith，1994），它负载着有关发展过程本质的重要信息，是语言发展产生质变的重要标志（Verspoor，Lowie & de Bot，2008）。所以，对发展中时时存在的变异做出如实的描述，才能对发展过程有全面的了解和把握，才能揭示真实的发展变化模式及机制（Verspoor，de Bot & Lowie，2011）。

研究变异是我们理解动态系统 SLD 过程的一个关键的、必不可少的方面，因为近距离地观察个体的变异情况能够帮助我们发现发展的规律，否则这种规律就是隐藏的（Verspoor，Lowie & de Bot，2008）。发展中的变异在本质上反映的是语言的发展变化，因而如果仅把变异看成测量的误差而忽视它，我们就失去了发现语言真实发展规律的途径。而当我们注意到语言发展的稳定性和变异性的相互作用所产生的变化的本质时，我们就发现了探究语言学习和语言发展过程的新路径（Larsen-Freeman，2006）。因而，Thelen 和 Smith（1994）把变异看作测量系统稳定性的重要尺度，认为变异是变化的预兆，是重要的研究对象和资源，而不是噪声。

作为一种新型跨学科研究范式，CDST 为我们从动态视角研究变异提供了理论上的必然性和实证上的可能性（安颖，2016；安颖、成晓光，2018）。CDST 框架的可取之处在于，它使被传统研究视为噪声（变异）的信息重归研究者视线（黄小扬、何莲珍，2011）。CDST 是以研究"发展"为核心内容的理论，研究焦点在于各种系统及其子系统在时间流逝中复杂的、非线性的发展过程（Thelen & Smith，1994）。CDST 尤其适合探究语言动态发展的非线性过程和特征（郑咏滟，2011），而（语言）系统发展中的变异是最能体现这一核心理念和研究焦点的。传统的定量数据分析方法一方面大多关注呈现整体发展趋势的"集中"（平均）数据，另一方面由于很难捕捉动态发展中反映真实发展情况的"变异"（离散）数据而将其剔除。更何况，人类语言的所有知识和规律都是隐含的，从中挖掘出更深层次的结构与演化规律是很难的，但大量真实的语言行为数据可以反映语言结构及其相互关系的规律性。不过，基于 CDST 理念研发的一套处理和分析变异数据的方法、技术和工具（van Geert & van Dijk，2002），却为我们从表面上看似杂乱、无规律可循的"变异"数据中找到有价值的语言发展模式信息提供了实证上的可能性。

在应用语言学领域中，基于 CDST 的语言学习研究旨在了解语言学习过程中的变化，研究多变量共同作用下语言不断变化发展过程中的变异。CDST 重视变异研究，还认为变异是语言发展变化的开端和推动力。高度复杂的变异过程意味着语言学习的质变，是语言学习者的必经之路。van Geert 和 van Dijk（2002）表达了相似的看法，他们认为学习者语言发展过程中的变异反映了相互矛盾的表征同时被激活，这有助于更完善、更高级表征的延续。在传统的语言发展过程的研究中，研究者常常试图把发展中的变异视为异质的数据而加以剔除（Dulay & Burt，1974）。但在 CDST 视角下，这些呈现"变异"的数据则被认为是应该仔细观察和详细记录的重要信息源。唯有如此，我们才能够避免由于真相被扭曲而做出的误判，从而更有把握地去了解一个更为真实的语言发展过程，提出一个更加符合实际的提升二语（口语）水平的解决方案。有关变异的研究可以说是目前 CDST 研究中最为活跃的一个方面，而在 SLD 中 CDST 视角下的变异研究也是当今应用语言学中的一个热门议题。

传统的定量数据分析方法用于研究变异既不适合也不可行。这些分析程序建立在整体平均数的基础上，因而排除了一些具有特殊性的细节。相反，动态系统的逻辑表明这些细节对理解真实情况是非常关键的（Larsen-Freeman & Cameron，2008）。运用语言学中的传统工具很难捕捉到动态发展中"变异"这个特征，不过来自自然科学领域的一些方法、技术和工具的引入为我们趋近这个目标提供了一条道路。目前，鉴于研究动态发展中变异的复杂性以及"变异"数据处理和分析的难操作性等问题，van Geert 和 van Dijk（2002）提出并研发了一系列研究变异的动态研究方法、数据处理分析技术和可视化工具。在此基础上，Verspoor、de Bot 和 Lowie（2011）还介绍了应用这些方法、技术和工具进行变异研究的具体步骤。这为我们深入、科学、精准地研究 SLD 中的变异情况提供了方法论支持。系统发展中变异的动态研究法着重分析系统随时间变化的样态，从而回答什么样的变化可能会带来什么样的发展，什么样的发展又会引起系统什么样的改变。

在第二语言教学中，动态的变异观使二语教师充分认识到变异代表着第二语言的发展，没有变异也就没有语言的发展。没有冲突和变异，第二语言学习系统就会面临石化（fossilization）问题。在稳定和变异的关系中，稳定只是变异的一个特殊形式，是一种暂时的平衡状态，因为只有不稳定的状态才预示着新事物的诞生，才能使系统的自组织原则发挥作用。这就是变异的哲学、变异的辩证法。正如 Larsen-Freeman（2012）所指出的，第二语言教学的最终目的是发展二语学习者的语言水平，而不是给他们不变的系统增加知识，因而重要的是改变学习者的中介语系统，进行第二语言的结构性改革。

可见，在第二语言口语发展中进行变异研究对于二语口语教学有重要的启示。变异规律的发现可以促使二语教师把握二语发展中的变异频发期，调整控制参数，推动二语系统重组，帮助二语学习者顺利度过变异高峰期，突破瓶颈状态，达到二语学习者语言能力向前发展的目的。同时，变异规律的发现还可以让二语教师更加深入地理解和反思 SLD 过程中各种可能影响后期语言发展的重要细节，进而提出能够促进二语学习者中介语系统发展提升的实用方案和措施。

目前，作为新兴的研究议题，以 CDST 为研究视角的动态变异研究主要处于理论假设的层面，真正的实证性研究少之又少。而且，现有的几项为数不多的实证研究基本集中在考察二语学习者写作技能的词汇或句法的变异呈现上，即极少使用 CDST 特有的动态研究方法，也没有深入变异规律的发现上。因此，一方面，从 CDST 出发研究变异，更应注重理论探讨之上的实证研究，在真实的二语语料中发现二语系统发展过程中的变异规律，使得我们自身的研究取得更具说服力和应用价值的成果；另一方面，相关的实证研究应在利用能够真正呈现发展中变异的动态研究方法、工具和技术 [ 如时间序列分析法（time series analysis，TSA）、计算机建模（computer modeling）等 ] 的基础上，总结出英语二语口语发展中的变异规律，并将其应用到我国的第二语言（口语）教学中。

## 1.2 研究内容和研究目标

CDST 视角下以"关注过程为导向"的动态变异观认为，变异是发展系统的固有属性和内在特质（Larsen-Freeman & Cameron，2008），由此明确了变异分析的对象就是系统发展过程本身，因而对系统发展变异的研究就是对系统本身基本分析单位——词汇、句法的研究。据此，本课题的研究对象是英语二语学习者口语系统动态发展中的以下几个方面：（1）词汇发展变异情况；（2）句法发展变异情况；（3）词汇和句法间关系的发展变异情况。研究语料是从两组中国英语学习者（本科生组、研究生组，共18人）在8个时间段（持续4年）中收集的英语口语录音语料，其中本科生组12人（英语专业学习者与非英语专业学习者各6人），研究生组6人（硕士研究生学习者4人，博士研究生学习者2人）。最终收集有效口语录音语料1323个样本，总时长达31028分钟，共获取12288个历史数据值，转写文本的总形符数超1000000个。

为探究上述研究对象，本课题按照三大板块搭建了研究总体框架，其中包括以下八个部分的具体研究内容。

第一板块：呈现发展变异轨迹。

研究内容1：词汇发展变异轨迹。明确影响英语二语口语词汇发展变异的可操作性变量，如词汇的多样性和复杂度；确定可操作变量的多维测量指标，其中多样性包括类符-形符比例（type-token ratio，TTR）和随机的类符-形符比例（D值），复杂度选用独特词比例和词频概况（lexical frequency profile，LFP），最后使用多项式趋势线和折线图，对两个学段（本科阶段和研究生阶段）的18名受试每人的词汇测量指标进行可视化呈现。

研究内容2：句法发展变异轨迹。明确影响英语二语口语句法发展变异的可操作性变量，如话语的复杂度和多样性；确定可操作变量的多维测量指标，其中复杂度包括话语平均长度（mean length of utterance，MLU）和限定性动词比例（finite-verb ratio，W/FV），多样性是指简单结构和复杂结构的比例，最后使用多项式趋势线和折线图对两个学段（本科阶段和研究生阶段）的18名受试每人的句法测量指标进行可视化呈现。

第二板块：分析发展变异趋势。

研究内容3：词汇发展变异趋势。绘制、观测并分析英语二语口语词汇在不同学段学习者（本科阶段和研究生阶段）中发展变异的整体趋势。

研究内容4：句法发展变异趋势。绘制、观测并分析英语二语口语句法在不同学段学习者（本科阶段和研究生阶段）中发展变异的整体趋势。

第三板块：发现发展变异规律。

研究内容5：确定口语词汇发展变异类型。检验英语二语口语词汇在不同学段学习者（本科阶段和研究生阶段）的发展变异中出现的概率水平，进而确定英语二语口语词汇发展中的变异类型。

研究内容 6：确定口语句法发展变异类型。检验英语二语口语句法在不同学段学习者（本科阶段和研究生阶段）的发展变异中出现的概率水平，进而确定英语二语口语句法发展中的变异类型。

研究内容 7：定位口语词汇发展变异周期。界定英语二语口语词汇发展变异的阶段性情况，以此展现英语二语口语词汇系统动态复杂发展的全过程。

研究内容 8：定位口语句法发展变异周期。界定英语二语口语句法发展变异的阶段性情况，以此展现英语二语口语句法系统动态复杂发展的全过程。

根据上述的研究对象、研究框架及研究内容，本课题的总目标是提升中国英语二语学习者的口语（词汇、句法）能力，其中包括三个主要的子目标：一是探查英语二语口语（词汇、句法）系统在不同学段学习者（本科阶段学习者和研究生阶段学习者）中的发展变异轨迹；二是探寻英语二语口语（词汇、句法）系统在不同学段学习者（本科阶段学习者和研究生阶段学习者）中的发展变异趋势；三是探究英语二语口语（词汇、句法）系统在不同学段学习者（本科阶段学习者和研究生阶段学习者）中的发展变异规律。具体来讲，本研究以 CDST 为研究视角，主要运用时间序列分析法的全套组合（Hiver & Al-Hoorie，2020）——移动最大 - 最小极值图（moving min-max graph，简称极值图）、再抽样技术（resampling technique）和蒙特卡罗模拟（Monte Carlo Simulation）——对中国英语学习者二语口语系统的词汇及句法发展变异情况进行探究，以期为制定个性化的英语二语口语精准教学计划及多元化的动态评价标准提供决策依据和数据参考，最终达到提升中国英语二语学习者口语能力的目的。

## 1.3 研究价值和方法论意义

本研究有如下三个层面的价值和意义。

第一层面：在学术价值上。

第一，在二语口语研究中选取动态发展变异作为切入点，不仅可以丰富口语研究领域的成果，而且可以为我国二语研究提供全新的理论视角和思维框架。

第二，在发展变异研究中采用口语语料，既提供了真实的语料支撑，又进一步拓展了发展变异研究在二语习得领域中的适切性。

第二层面：在应用价值上。

第一，本研究能够促使我国二语（口语）教师把握变异频发期，调整控制参数，推动二语（口语）系统重组，帮助二语学习者度过变异高峰期（也是质变期），突破瓶颈状态，达到推动口语技能向前发展的目的。

第二，本研究有助于为我国二语学习者制定多元化口语评价体系标准提供参数配置合理、组合优化的参考数据。

第三，本研究中倡导的多元化教学和个性化学习的理念，通过对二语发展过程的关注，建立符合（英语）二语教学和学习规律的，凸显特色、动态开放、科学合理的（英语）二语口语学习体系，为教育、教学管理部门及广大（英语）二语教师在制定长期宏观性和短期阶段性相结合的综合性教学目标时提供决策依据。

第三层面：在方法论意义上。

本研究采用了跨学科、多样化的研究方法，如时间序列分析法、极值图法、再抽样技术以及蒙特卡罗模拟法。上述方法的（结合）使用在第二语言口语发展的变异研究中还是首次。这些方法和技术在某种程度上颠覆了经典科学自上而下的由理论到现象的方法，是对传统研究方法的极好补充，并为今后的同类研究提供了方法论参照和支持。

# 1.4　本书结构

全书共由 7 章组成。第 1 章为导论部分，主要包括研究背景的介绍、研究内容和研究目标的简述以及研究价值和方法论意义的提出。虽然口语表达比书面表达方式更常用且一直都是语言学界关注的重点议题，但至今我国的英语二语口语的教学现状和学习者的口语能力都很不理想。本研究在此背景下，基于跨学科的 CDST，寻求从新的研究视角、新的研究框架和新的研究方法出发，对英语二语口语系统动态发展中的变异进行实证研究。通过对中国学习者英语二语口语词汇、句法发展变异长达4年的研究，本书发现并归纳了一部分英语二语口语的发展变异规律，希望以此提升中国英语学习者的二语口语能力。本研究倡导"整体论"（holism）学术指导思想，遵循"动态发展观"（dynamic view），同时还运用了跨学科、多样化的研究方法。

第2章为文献综述部分，主要包括对本研究中核心概念的界定、前期相关研究的综述，以及由此发现的先行研究中的不足。首先对一些核心概念进行介绍和界定，如口语、变异和CDST。接着对英语作为第二语言的口语研究现状进行综述，提出选取CDST作为此类研究视角的必然性和必要性。然后重点阐述CDST视角下的发展变异研究情况，这是笔者在最后一个小节中将发展变异研究引入二语习得领域的基础。在二语习得领域，目前以发展变异理论为视角的研究主要是综述类研究，实证研究明显缺乏，其中各种跨学科研究方法、动态技术的应用都成了此类研究的难点和不足。

第3章为研究的理论基础与分析框架部分，主要包括本研究所依据的理论视角和核心观点以及研究实施和研究分析的框架。首先从CDST在语言学领域中的跨学科来源出发，介绍其超越传统的简化论（reductionism）的主要观点。接着阐述CDST与相关的应用语言学理论（主要是基于使用的理论）的相通性，借以发现从CDST视角是如何看待SLD的。然后由CDST视角下SLD的五个特征出发，论证CDST视角是如何促使对变异研究视角和观点的转变（从静态变异观到动态变异观的转向）的。最后形成基于CDST的英语二语口语发展中的变异研究的分析框架。

第4章为研究设计部分，主要包括研究变量（词汇、句法）测量指标的确定和研究受试情况的描述以及数据的收集、处理和统计分析。基于本研究的三大研究板块和八个具体研究内容，确定了在第二语言口语发展中词汇和句法的多样性和复杂性的测量指标。研究过程大致如下：研究者在4年的研究期内收集了两组学习者在两个学习阶段（本科阶段、研究生阶段）的英语口语语料，使用国际大型开放型儿童语言数据交流系统（Child Language Data Exchange System，CHILDES）中的CHAT（Codes for the Human Analysis of Transcript和CLAN（Computerized Language Analysis）

程序分别进行文本的转写标注和数据的处理，之后借助 Excel 中的折线图以及多项式趋势线（2 度）等工具将两组共 18 名受试在第二语言口语发展中词汇和句法的发展轨迹可视化。极值图又将发展中的变异趋势（词汇和句法）绘制成图形，再利用基于蒙特卡罗模拟法的再抽样技术对变异情况（词汇和句法）进行出现的概率水平的检验。最后再次使用极值图法、再抽样技术和蒙特卡罗模拟法，对英语二语口语的发展变异周期进行精准定位，从而发现其发展变异规律。

　　第 5 章到第 7 章分别对应了本研究中三大板块的八个具体研究内容。第 5 章对应研究框架中的第一大板块：呈现英语二语口语系统的发展变异轨迹。借助 Excel 中的多项式趋势线（2 度）和折线图等工具，以时间为自变量详细绘制了本科阶段学习者（英语专业学习者 6 人和非英语专业学习者 6 人）、研究生阶段学习者（硕士研究生学习者 4 人和博士研究生学习者 2 人），在从大学一年级开始或从研究生一年级开始的 4 年间，各自英语二语口语词汇（多样性、复杂性）和句法（多样性、复杂性）的发展变异轨迹。第 6 章对应研究框架中的第二大板块：分析英语二语口语的发展变异趋势。利用时间序列分析法中的极值图法，以极值图观测和分析本科阶段学习者和研究生阶段学习者在 4 年研究期间各自英语二语口语词汇（多样性、复杂性）和句法（多样性、复杂性）的发展变异趋势。第 7 章对应研究框架中的第三大板块：发现英语二语口语系统的发展变异规律。首先运用再抽样技术和蒙特卡罗模拟法，对两个学段中的全部学习者在 4 年间英语二语口语词汇和句法的发展变异概率水平进行检验，进而确定发展变异的类型；其次在本研究中确定的口语词汇和句法发展变异类型的基础上，定位不同学段学习者口语（词汇、句法）的发展变异周期，由此探究英语二语口语的发展变异规律，并为本科阶段的英语（口语）习得提出可行的、具体的和个性化的教学启示；最后指出本研究存在的局限性及对未来研究的展望。

# 第 2 章　文献综述

本章是全书的文献综述部分。本章首先从对核心概念的界定和定义开始，即分别对本研究中的核心概念——口语、变异和 CDST 进行了阐释。之后梳理了英语二语口语研究的现状，发现 CDST 研究视角出现在二语口语研究之前时，可以说并没有出现真正意义上的发展中的变异研究；接着对 CDST 理论框架下的发展变异研究情况进行了介绍，尤其是在发展心理学领域的几个重要研究中；然后从其他领域转移到二语习得领域，较为详细地综述了英语二语发展变异研究在理论综述类和实证研究类两个方面的研究现状。由于在早期二语习得领域，有关变异研究的动态研究方法相对出现较少，因此在这个部分，笔者对这些动态方法也进行了细致的解释和说明。最后归纳总结前期研究中的不足和空白，进而提出本研究的主要研究内容和研究目标。

## 2.1　核心概念的界定

语言是古代人类在集体劳作过程中为了适应交际的要求而产生的，而且从一开始就伴随着有声语言的出现。这一时期的人类只存在口口相传这一种交际形式。伴随着新的交流工具——文字的出现，语言的另一种存在形式才被创造出来，这就是书面语。从此，"语言"的概念就出现了两种解释方式。因此，从语言的起源来看，口头语言的产生要早于书面语言。

口头和书面是指人们使用语音或文字来表达思想的两种形式。在书面语交际中，人们利用的是可见的符号，这些形体各异的符号组成可传达意义的序列。口语交际则是由人体的发音器官和接收器官来完成的，信息由声波来传送（李绍林，1994）。从众多的材料中我们不难发现，书面语比口语更有局限性，很多口语可以使用的表达方式，书面语却不可使用。例如，书面语的开端不可以出现错误，不可以有中断、犹豫（即便有过犹豫和中断，在字面上也一般不会表现出来）和"不规范"的句法（但是或许这些不规范的句法在口语中是司空见惯的）（丁言仁、戚焱，2005）。而口语语体是用于日常交际的，这种交际是非正式的。说话者直接交谈，讲什么和怎么讲一般没有事先的准备，交谈时也不太可能深入考虑话语内容以及为其寻找最切合的词句来表达，一般是即兴的。所以，口语具有随意性和自发性（李绍林，1994）。

　　本书中所研究的变异指的是"发展中的变异"。到目前为止，在第二语言中，有关"发展中的变异"的定义和界定只有如下描述：二语发展中的变异指的是 SLD 中学习者的语言行为在不同的时间点发生的习得与磨蚀并存的情况（Verspoor，de Bot & Lowie，2011）。SLD 中的变异具体表现为高峰、低谷、前进、后退、停滞或跳跃相互交替，这是系统发展中自适应的反映。在 CDST 框架下，语言被视作一个复杂动态系统，系统各部分以及系统与环境交互关联（王初明、亓鲁霞，2016），系统在内部各成分的互联互动间、在外部环境的刺激下，不断做出自适应调试，从而涌现（emerge）出高层级的、系统整体性的语言变异行为（Larsen-Freeman，2009；Verspoor，de Bot & Lowie，2011）。因此，"变异"是系统在内外部各种成分、各种因素共同作用下呈现出来的体现系统整体性的高层次的属性特征（Verspoor，de Bot & Lowie，2011）。发展中的变异是语言系统发展的源泉和潜在动力（van Geert & van Dijk，2002），也是语言发展产生质变的重要标志（Verspoor，Lowie & van Dijk，2008），负载着有关发展过程本质的重要信息，因而研究变异有助于深化对 SLD 的全貌和运作机制的理解。

　　目前，变异研究已成为许多领域（如认知科学、发展心理学等）的核心议题，但在二语习得领域，由于受传统语言观的影响和方法论的限制，很多研究者或是忽略二语口语发展中的变异，把变异看作发展中的"噪声"，或是从语言系统的外部寻求变异产生的原因（Verspoor，Lowie & van Dijk，2008；Dörnyei，2009a），却极少有研究是专门以"变异"为研究对象而展开的（Verspoor，Lowie & van Dijk，2008）。在语言发展领域中，变异的研究使我们意识到，在发展过程中出现的高度变异时期说明，语言学习者正力图尝试用各种不同的形式来表达意义。换句话说，学习者正利用他们拥有的各种资源，尝试使用不同的语言表达手段进行交流。一旦学习者发现了最有效的策略（可能是几种不同表达方式的组合使用），他们最终就会稳定地使用这种策略。因此，从这个层面上来讲，变异起了巨大的作用，因为它为研究者发现更有效的策略提供了机会。而且，语言学习者不会一次性学习所有的子系统，因此在语言不同的子系统中都会有一段（高度）变异的时期。在二语学习的最初阶段，几乎所有的语言子系统中都存在着变异的情况。一旦二语学习者已经发现如何形成各种句子结构，比如一般现在时的简单句（主语与谓语动词一致），他们就会开始尝试不同的动词时态，此时在动词形式的使用上就会出现高度的变异。之后，在形成更复杂的句子时也会出现变异，以此类推。因此，正如 Siegler（2006）指出的，语言发展过程中的所有层面都存在着大量的变异，发展中的变异对于学习者预测变化、分析变化和理解变化机制都是十分重要的。

变异获得不断关注的原因之一就在于一个新的从自然科学中引进的理论 —— 动态系统理论（CDST）（Thelen & Smith，1994；van Geert，1994）。支撑 CDST 的假设是在二语发展中的不同技能之间存在着"此消彼长"，因此二语学习者必须对他们将有限的认知资源的更大比例分配给哪个信息成分做出某种选择。这种"此消彼长"的关系在书面语中显然不如在（无事先准备的）口语表达中更为明显，因为书面语言绝大多数是在没有时间限制的情况下形成的，在此过程中可能重写多次。作者每次修改、重写时，都可以选择关注语言项目的不同成分并改变文本。即使是在有时间限制的情况下进行书面表达（如写限时作文），相对于口语产出来讲，时间的紧迫感也大大地降低了。然而，在真实的语言系统发展或习得的过程中，其子系统（如词汇与句法）都不是同时发展或习得的，而是在随时间发展的错综复杂的关系中涌现出整体语言系统的高层级属性的（即在发展中变异），尤其是在发展中的某个特定时刻。因此，有理由认为，这样的更近似语言系统发展或习得的现象，在二语学习者的口语语料中更为明显。

在不同的研究领域，发展中的高度变异都表明了发展可能已经发生质变（Lee & Karmiloff-Smith，2002）。一方面，变异允许灵活的和有适应能力的行为，这使变异成为发展的前提条件。正如我们在进化中所观察到的一样，没有变异，就没有选择。另一方面，行为的自由探索产生了变异。对新任务的尝试导致了系统的不稳定性，从而使得变异增加。因此，稳定性和变异性是人类发展中必要的、相互联系的两个方面（Thelen & Smith，1994）。CDST 认为，变异是一个重要的发展现象，是发展中动态系统的内在属性、内在特质，是发展的一部分（Larsen-Freeman & Cameron，2008）。这种以"关注过程为导向"的动态变异观明确了变异分析的对象就是发展的过程本身。因此，本研究中的变异研究是指第二语言（英语）口语发展过程本身的基本分析单位——词汇和句法变异的研究。

## 2.2　英语二语口语研究

尽管日常口语是最常见的语言实践方式，但语言学的研究从来都是以书面语为核心的。其中一个很重要的原因是，口语的研究过程异常复杂，连作为研究基础的资料的获取本身也是一件非常困难的事情，这跟口语在人类日常社会生活中的常见性形成了强烈的对比（陶红印，2001）。

教育部颁布的《大学英语课程教学要求》明确规定，大学英语的教学目标是培养学生的英语综合应用能力，特别是听说能力。胡学文、吴凌云和庄文（2011）对几百个用人单位的调查表明，用人单位最需要的能力是英语听说能力。长期以来，大学英语改革也试图从各个方面入手，力求实现这一目的。尽管这些改革和努力取得了相当多的成果，国内学生整体的口语表达水平却仍然不尽如人意。对二语产出的过程与能力的研究一直是心理语言学、认知语言学、二语习得等学科关注的一个核心课题（王立非、周丹丹，2004）。Leather（1999）认为，国际上对于二语口头话语的研究主要集中在以下五个方面：第一是二语音位发展的研究，其中包括自然音位学（Natural Phonology）、理想理论（Optimality Theory）、联通论（Connectionism）、自动切分音位学（Autosegmental Phonology）、音位流利模型（Phonology Fluency Model）等音位理论；第二是二语学习者的言语听辨、口语表达及相互关系；第三是影响二语学习者口语学习的态度、动机、年龄、社会文化环境等因素；第四是探讨二语学习者母语迁移的语言类型学、标记性话语等角度；第五是二语口语教学研究，包括口语学习与思维过程、口语交际策略、口语水平发展、口语课堂教学、口语测试、多媒体口语教材开发等。虽然距 Leather（1999）总结二语口语研究情况已经过去了 20 多年，但是截至目前，上述五个研究议题仍然是国外二语口语研究的焦点。从以上五个研究议题可以看出，目前英语二语口语的研究还是主要围绕在口语技能的表达结果上，而对于口语发展过程的关注却极为少见。虽然像探讨口语学习与思维过程、口语水平发展之类的研究似乎是对口语的过程性研究，但是其主要目的还是考察最终呈现的口语发展结果，而不是在详尽地描述二语学习者口语发展过程的基础上，分析发展过程中出现的变异情况。

在我国口语研究领域，20 世纪 90 年代以前，相关研究基本处于停滞状态，90 年代后才开始出现关注英语口语的研究。具体来看，1995 年以前，我国二语口语研究的理论成果不多，以数据为基础的实证研究更是凤毛麟角。1995 年以后，国内一批二语习得研究学者开始致力于英语口语研究，取得了一些有影响的成果（王立非、周丹丹，2004）。自 1999 年后，英语二语口语的研究进入快速发展期，在 2005 年左右达到顶峰，之后的发展稍有变缓，但仍然呈现较快的发展态势，说明英语口语一直是研究者关注的焦点（展素贤、孙艳，2015）。大约在 2000 年前后，国内学者开始抛弃传统的经验式、主观体验式研究模式，转而引进国外理论，越来越多的研究者开始反思国内的外语教育（杨荣广，2013）。

从近几年国内二语口语研究的内容来看，这些研究大致可以分为以下几个方面：（1）口语教学，包括口语教材、口语教学方法、口语课堂内外、口语教学意义、问题等；（2）口语测试，包括口语评分、口语机考、口语题型研究、反拨作用、标准口语考试等；（3）口语表达结果，包括口语的语言特征以及语篇特征，如语音、词汇、句法、时态、语用；（4）口语表达过程，包括口语表达过程的特点等；（5）口语语境因素，包括影响口语表达的因素，如性格、情感、动机、环境、语言输入模式；（6）基于语料库的口语相关研究；（7）其他，包括口语研究综述、口语能力本质等。从中我们可以发现，真正关于口语表达过程的研究还停留在对于表达中的词汇、句法等方面的特点的描述或总结上。而且关于这些特点的研究，其实大多数还是在描绘一种静态的结果，虽然也有对于某些特点在时间行进中的对比研究，但是由于研究的持续期太短，尤其是在这样的研究中，时间

（动态发展）不是研究者们考虑的主要因素，因此这种对比也不能被归为二语口语发展中的变异研究。

在研究方法上，21 世纪之前，国内对英语口语的研究仍以思辨性研究方法为主，以实证性方法为辅，这与国外的研究情况刚好相反。进入 21 世纪后，实证研究开始增加，尤其是在过去的几年中，实证性研究成果增速明显。在实证性研究中，研究者大多采用问卷、测试、访谈等途径，这些手段的使用使研究数据更科学、准确和全面。不过，虽然实证性研究的比重在不断上升，但是总体来讲，国内口语研究的方法仍然以思辨性研究为主。从 20 世纪 80 年代后期开始，应用语言学研究的一些学科带头人就开始强烈呼吁，希望此类研究能够从注重个体经验和现象描述转向注重研究方法的科学性和系统性、注重实证数据分析和基于理论架构的量化研究（杨荣广，2013）。因此，目前在国内的英语二语口语研究领域，研究者越来越重视基于系统采集材料的，以科学分析、解决实际问题为主的实证研究。

二语口语研究在我国起步较晚，却备受学界关注（邬庆儿，2011）。近几年来，随着认知语言学、心理语言学、二语习得、教育学、语料库、计算机科学、统计学等相关学科的发展，英语口语研究出现了迅猛发展，在研究数量、内容以及方法等方面均发生了很大的变化。学者们开始尝试对语境因素，即影响口语表达的因素（如性格、情感、动机等）进行研究，以期寻找提高学生口语能力的有效途径，这得益于认知语言学、心理学以及二语习得理论的迅猛发展。同时也说明，人们开始关注英语口语的表达过程（李英、闵尚超，2010）。Larsen-Freeman（1997）将自然科学领域中的 CDST 这样全新的研究视角引入二语发展研究中之后，才有了真正意义上的动态（历时）的二语发展中的变异研究。同时，这一研究视角在二语（口语）发展研究中的出现也使得研究者们从"静态变异研究"转向"动态变异研究"，从"关注结果"走向"关注过程"。

## 2.3　复杂动态系统理论视角下的发展变异研究

近年来，由 CDST 激发的动态变异观将变异视作发展的潜在驱动力和发展进程中的潜在指标，这使得变异成为研究中的重要信息源。尤其是在 1997 年之后，不断有研究者开始表现出对发展中不规律的方面（即变异）的研究兴趣，并承认发展中变异存在的意义，甚至认可变异是能够推动发展的关键因素（Larsen-Freeman，1997；Polat & Kim，2014；Vercellotti，2019；安颖，2023；郑咏滟、李慧娴，2023）。

作为源自自然科学的理论，CDST 在 20 世纪 60 年代就已被提出（de Bot，2008），但直到 20 世纪 90 年代才由 Larsen-Freeman（1997）引入二语习得研究领域。动态视角下的变异研究在国外已历经 20 多年，但在国内研究的起步要晚于国外 10 余年（国内的第一篇综述性成果发表于 2008年）。在此期间，众多国内外研究者投身于该研究领域的建设与探索，这些学者创造性地提出了二语发展中变异的动态研究的初步设想，将第二语言习得研究全面推进到了第二语言发展研究领域。尤其是以拉森－弗雷曼为代表的美国、英国五校十人组成的研究小组（Five Graces Group，FGG）和荷兰格罗宁根大学的研究小组，在动态变异研究的理论建构和方法论上做出了极大的贡献。美国密歇根大学的拉森－弗雷曼教授最早从 1997 年开始倡导将混沌理论引入应用语言学研究，但那时却未引起足够反响。然而，从 2006 年起，在沉寂 10 年左右之后，该理论在应用语言学界掀起了一股浪潮，理论拓展和实证研究层出不穷（郑咏滟，2020）。这一方面说明了二语习得领域对于发展变异研究的迫切需求，另一方面也为验证 CDST 理论框架在二语习得领域中的适切性提供了很好的示范。

自从 20 世纪 90 年代早期以来，变异就已经成为发展心理学的研究焦点。Siegler（2006）在其综述文章中，总结了 105 个旨在通过高密度观察学习个体以分析变异发展的研究。下面选择其中 4 个对发展变异研究起到引领性作用的重要研究对其进行详细的介绍。

第一个重要的发展变异研究是关于成人数学学习策略的变异研究。Dowker、Flood 和 Griffiths 等（1996）在一个实验中考察了解决问题的策略，揭示了即使所有的变量都被控制，成人——即使是一个专家——对策略的使用也都有所变化，当然专家比非专家变异的程度要小一些。Dowker、Flood 和 Griffiths 等（1996）考察了成人解决某些乘除问题时使用的不同的数学策略，受试是 176 个有不同数学技能 / 知识水平的成人，包括数学家、会计师、心理学专业学生和英语专业学生，全部受试都进行了多位数乘除测试。研究者发现，所有 4 组受试——包括专家级别的数学家——在力图解决这些问题时，都平均使用了 5 种不同类型的策略。策略不仅在不同个体和不同问题类型之间存在差异，而且当相同的问题第二次出示给参与者时，也会有变化。

第二个发展变异研究与第一个研究一样，也报告了在解决问题的策略中变异的有趣模式。Adolph（1997）研究了婴儿在滑滑梯时使用的策略，研究发现每个 5—15 个月大的婴儿都使用了至少 5 种不同的策略以滑下相对浅的斜道，还使用了至少 6 种不同的策略以滑下相对陡的斜坡。婴儿们是用肚子滑还是用后背滑，坐着还是躺着，头还是脚先落地，都取决于当时的具体场景。

发展变异研究的第三个重要研究结果是 Siegler（2006）报告的学习者在习得一项技能或策略时，并不是一直进步的，也会出现后退与前进交替的情况。退步常发生在快速学习中，即使在相对稳定的阶段也会出现大量的变异。这种模式也似乎具有循环性或周期性，同时在学习过程中或多或少地伴随着变异改变的阶段。孩子们可以在一个场合中使用更高级的策略，而之后在另外一个场合中退回到较低级的方法，但这些后退是暂时的，因为所有的研究结果都显示，变化的整体趋势是上升的。不过，在发展的早期阶段，高级或低级的策略之间会存在反复的相互竞争。因此，在学习过程中，既有长久方法的习得，也有短暂过渡方法的存在。研究发现，个体初始的高度变异与随后的学习是正相关的，这样的学习反映了新策略的加入更依赖于已经使用过的相对高级的策略，促进了策略间的选择，并且提高了高级策略实行的效率。一开始就采取高级策略的受试比那些在开始时仅用低级策略的受试能更快速地发展（Siegler，2006）。在初始条件中，微小的变化对随后的发展似乎有着巨大的影响。

Siegler（2006）认为，研究变异对预测变化、分析变化和理解变化机制是十分重要的。这类研究在语言学研究中有很多潜在可能，因为在所有不同的层面都存在着大量的变异。但是，在语言发展领域，却极少有研究专门直接分析变异模式（Verspoor，Lowie & van Dijk，2008）。

# 2.4 二语习得领域中的发展变异研究

变异是目前第二语言发展研究中的核心话题。但是，在传统观点下，变异数据通常被看作可以用于处理的数据中无用、多余的那部分副产品。这种观点产生的原因是，假定发展过程一定是一个潜在的、相当顺畅的、线性的过程，而且对于这种线性发展过程的描述还可以在不同的语言学习者之间总结推广。而在 20 世纪 80 年代曾出现过的为数不少的关于变异的研究，关注的都是发生变异的原因。不过，从 CDST 的视角来看，变异的存在的确可能有不同的原因，但这不是研究的主要关注点。CDST 更加重视变异是如何发生的，不同的变异（如变异趋势、变异类型）在发展过程中是如何呈现的，等等。在 CDST 和其他以过程为导向的研究中，在任何特定子系统中变异的程度都被看作发展过程的内在属性。例如，对于还没有完全掌握一个特定子系统的学习者来说，他或她会轻易地被语境的微小变化所影响，从而在那个时刻显露出最大程度的变异。

## 2.4.1 英语二语发展变异理论综述类研究

国际应用语言学界的动态系统理论发展轨迹可以从里程碑式的研究成果中得以窥见。开山之作是拉森－弗雷曼教授于 1997 年在《应用语言学》（*Applied Linguistics*）上发表的题为《混沌／复杂科学与二语习得》（"Chaos/Complexity Science and Second Language Acquisition"）的文章，它阐述了复杂理论（Complex Theory，CT）的相关概念，并首次运用该理论系统阐释了二语习得中的相关现象，与传统研究范式形成较大反差。拉森－弗雷曼教授第一次提出了将复杂适应性系统（complex adaptive system）作为 SLD 模型的设想。她认为，语言系统的多向复杂性表明，学习的过程并非基于输入的简单线性的增长过程，而是会出现倒退、停滞，或者前进、跳跃等的变异。经过 5 年的沉寂，Herdina 和 Jessner（2002）的著作《多语动态模型：心理语言学的变化观点》（*A Dynamic Model of Multilingualism: Perspectives on Change in Psycholinguistics*）出版。书中通过构建多语模型阐述了动态的基本观点及其在二语习得领域的应用，其模型充分体现了语言的变异性。再历时 5 年，荷兰格罗宁根大学的 de Bot、Lowie 和 Verspoor（2007）发表了观点性文章——《二语习得的动态系统理论方法》（"A Dynamic Systems Theory Approach to Second Language Acquisition"），借鉴了发展心理学中的一系列概念，系统地阐述了将 CDST 应用于 SLD 中的变异研究的方法和范式扩大了变异的研究内容，推进了变异研究的深度和广度，指明了动态系统理论对二语发展的重要意义，重燃学界对该理论的兴趣。Larsen-Freeman 和 Cameron（2008）的专著《复杂系统与应用语言学》（*Complex Systems and Applied Linguistics*）在牛津大学出版社付梓，它系统地阐释了复杂理论与应用语言学的理论契合点，标志着应用语言学研究的复杂系统学派成立。从 1997 年到 2010 年的 14 年间的研究以构建理论为主，奠定了复杂动态系统框架下应用语言学研究的理论基石（郑咏滟，2020）。

国内对变异的动态研究起步较晚，始于 2008 年沈昌洪和吕敏关于动态系统理论与二语习得的综述性文章。这项研究指出，动态系统理论在质疑语言线性发展模式的基础上，融合了二语习得领域中长期以来一直存在对立关系的认知观和社会观。宋宏（2009）认为，混沌理论（动态系统理论出现之初，也有学者用"混沌理论"代替"动态系统理论"这个名称）的观点体系和方法论框架为二语习得研究提供了一个全新的视角。根据混沌理论，二语习得过程可以被看作一个非线性的、开放的、不断演化的复杂系统，这样混沌理论就可以为二语习得领域中争议颇多的甚至观点相左的议题（如语言迁移、中介语的可变性、语言僵化、语言损耗）的复杂现象提供解释力。王涛（2010）论证了一个从二语习得到二语发展的动态观点。他认为，语言动态观使得二语习得和二语发展形成了一个连续体，这样语言成了一个从封闭到开放、从静态到动态、从规则到变化、从稳定到变异、从渐进到突现、从独立到关联、从线性到非线性的发展过程。在动态系统理论的视角下，通过个体认知与社会群体的内外作用，第二语言发展成为一个动态的复杂自适应系统。

李兰霞（2011）从理论和方法论两个方面介绍了动态系统理论的发展背景、核心概念及相关研究成果，在当时国际应用语言学界三大期刊的助力下，有效推动了动态系统理论的发展。这项研究不仅详尽深入地分析了动态系统理论的革命性意义，还介绍了 Larsen-Freeman（2007）提出的遵循复杂性理论的八个原则的七种研究方法——改进的人种学、动态的实验设计、纵向个案时间序列方法、微发展研究法、电脑建模、大脑成像以及综合方法，这些方法为从新的角度考察真实语言的变异性和复杂性提供了新工具。郑咏滟（2011）以二语词汇发展研究为例，探讨了动态系统理论在二语习得领域中的应用问题。该研究详细梳理了动态系统理论中的一些基本概念，如系统的全面联结性、非线性、自组织性、吸引状态（吸态）以及对初始状态的敏感性。该视角下的语言发展是多重资源在多个层面、多种维度间不断互动的动态过程。该项研究以二语词汇发展的实证研究为切入点，讨论了该视角在二语习得研究中的应用可能性，并且提出了一些方法论上的建议。戴运财和王同顺（2012）提出，要以环境、学习者与语言交互作用为三个重要组成部分，尝试构建基于动态系统理论的中国语境下的二语习得动态模式。韦晓保（2012）试图将几种语言习得研究范式进行整合，并以此模式为基础对二语的学习机制、频率对二语学习的作用、二语的发展特征、二语习得的路径等问题进行回答和探讨。李荼和隋铭才（2012）介绍了复杂理论视角下的二语发展观，即二语发展是异质的、动态变化的、非线性的、自适应的、开放的复杂系统，系统中各要素的交互作用引起了二语习得发展的变化。

郑咏滟和温植胜（2013）从外语学能与语言动机两大主要个体差异因素入手，阐释了个体差异的复杂动态系统特征。戴运财（2013）以复杂理论为理论框架，借鉴国内外二语习得的理论建设与实证研究的成果，试图构建二语习得的过程模式、二语习得的心理机制模式、二语习得的通用模式。这种在二语习得领域中提出的一体化整体性模式，与马建俊和黄宏（2016）从动态系统理论视角出发，指出语言能力研究必须从动态、系统和整体的多维视角加以综合探究的观点有着内在的统一性。同年，杨文星和孙滢以动态系统理论和社会－认知理论为例，梳理了21世纪新兴的二语习得理论的核心内容及研究现状，主要是对新兴理论的贡献和不足进行了评析。近年，王勃然和赵雯（2019）较为详细地梳理了动态系统理论的发展、传统的二语习得研究的不足，在对近十年动态系统理论视域下的国内二语习得研究进行多维分类后，提出在未来的研究中，构建中国语境下的外语发展模型，改善研究方法的可操作性与科学性。郑咏滟（2019）从复杂动态系统理论视角切入，提出有效的外语教学和最佳的个体学习路径。郑咏滟（2020）结合文献计量手段和系统性综述方法，对国内外学界2010—2019年发表的文章进行剖析后发现，随着复杂动态系统理论在国内外应用语言学领域的蓬勃发展，理论研究的边界不断拓展，研究方法也显现出明显的跨学科融合的新趋势。

## 2.4.2 英语二语发展变异实证研究

在 SLD 中进行变异的实证研究有几个特殊优势。第一，变异的研究需要收集每个受试相当大量的测量点（measurement points）数据，这就要求研究中受试的原始数据（语料）在测量过程中是尽可能在其非强迫的、自愿的情况下产生的。自发的言语样本（spontaneous speech samples）的收集正符合这个要求。第二，SLD 能够提供大量的定量数据，这些数据能很容易地被用于计算、统计和制图。第三，第二语言的快速发展使得语言呈现出在复杂性上的快速增长。因此，有效的数据集合可以在相对较短的时间内被收集（通常是 1—2 年）。

下面详尽论述有据可查的八项英语二语口语发展中的变异研究，其中国内、国外各四项。

第一项研究起步于国外。Larsen-Freeman（2006）对 5 位去美国陪读的中国女人（英语学习者）进行了大约半年的英语二语书面语和口语的复杂性、流利性和准确性（complexity, accuracy, and fluency, CAF）的调查。通过动态描述（dynamical description）技术中发展轨迹折线图（line graph）的绘制可发现，虽然英语二语学习者的群体数据在各方面的平均增长都呈曲线上升趋势，但是个体的发展轨道却存在系统内变异——有前进、倒退、高峰和低谷，当然这种情况也存在个体间差异。在此项研究出现之前，二语习得领域中一直使用趋向静态的测量手段，而非采用动态方式或技术展现二语发展，此后二语发展的个体间差异及系统内变异也开始受到关注。因此，这项研究可以说是该领域内的首个实证研究，具有重要的引领意义（李荼、隋铭才，2017）。不过，虽然拉森－弗雷曼的此项研究采集的语料既有书面语，也有口语，但研究得出的结论基本上是基于书面语料的，几乎没有涉及口语语料。所以从严格意义上来讲，此项研究虽然有开创性意义，但在某种程度上还算不上是严格意义上的英语二语口语发展中的变异研究。

第二项研究仍然出现在国外。Polat 和 Kim（2014）对 1 位移民到美国的土耳其英语二语高级学习者的口语发展情况进行了跟踪研究。此项研究的主要目的是考察在非教学条件（自然条件）下二语学习者口语的复杂性和准确性在持续 1 年的研究期内的发展轨迹。研究结果表明，二语学习者的词汇多样性（lexical diversity）和句法复杂性发展得最快，但是二语的准确性却几乎没有发展的迹象。因此，可以得出的研究结论是，非教学条件下的二语学习者的词汇和句法技能都可以向更高级的方向发展，但没有教学作为指导的语法准确性的发展却是十分困难的。研究中特别值得一提的是，在其研究方法中采用了真正能够呈现动态发展过程的极值图法，这种方法突破了早期 Larsen-Freeman（2006）在二语口语发展研究中呈现变异轨迹的方法（折线图），将原始数据在适合的移动窗口中进行最大值和最小值的处理，进而绘制更为直观和可视化的发展中的变异的动态图形，即移动最大－最小极值图。但是，由于研究仅聚焦于对英语二语口语发展中词汇、句法的发展中变异情况的呈现，而未对二语口语系统的发展变化进行深入的探讨和分析，也未对变异类型进行检验和区分，因此研究的结果基本上停留在了描述层面上。

第三项研究来自国内。李荼和隋铭才（2017）基于复杂理论视角，借助 Excel 中的散点图和趋势线中的多项式趋势线，通过观察 6 名英语学习者一年内口语 CAF 的发展轨迹，从复杂中探索规律，在变化中总结模式。该研究最终发现，学习者口语 CAF 的发展轨迹主要呈现出五种动态模式：波峰／波谷型、曲线上升型、曲线下降型、近水平线型、复合型。这些动态模式呈现出了复杂系统的两种变化：动态稳定性（stability）和动态变化性（variability）。该研究表明，口语发展具有复杂性、动态性、多维性，并对初始值敏感。该研究进一步证实了 Larsen-Freeman（2006）的研究结果，发现口语发展中存在个体间差异和系统内变化。但它与 Vercellotti（2017）的研究结果却大不相同。Vercellotti（2017）的研究对象比较多，但观察间隔不一致，口语任务不统一，采用的统计方法虽然适合复杂动态系统的研究，但是不能观察到每位学习者的口语发展路径。这说明，不同的研究设计、观察方法、测量指标和统计方法对研究结论有重要影响，因此对外语学习者进行动态跟踪观察具有一定意义。当然，国内的这项研究还处在以国外相关研究为参照和借鉴的阶段，依然探究口语 CAF 发展轨迹的动态变化模式，证明中国学习者的英语二语口语发展同样具有复杂性、动态性、多维性，口语发展虽然是一个复杂的过程，但也并非毫无规律可循。

第四项和第五项研究是美国学者玛丽·卢·韦尔切洛蒂（Mary Lou Vercellotti）以其在博士论文中进行的相关研究为基础，并进一步完善后，分别于 2017 年和 2019 年发表的关于英语二语口语发展方面的研究文献。这两项研究都分析了 66 名 18—35 岁的在美国上语言班的成年留学生 3—9 个月内的口语语料，都利用了分层线性模型（hierarchical linear modeling，HLM）。Vercellotti（2017）的研究对象是英语二语口语发展中的 CAF，而 Vercellotti（2019）的研究则关注了句法。前一项研究发现，所有留学生的口语发展轨迹基本相似，既没有个体间较大的差异，也几乎没有显著的个体内变异，这表明这些二语学习者具有共同的发展路径，但是对于这个与 Larsen-Freeman（2006）研究的发现大相径庭的研究结果，Vercellotti（2017）并没有给出任何解释。当然，这可能与 Vercellotti（2017）研究中观察间隔不一致、观察次数不统一的情况有一定关系（李茶、隋铭才，2017）。后一项研究在对英语二语学习者口语句法的长度（短语、句子）和结构的复杂性发展情况的考察中，进一步印证了语言复杂性的多维概念。研究结果显示，在纵向历时研究中，所有学习者的各项维度指标都增长了，不过这项研究所选取的受试的英语二语口语的熟练程度（或发展阶段）限定在中级水平。正如 Vercellotti（2017）在文中指出的，为达到对口语表现中的句法复杂性发展的理解，研究者应辅以对初级（不熟练的）和高级学习者的类似研究。

第六项和第七项研究出自我国学者于涵静和戴炜栋（2019），以及于涵静、彭红英和周世瑶（2022）。于涵静和戴炜栋（2019）对中国非英语专业学生英语口语产出复杂性和准确性的 12 周动态发展轨迹进行分析，发现学习者英语口语产出的复杂性和准确性均有所提高，但发展趋势各不相同。个体学习者的发展轨迹不遵循群体的发展趋势，各自表现出非线性发展特点，且发展轨迹存在较高程度的变异性。该研究对英语口语教学实践具有一定的指导意义。但由于没有涉及流利性维度的考察，研究者未能从 CAF 三位一体的综合层面上探究口语系统发展的整体性。于涵静、彭红英和周世瑶（2022）考察了中国学习者为期一学年的英语口语中句法复杂性的发展情况。研究发现，个体学习者的口语复杂性呈现不同发展态势：高增长组学习者的口语句法复杂性经历变点后呈上升趋势，低增长组则呈下降趋势，同时伴有不同程度的变异性。但很明显，本研究的结论仅适用于口语的句法方面，如果需要得出能够应用于提升英语二语口语的研究结论，还需考虑词汇及词汇与句法间的复杂动态关系。

第八项研究是本书作者安颖（2023）在《外语教学与研究》上发表的最新研究成果。该研究从 CDST 出发，利用时间序列分析法对中国英语学习者口语发展中的词汇及句法在 512 个时间观测点位上的变异（模式、周期）情况进行了为期两年的历时研究。研究发现，中国英语学习者从大学一年级开始的两年内词汇和句法存在各自不同的动态发展规律和习得提升路径，有关发展变异模式和变异周期的研究成果带来了更具说服力、更富成效的提升二语口语技能的指导和启示。这项阶段性成果为本研究最终成果的完成提供了良好的前期基础和储备，本书由此拉长研究周期、扩大研究对象（类型和数量）、扩充研究内容，进一步提升了研究目标和研究价值。

综上所述，虽然二语口语的发展伴随着 CDST 带来的研究视角的转移，但是在研究成果上（尤其是实证研究方面的），无论是国外还是国内都还处于刚刚起步的阶段。这对于我国的二语口语发展研究既是挑战，也是动力，所以本研究顺应这一趋势，使得国内的二语口语发展研究更具前沿性和创新性，同时又形成符合我国英语二语学习者本地化的具有说服力和应用价值的成果。

## 2.4.3 英语二语口语发展变异研究方法

传统的 SLD 分析并不考察个体的增长曲线，而通常关注平均分数（mean）、标准差（standard derivation，SD）和正态分布（normal distribution），这些维度呈现的是影响发展过程的一个或多个孤立的因素。传统的 SLD 研究中的测度大多数是发展过程的产物，而不是发展过程本身。这种类型研究的主要优势是，它使得我们能够对趋势进行总结推广，例如推断两个相似的组群在两种不同类型的教学指导后行为如何。如果其中一组在后测中的分数是显著地好于另一组的，那么我们就可以推断其中的一种方法比另一种更有效。大多数 SLD 研究使用了传统的统计方法，并且对我们的知识（例如总趋势）做出了很大的贡献。不过，在传统的统计学中，为了发现总趋势，变异被消除掉了，这样做的基本假设是随机变异应该被忽略，因为它歪曲了"真实的"或"总的"发展图景。换句话说，这些分析旨在提供平均的（有代表性的）语言发展描述，因为这样才能将其推广到语言学习者的总体中去。按此逻辑，变异被认为是"噪声"，应该从数据中被忽略掉。发展研究中的变异数据基本上是测量的错误表达，这种假定已根深蒂固，也是许多应用语言学研究者默认的信念。这种信念被维持甚至被放大，也是由于传统的统计方法的使用，因为每个这样的方法都是隐性地支持测量错误假说（measurement error hypothesis）的。这里再一次涉及定义本身的问题：测量误差究竟是什么呢？其实，所谓的时时波动（变异）就是不能避免的那些影响行为的环境因素，这些波动和变异是能够揭示发展过程中的某些重要信息的。

和简化论理念相应，传统科学中最有价值的解释采取的是因果关系连接的形式（Larsen-Freeman，1997），即原因 $x$ 产生结果 $y$。研究者寻找一个决定因素，若将其移除则因果链会改变结果（Gaddis，2002），以此来认定其导致了相应的结果。相应地，在数据的收集和分析上，则有已经发展得相当成熟的"真分数"（true score）和均值分析统计学。为了找到测量误差之下的真分数，一些研究者就对群体测试产生的原始数据进行了平均数处理，因为他们认为，通过消除这些变异，他们就得到了受试的共同之处，也就达到了"真分数"（de Bot，Lowie & Verspoor，2007）。

研究者们常用的 SPSS 软件中的各种分析方法都建立在均值分析的基础上，并通过为研究者提供显著与否的统计判定来解释因果关系。当然，传统的统计学分析在进行全局性研究，即对大量个体所浮现出的一般模式进行研究时是有用的，因为它提供了一个实用的方法来确定大概水平（de Bot，Lowie & Verspoor，2005）。但从动态的观点来看，要把某个变量孤立出来很难，因为系统的各个变量是彼此联系、不断交互的（Larsen-Freeman & Cameron，2008）。而且，相关研究也表明，对一个群体进行均值分析所产生的描写可能与该群体中的任何一个个体都是不一致的（Larsen-Freeman，2006）。Larsen-Freeman（2006）进一步指出，均值的意义在于描述整体，对个体描述毫无效度。

由于受到传统的静态变异观的影响，传统研究中有一系列的技术是用于消除历史数据中的变异的。这些技术通常被统称为"平滑技术"。在极其有限的变异测量中，用于消除变异的平滑技术随处可见，但用于详细描述和可视化时间序列（time series）数据中的变异的技术却极其少见。平滑技术能够很好发展和普遍使用的原因是，变异经常被认为是对于测量错误的表达，而应用语言学家仅对揭示 SLD 的总体趋势感兴趣。当分析总体趋势时，变异常被认为是麻烦的"噪声"，所以应用语言学家倾向于使用理想化的趋势模型（基本上是线性的，或是二次的指数增长模型）。这样做的结果是，数据中能够提供的有效信息又进一步减少了。

如上所述，使用平滑技术的研究者们之所以把变异看作错误波动的形式，是因为隐藏其后的假设是通过平均掉这些波动，才能够接近隐藏的、真实的水平。在平滑技术中最常用的是移动平均数（moving average）。这种方法是用一个预先指定的时间窗口（time window）——如 1 个月的时间——来指明波动水平的集中趋势（central tendency）。当然，这个集中趋势一定比分散的观察点包含更多的信息。平滑技术中的另一个方法是多项式回归模型（polynomial regression models），它呈现的最小平均距离的趋势线被认为是发展中即时趋势（trend present）的最佳表达。

平滑技术认为，这样处理数据后得到的是其中基本的也是重要的部分，但实际情况是，某些有价值的信息被想当然地删除了。其中，首当其冲的"受害者"就是与变异相关的数据。平滑技术本身存在的问题是：能在多大程度上确定通过平均数来代表学习者的 SLD 的特点呢？当然，这并不是认为这个平均数本身没有承载任何信息。只不过，那些被平均掉的变异数据其实可以为学习者 SLD 水平的研究提供极其有价值的信息。

除了上述研究的集中趋势的平滑技术之外，也可以用某种类型的离散分布测度来表示变异。其中，常用的测度指标有两种：标准差和方差系数（coefficient of variation，CV）。不过，在比较不同样本中的变异时，两者都有统计学上的问题。SD 的问题出在它对平均数的敏感性，而 CV 呈现的问题是异方差（heteroscedastic），即发展中的数据出现低的初始值，但平均数和方差却不断增长。

SD 被定义为方差的平方根，即各数据偏离平均数的距离（离均差）的平均数。我们可以为每个有意义的数据单位计算 SD，为每个时间单位计算 SD。不过，如果想比较不同数据集合（data sets）的 SD，那么就有问题了。其原因就是，SD 在一个样本中对平均数是非常敏感的。因而平均数越高，通常就伴随着越高的 SD。而且，在不考虑平均数的情况下，直接比较不同样本间的 SD 是不可能的。为了解决这个问题，通常的做法是使用 CV。CV 被定义为一个样本的 SD 除以它的平均数。当在不同样本之间比较变异时，这个指标确实是有帮助的。

在传统的 SLD 分析中，变异通常被归因于环境因素。环境因素既有内部的，也有外部的。我们有理由认为，这些不同的环境因素对于处于从一个阶段向另一个阶段移动过程的学习者的影响要远远大于已经达到一个较稳定状态的学习者。当学习者对于某项技能变得更为熟练时，外部影响引起的变异会更少。因此，对环境的敏感引起的变异为发展的真实过程提供了信息。例如正在学习走路的婴儿，他们逐渐长大，将会对陡峭的斜坡或多变的路况所引起的不安越来越不敏感。换句话说，当婴儿变得越来越大时，外部影响引起的变异会越来越少。因此，作者的结论是，对环境的敏感引起的变异为发展的真实过程提供了信息。

由于传统变异观对变异研究存在错误定位和认知偏差，因此 SLD 中的变异研究长期未得到应有的重视。随之，相应的研究方法对变异数据的处理也是无效的。一方面，平滑技术几乎完全抹杀了变异能够提供的关于 SLD 的重要信息；另一方面，两个描述变异的测度指标（SD 和 CV）在不同样本中比较变异时，都有统计学上的问题。因此，这些传统研究方法都不适合用来分析发展轨迹中的变异情况。长期以来的传统是关注发展变化中有规律的、渐进的部分。直到今天，大部分的发展研究还是以呈现研究中平滑的整体发展轨迹为主。呈现平滑的发展轨迹的研究范式对于"真实数据"的意义的某种怀疑做出假设，并相信"平均数"能更好地捕捉隐藏的真实水平。虽然也有研究者认为，传统的统计技术在二语习得研究中不合时宜，他们强烈地推荐一种更有描述性、解释性的方法——强调用随时间变化的图形展现数据（Loftus，1996；Tukey，1977），但是，在研究 SLD 的大多数文献中绘制的所谓的呈现发展的轨迹（图形），并没有明确地表示出其中数据的波动范围（变异）情况。

传统的 SLD 的变异研究方法认为，测量错误会污染数据和分析，因而应该不惜代价地避免测量错误。不过，动态视角下的变异研究认为，由内部的和外部的因素引起的波动也可以被看作信息源。从动态发展的视角来看，变异是任何复杂系统中的内在属性，它反映的是真实的数据，这些数据不应该被忽略，而应该被紧密地观察，以探查一个系统是如何从一个阶段向下一个阶段变化的，以及处于稳定状态时它是如何运转的。动态研究方法的关键是变异被提升了。无论是在个体间还是个体内，变异都成为发展系统的一个核心成分（Thelen & Smith，1994）。因此，个体内和个体间的变异都是重要的特征，应该被作为数据进行分析。

尽管动态的变异观已经将变异提升到一个重要发展现象的位置，认为它是发展中系统的内在属性，并且动态的变异观也已经意识到了 SLD 中变异分析的重要性，但是如果沿用传统的研究方法，依旧无法捕捉发展中"变异"的特征。也就是说，传统的方法工具箱没有为应用语言学家研究变异提供有用的工具。按照 Ellis（1994）的观点，虽然变异是极其复杂的，但是通过使用适合的统计程序对相当数量的变异进行解释是可能的，当然也要承认还有大量的变异仍然无法得到解释。

如前所述，标准的平滑技术从真实数据中删除掉的有价值信息过多。根据动态的变异观，二语学习者在不同阶段的发展波动都可以为其目前的语言习得水平研究提供极其有价值的信息。在 SLD 中，学习者的二语发展轨迹通常会在两个不同的发展阶段之间振荡，但两者之间没有明确的阶段性。也就是说，发展的动态轨迹处在这两个阶段之间的任何中间阶段的位置上。因此，这里关注的问题就是：这个振荡的范围（变异）是不是发展中的现象？范围的相对大小（就其距离中心或平均位置的宽度）在发展中保持稳定吗？如果是，那么从动态的观点来看，相对的范围本身就不是有特别价值的信息。不过，如果这个范围由于不同的发展阶段而变得或窄或宽，那么对其性质的研究就是一次有价值的尝试。因此，如果想要描述和呈现这些范围在发展中的波动和变异，就一定需要能够将其发展轨迹可视化的动态技术和工具。

如何对各组数据中那些看似杂乱随意、毫无规律可言的变异性进行提炼分析，是持有动态变异观的研究者必须面对的一个重要技术性问题。Verspoor、Lowie 和 van Dijk（2008）使用了一系列极具动态特色的数据处理工具，这些研究方法弥补了静态研究的缺陷，突出了动态考察的特点。这些动态研究方法都是研究变异的典型方法，本研究中主要涉及的有极值图法、再抽样技术和蒙特卡罗模拟法。这些技术的共同点是，它们都关注个体发展轨迹中的变异情况，个体水平是分析变异发生的出发点。

第一，移动最大－最小极值图法。

移动最大 – 最小极值图法是一个既能研究发展趋势，也能展示总体趋势附近变异的技术。这个技术呈现的是观察数据（通常是二语学习者的分数）的带宽（band width）。极值图并不是用简单的点呈现测量点，而是为每个测量时机（measurement occasion）呈现一个数据范围。它也不是用传统的一条单一的线形图，而是用带宽呈现数据的。这种方法的操作是通过移动窗口（moving window）和移动时帧来完成的，每个移动窗口与前一个窗口部分地重合，使用所有相同的移动时帧减去移动窗口中第一个再加上下一个。例如，对于每 6 个连续数据的测量点计算最大值和最小值，可以通过事先确定的移动窗口获得下面的数据系列：

最大（时间 1……时间 6），最大（时间 2……时间 7），最大（时间 3……时间 8），等等。

最小（时间 1……时间 6），最小（时间 2……时间 7），最小（时间 3……时间 8），等等。

从技术的角度来讲，这些值是很容易绘制成图的。任何一个电子表格几乎都能提供通过移动数据窗口直接、简便计算最大值和最小值的功能。一旦绘制成极值图，人们就能够首先从视觉上观察它们是否随着时间产生了大量的波动。接下来的问题就是，这些波动是否在发展轨迹上给出了有价值的信息。要回答这样的问题，就需要再把波动情况与最大值和最小值的最终长期变化进行比较了。

极值图法能用预先选择时间窗口的上面和下面的范围指定一个值。通常情况下，人们可以将窗口设定为整个数据集合约 1/10 的大小，但是原则上应不少于 3 个数据点。在不规则的测量研究设计中，按照窗口和按照时间的设计是不同的。因此，最好不要使用一个测量点的绝对数（absolute number），而要选择基于时间的移动窗口来进行设计。

第二，再抽样技术。

上面讨论的极值方法虽然可以呈现发展中的变异情况，但从本质上来讲还完全是具有描述性的。因此，直到目前，这个极值图还只适用于定性的观察，且这种观察的结果还必须进行概率的计算。再抽样技术就为这种观察的概率检验计算提供了合适的技术（Efron & Tibshirani, 1993；Good, 1999）。这个方法是从原始数据组成的样本中，随机抽样并重组大量的子样本（例如 5000 次），进而构成一个再抽样的检验标准。

研究者们总是希望能找到表征一个对象特征空间的全部样本数据,而事实上出于各种原因只能得到有限数量的小样本。数据样本个数不充分、样本代表性不典型或者样本分布不均匀等问题严重制约了数据驱动类型研究的质量。目前,解决小样本问题的主要途径就是通过虚拟样本生成技术,如本研究中使用的再抽样技术。基于小样本数据产生新的有效数据是补充数据的一种有效方法,再抽样技术是解决小样本统计学问题的有效方法(朱宝,2017)。

在每个再抽样样本中,先对原始数据进行 5000 次重组,再用原始数据计算后得出的标准(即检验标准)与再抽样标准做比较。用这种方式,可以很好地评估原始数据和随机顺序中的原始数据的比较情况。再抽样技术可以在 Excel 中进行运算,通过工具栏中的加载项 Poptools 进行具体操作。再抽样程序的优势是操作简单、计算方便灵活。关于这些技术的更多讨论可以参考 Good(1999)。在进行变异分析的检验中,可以是个体的一个变异范围,也可以是不同个体(或不同组群)之间变异范围的差别。

再抽样技术为我们展示的是对于发展中的变异(无论是个体内的,还是个体间的)的定量检验。我们强调如下事实:任何这样的程序都应该从详尽的数据描述和一个合适的再抽样标准开始。仔细地设计适合每个数据组合和研究问题的程序是非常重要的。

第三,蒙特卡罗模拟法。

蒙特卡罗模拟法又称统计试验法或随机模拟法,主要是构造概率过程,从已知概率分布得到抽样序列,建立各种估计值。蒙特卡罗模拟法是概率设计的一种常用的计算方法,这种方法利用计算机进行模拟,因而不受样本数量的限制,常用于解决小样本事件的可靠性问题,有效地避免小样本数量不足的缺点。实践证明,这种方法对小样本事件的可靠性研究有着重要的意义。蒙特卡罗模拟法的基本思想是:当所求解的问题是某事件出现的概率时,蒙特卡罗模拟法首先建立了一个概率模型,通过用数字进行的假想试验得到再抽样值,经统计处理,以其结果转化为问题的解。

蒙特卡罗模拟法以过程或对象中随机变量的统计概率分布为基础,获得随机变量的抽样数据,获取实际过程或对象的渐进估计。蒙特卡罗模拟法以一个概率模型为基础,该方法能够客观真实地模拟实际物理过程,当获取到所求问题的出现概率或某个随机变量的期望区间时,通过某种"试验"的方法，可以得到事件出现的频率，或者随机数的平均值，作为问题的近似解。蒙特卡罗模拟法被认为是 20 世纪对科学和工程计算的发展和实践最具影响力的十大算法之一（朱宝，2017）。

再抽样程序确实能达到用数据描述发展中的变异的目的，但是这个数据还要进行概率水平的检验。也就是说，在认定的确有某种变异存在的可能性后，我们希望了解我们的结论——例如关于变异范围的带宽——在多大程度上对抽样的样本特点是敏感的。在标准的设计中，我们想知道阻碍我们估算抽取的样本对总体（population）的代表性。

当然在这种情况下，我们不能对关于预期的分布的假定做出要求，例如一个跨越不同总体的正态分布。首先，一般情况下，我们不知道我们的历时观察数据应该是什么样的分布。其次，在观察期内，分布特点（平均数、标准差、偏斜等等）不是固定不变的，因为讨论中的变量是快速发展的。一种允许我们估算研究测量的抽样特点效果的方法被称作蒙特卡罗模拟法（这是一种典型的自举法）（Efron & Tibshirani，1993；Good，1999）。这个方法是由原始样本（original sample）中随机抽取的大量的子样本（subsamples）（例如 5000 次）组成的。对于每个子样本，我们计算变异范围的平均带宽。通过比较原始样本的测试统计量和来自随机抽取的子样本的测试统计量的分布，可以获取良好的对于子样本与原始样本之间关系的估算，因而也可以获得原始样本与它所在的进行抽取的总体之间关系的估算。

可见，再抽样技术和蒙特卡罗模拟法其实只是一个程序的两个部分，通常被称为基于蒙特卡罗模拟法的再抽样技术。这种技术方法可以用于历史数据集的处理，有助于研究者理解抽样特点对于其所观察的变量发生变化范围进行估算的效果。通过运行蒙特卡罗模拟法可以检验已发现的变异情况的出现是否在概率水平（chance level）以下，这样就可以在统计学上检验关于变异的研究发现了。

再抽样技术和蒙特卡罗模拟法的研究方法验证了"个人语言学习变化"这一最具个性化的研究的意义，使研究结果更具概括性，更令人信服。基于蒙特卡罗模拟法的再抽样技术的最大优势是确定了小样本及不规则数据的统计学意义（郑咏滟，2015）。在个案研究中如何将研究结果（findings）推广到总体，一直是社会科学所面临的一个问题。如果单个案例被认为是一个单独的研究，那么这样的推广就是可能的。推广的问题成为元分析（meta-analysis）之一——在独立研究中，基于它们本身的偶发样本而获得的 $p$ 值[①]（或其他测量统计量）是可以与总体的 $p$ 值（或其他测量统计量）相关联的。在历时研究的案例中，样本是单一的一个受试的连续测量的时间序列。一个简单但有效的适合元分析的统计量就是费舍尔的联合 $p$ 值（Fisher's combined $p$-value）（Snijders & Bosker，1999）。如果 $p$ 值联合技术通过自举法（或者是相关的排序技术）来测试个体的虚无假设（null hypothesis），那么它就可以是近似的数值（在统计学中是可以接受的"约等于"）。蒙特卡罗模拟法中所计算的 $p$ 值就是自举法的联合 $p$ 值。

Verspoor、Lowie 和 van Dijk（2008），Spoelman 和 Verspoor（2010）采用动态绘图技术将变化过程模型图像化，通过跳跃、峰谷等形式展现了动态系统变化过程。Caspi 和 Lowie（2013）通过数学建模拟合了二语学习者词汇内部知识结构的前导–竞争发展过程，证实了他们对语言子系统交互性的假设。这种系统模拟的优势是，通过模拟可以看出整个系统的协调运作和各因素之间的互动关系，以及再现各种循环的过程。在国内仅有的 5 项实证研究中，郑咏滟（2015）通过使用再抽样技术对二语学习者的词汇进行了研究。江韦姗和王同顺（2015）通过使用计算机建模（耦合增长模型），对两位学习者写作中句法复杂度进行研究，描述了二语发展过程的认知机制。但这两项研究还停留在受试词汇内部的各变量或句法内部各变量的研究层面上，没有突破到对词汇与句法的同时考察上，这就致使其研究成果在解释力上受限，在二语教学中的应用范围有很大的局限性。

综上所述，传统的 SLD 研究方法还停留在描述整体发展趋势的平滑技术（Excel 线形图）上。虽然在传统研究中也有两个比较常用的变异测度指标——SD 和 CV，但是在不同样本中比较变异时，两者都有统计学上的问题。因此，在动态变异观视角下，van Geert 和 van Dijk（2002）提议了一系列专门用于研究变异的新技术和新工具，其中包括极值图法、再抽样技术和蒙特卡罗模拟法。根据极值图法绘制的极值图表达的是，在每个时间的观测点上，指定时间窗口中所观察数据的变异范围。这些方法对于获得变异的总体印象是特别有用的（例如：总体上它是上升的，还是下降的？

---

① $p$ 值即 $p$-value，意为假定值。假设检验是推断统计中的一项重要内容，是用于判断原始假设是否正确的重要证据。

在带宽上有变化吗？），而这些观察结果有助于产生可检验的假说。最后，由于传统的统计技术没有提供检验变异的假说，因此本研究将运用基于蒙特卡罗模拟法的随机抽样技术进行变异出现情况的检验。

正如 Loftus（1996）以及 Tukey（1977）所指出的，未来关于"发展"的研究将极大地从对数据具有探索性的方法（exploratory approach）中受益。这种方法的主要目标是将发展过程中重要的现象可视化。在应用语言学领域中，变异尽管长期受到忽视，但它就是这样一个可以揭示发展过程的重要现象。如果研究者们使自己习惯于通过审视个体内和个体间的变异情况来开始他们的数据分析，那么应用语言学领域中的 SLD 研究将有机会改变以往大量的在静态观指导下进行的研究，而这样的研究结果呈现出诸多的不一致甚至矛盾之处（崔刚、柳鑫淼，2013）。

综上所述，在英语二语口语发展中，以 CDST 为研究视角的变异研究作为新兴的研究领域，初期主要聚焦于理论探讨，近年来（国外始于 2006 年，国内始于 2013 年）才开始展开相关的实证研究。但是截至目前（无论国外还是国内），实证研究在成果数量上还是比较有限的，在研究内容、研究方法和研究范围上也都存在不足。实证研究的匮乏已成为当前该研究进一步发展和应用的阻碍，在国内更是如此。而且，实证研究中采用传统的研究方法的依然较多，利用 CDST 提供的动态研究方法、技术和工具的研究少之又少。这使得研究成果的可操作性和适用性不强，从而极大地限制了 CDST 在二语习得领域的应用。鉴于此，本研究将研究焦点扩展至第二语言（英语）的口语发展中的词汇变异情况、句法变异情况上，针对处于不同二语学习阶段的学习者，联合使用几种动态的研究方法、工具和技术，呈现英语二语口语系统的发展轨迹和趋势，发现发展规律，最终达到为我国英语二语口语教学有效发展路径提供参考数据和决策依据的目的。

# 第3章　理论基础与研究框架

本章介绍本研究的理论依据和研究分析框架。作为应用语言学中一个新兴的、热门的研究方向和议题，SLD 中的变异研究得益于自然科学中 CDST 的理念、观点，乃至术语和工具技术的引入与使用。因而，本研究以 CDST 为理论视角，构建中国学习者英语二语口语发展中的变异研究分析框架。

## 3.1　复杂动态系统理论

复杂动态系统理论是源自自然科学的一个适用于研究系统的动态性和复杂性的理论，而英语语言系统正符合这样的运作方式。CDST 为 SLD 中的变异研究带来了动态的研究视角，而且它与应用语言学中的一些重要理论（主要是基于使用的理论）的核心观点是基本一致的。动态系统的 5 个主要特征使得在 CDST 视角下进行第二语言研究成为该研究阶段发展的必然趋势。

### 3.1.1　复杂动态系统理论的应用语言学缘起

CDST 本是一种纯数学范式，用来研究时间流逝中的复杂动态系统（de Bot，2008）。CDST 的主要观点是动态系统中的主要性能是随着时间而改变的，通常用数学等式 "$x(t+1)=f(x(t))$" 来表达 $x$ 在时间 $t$ 的状态下是如何转化到时间 $t+1$ 的状态的。

20 世纪德国物理学家 Hunston 和 Francis（2000）提出的不确定性原理（uncertainty principle）和其后发展出的混沌论抛弃了简化论，而与系统论（Systems Theory）（de Bot，2008）共同构成了 CDST 的理论源头（Larsen-Freeman，1997）。20 世纪 70 年代起，CDST 在数学、物理、生物等领域兴起。在最近的 20 余年间，CDST 渐渐向人文科学领域延伸。在语言学界，CDST 的研究起步较晚，拉森－弗雷曼在 1997 年首先将该理论引入二语习得领域，她在《应用语言学》期刊上发表的论文《混沌／复杂科学与二语习得》中系统阐述了复杂理论与二语习得研究的相关性。该文全面论证了复杂动态系统及语言作为复杂自适应系统的基本特征，提出应将复杂适应系统（Complex Adaptive System，CAS）作为二语发展模型，并对此做了进一步阐释。目前，这种观点在国外已得到广泛接受，许多学者开始用 CDST 对语言学及 SLD 领域的复杂现象进行研究。CDST 已成为国外应用语言学界新兴的热门理论流派。

从应用语言学领域中借入的 CDST 一开始主要是理论数学的分支，它的初始目的是复杂系统的发展建模。后来，发展成熟的数理统计工具被证实对于分析（第二）语言系统发展中的变异这样的问题是有用的。尽管 CDST 在应用语言学领域中是较新的理论，但是它已经吸引了众多二语研究者的兴趣，其结果就是关于这个议题的专著和文章的出现。国际应用语言学界权威期刊相继推出了 CDST 的相关专刊：在 2006 年《应用语言学》第 4 期刊出了涌现主义（emergentism）专刊，在 2007 年《双语主义：语言与认知》（*Bilingualism: Language and Cognition*）第 1 期和 2008 年《现代语言杂志》（*The Modern Language Journal*）第 2 期均设有 CDST 专题；2009 年《语言学习》（*Language Learning*）还专门推出了关于语言作为复杂的动态系统的 60 周年专刊（2009 年第 59 期增刊），这些研究都有力地推动了 CDST 在（第二）语言学研究领域的发展。在密歇根大学举行的《语言学习》60 周年大会的开幕主旨文章中，英美五校十人组成的研究小组展开了语言作为复杂动态系统的重要讨论。

距拉森－弗雷曼发表关于 CT 和二语习得的开创性文章，到现在已经过去了 20 多年。正如她在许多成果中指出的那样，应用语言学界花费了几年的时间，最终意识到一种范式的改变（paradigm shift）将要发生（Larsen-Freeman，1997）。在大西洋两岸，在二语习得领域中有关 CDST 研究的几种出版物和几次会议也从那时起就开始了，而且 CDST 在语言学领域（尤其是第二语言教学）中也已经确立了稳定的地位（Verspoor，de Bot & Lowie，2011）。

## 3.1.2　复杂动态系统理论视角下的二语发展观

科学研究的目的就是发展能够描写和解释现象的理论。直到今天，许多这样的议题仍然和过去一样处在热烈讨论之中。在某种程度上，应用语言学是一个年轻的科学分支，因此在"老"科学中已经或多或少有定论的一些讨论在这个领域中还在继续进行着。此外，一个研究群体对于该领域的主要理论和研究范式的反思也是其成熟的标志。当然这种情况也出现在应用语言学领域中。

在应用语言学的传统研究中被称为"二语习得"的领域，在 CDST 视角下被改称为"二语发展"。据此，Long（1993）给出了如下这个最常被引用的二语习得的定义：二语习得指孩子或成人在第二语言或外国语言的背景下，作为个体或在群体中自然地或在教学辅助下学习的第二、第三、第四等官方语言和方言的即时和序列的习得和习失。这已经是一个非常宽泛的定义了。但是，如果在 CDST 的视角下进一步拓展它，从习得到发展，从发展到使用，就有了如下定义：二语发展能够描述并最终解释个体在至少两种语言中的发展和使用情况。

在这个 CDST 框架下的定义中，通过使用"发展"而不是"习得"来说明语言技能是有进有退的，因此语言的习得和语言的磨蚀都是发展过程中共存的相关现象。隐藏在术语"发展"背后的假设是：不存在一个可以认定语言能被完全习得的时间点，它的发展是不间断的。因此，与在传统应用语言学领域中将"发展"和"使用"分开处理的方式不同，CDST 视角下的"发展"和"使用"之间基本是没有区别的。

CDST 是一个解释复杂动态系统如何随时间发生变化的综合理论（general theory），这里所谓的"复杂系统"指的是由一套不断相互影响的互联变量构成的系统。SLD 系统本身就是这样一个复杂的动态系统。因此，CDST 视角下的二语发展观就是把语言或语言发展作为一个复杂的、动态的系统的语言理论。

几十年来，在语言理论和语言习得研究中，占统治地位的观点是语言的模块观（modular viewpoint）。模块是指分离的和独立的子系统，诸如声音、意义和结构。这些子系统通过界面（interface）彼此互动。在这个范式下的研究焦点就放在了句法结构上，这些句法结构被认为是有规律可循并可预测的，因为其中存在着普遍语法（universal grammar，UG，所有的语言分享基本的原则），并且人类被赋予了先天的语言习得机制（Language Acquisition Device，LAD），这些是使得人类能够解码语言具体结构的设定。这种方法的主要论点是，语言使用者是有创造性的，因为他们能够产出他们之前从未听过或使用过的句子，而同时这也存在着一些"限制"，因为句子的结构和类型是有限的。这种范式的主要关注点就是寻找普遍性（universals），即人类在发展他们的一语或二语时存在的共同点。

虽然当时这种主流的语言观也不是为所有的应用语言学家所接受的，而且经常会潜在地被拒绝，但到了近些年，一种完全不同的关于语言系统和语言习得的理论观点的清晰画面得以出现。这种不同的语言系统和语言习得的观点既不需要普遍语法来解释创造性和有限性，也不需要天生的和专门的语言习得机制的预制。当然，目前也没有任何一个单一的理论能够处理语言的任何方面——它是如何组织的，它是如何加工的，它是如何使用的，它是如何变化的，以及它是如何习得的。但是，这里存在着一组应用语言学中兼容的理论，它们都属于"基于使用的"（usage-based）理论，并与CDST的理念相吻合。这些理论包括认知语言学、涌现主义、联结主义理论（connectionist theories）、语法化理论（grammaticalization）、激活理论（activation theory）和基于使用的一语习得（usage-based L1 acquisiton）。正如Ellis（1998）以及Robinson和Ellis（2008）发表的相关成果中力图表明的，这些理论彼此互补并能够应用于二语发展的理论诠释和解析。

认知语言学理论讨论的是语言是什么，以及语言是如何与人类认知和概念化（conceptualization）相联系的，其假设语言主要是关于制造意义的（making meaning）（Langacker，2008）。CL强烈反对语言模块观，即语言是独立于其他所有的人类认知和概念的，它认为语言直接受到人类认知加工能力的影响，因而反映了人类的范畴化、概念化、想象和图示化。它进一步认为，所有层面（如词素、词汇、搭配、短语、惯常序列、小句、句子）上结构的连续性反映了概念化和结构组织，这构成了人类语言及其加工的基础（Langacker，2008；Goldberg，2003）。CL与CDST的观点是非常一致的，因为两者在思维和语言系统中的各个子系统具有完全互联性，以及对诸如感知、认知、概念化和人类互动的内部和外部资源的预期的依赖。

　　但是，这样一个具有完全互联性的（第二）语言系统是如何开始发展的呢？ Hopper（1998）认为，我们在任何语言的所有层面中发现的有规则模式的出现并不是因为某种语言机制的预制性，而是因为它们是涌现出来的。在涌现语法中并不存在一个思维中的如抽象语法这样的事物，而是存在一个由循环过程而产生的表达和结构的网络。因此，在语言中发现的有规律的模式是语言使用的结果，这些模式实际上只不过是随时间建立起来的惯例（Evans & Levinson，2009）。涌现语法的概念试图提出，结构或规律性出自话语（discourse），并受到行进过程中的话语的影响。从这个角度来看，语法只是话语中观察到的重复的一定种类的名称而已（Hopper，1998）。

　　Hopper（1998）的这种自下而上的系统运作观念与 CDST 的二语发展观是不谋而合的，因为他认为语言和语言变化是与环境互动和内部重组的结果。这种观点意味着，现阶段的变化程度主要依赖于上一阶段的变化程度。语法化研究（如 Bybee，2008）已表明，在语言中建立的规则模式是如何通过使用，甚至是过度使用和滥用而发生变化的；通常始于这个系统中一个部分的微小变化，然后将影响系统中的其他部分，并最终影响整体系统的发展。这个观点与 CDST 思维的相同之处就在于，两者都认为系统是不断变化的，系统中某一处微小的变化可能会对其他部分产生大的影响，并且这些变化不是线性的。

　　（第二）语言会通过自身的发展创造出新的结构，同时更高级的复杂性也会随之出现，这样的观点与联结主义模式（connectionist model）相通（Port & van Gelder，1995）。这表明，即使是通过简单的循环，二语发展系统的复杂性也能涌现出来。换言之，这个系统的复杂机制并不必须是先天的，因为它们也可以通过不断微小的循环涌现出来。UG 认为，语言一定是先天的，因为有"限制"的存在，这与 CDST 的观点是相悖的。虽然通达复杂性、混沌和动态系统的途径有很多，但是它们都有一个共同的假设，即最终所有的复杂系统都开始自组织，呈现规律性，并将暂时地稳定在所谓的吸态（attractor state）中。

　　第二语言学习是一个循环过程的观点又与激活理论相一致。人们越频繁地听到某个事物，这个事物就越容易被激活，使用得越频繁，学习速度也就越快。在激活理论中，已做的大量工作是在词汇层面，不过

MacWhinney（2008）也用自组织地图（self-organizing maps，SOMs）发展了一套在不同语言层面（如形态、音节结构、词汇、句法）上使用的计算模型。MacWhinney（2008）的统一模型（unified model，UM）与其他基于使用的理论（usage-based theory）相同，把输入作为学习的来源。它通过比较输入、寻找异同而进行学习。不过，UM 强调除了纯粹的频率之外，线索的可用性（availability）、可信性（reliability）和有效性（validity）也有助于决定习得的过程，这与模式的透明度（opacity）有关。线索的可用性是指一个线索在输入中出现的频率，线索的可信性是指一个线索是否总是不断地被使用，线索的有效性是线索可用性和可信性的产物。有效线索的一个范例是在 he 或 she 之后的 be 动词 is，完全无效的线索实例是英语中的冠词系统。我们能够确信，a 和 the 或许是语言中最高频的词（线索可用性），但是它们的使用对于一语中没有相似系统的学习者来说，却是难以习得的。因为 a 和 the 都有许多不同的用法和功能，所以其线索可信性以及线索有效性都非常低。换句话说，与 CDST 的思维一样，UM 也认为在习得中并不仅仅存在一个构成原因的因素，而是互动中的多个因素共体存在。

认知语言学关注的是作为整体的语言发展系统，它认为这个系统是复杂且动态的，是通过各种影响因素间的互动涌现出来的，并持续保持变化。涌现主义和联结主义的方法尤为关注的是，（第二）语言发展的复杂性是如何通过简单的循环使其在语言系统中的涌现成为可能的。语法化理论关心语言变化中可能发生的细节过程。激活理论和 UM 特别关注出现频率等因素在语言习得和使用中的作用。所有这些基于使用的理论与 CDST 一样，都赞同在整体系统层面上可以出现的模式也将出现在微观的个体层面上。

按照 Jordan（2004）对于 SLD 理论的讨论，对一个理论的最终检验在于它有能力产生强有力的和可验证的假说。CDST 正好符合这个要求，因为预测不是动态方法所遵循的。CDST 认为，影响第二语言系统发展的变量之间是相互影响的，而且这种影响是随着时间的变化而变化的。但这些变量的交互影响在第二语言系统的低级层面（即各个孤立的子系统或单一的影响变量）上是不可预测的。这个观点最重要的成果之一就是研究焦点再次回到 SLD 过程本身，但不像传统研究中选取一个较大样本作为整体的假设代表，而是选择了作为一个发展中的系统为研究对象。

CDST 作为一种研究范式，主要强调事件关系的重要性，强调系统内各元素间的关系。CDST 的首要特征就是认为，系统是由多种变量或参数构成的，这些变量相互联系，并处在恒动之中。第二语言系统就是由很多嵌套子系统组成的，即每个系统都永远是另一个系统的一部分（de Bot，2008）。第二语言系统本身包括语音、词汇、语法等子系统，而每个子系统又包括更小的子系统（de Bot, Lowie & Verspoor，2005），这些子系统相互影响、交互作用，呈交互动态变化的复杂关系，贯穿于 SLD 的各个阶段。一个子系统的变化会导致其他子系统的变化，高层系统的整体行为是从子系统的交互作用中涌现出来的。

总的来说，CDST 认为 SLD 是自下而上的，这和基于使用的理论是兼容的。虽然作为生成主义的批判者出现，但 CDST 从定义上却并不排斥把普遍语法看作习得假设的先天特性，也不要求语言习得必须以先天特性为必要条件，因为从 CDST 的观点来看，语言的复杂性和创造性是从交互作用中涌现出来的（de Bot, Lowie & Verspoor，2007）。这个涌现所呈现的就是 SLD 中的变异，即发展中有前进也有后退，发展并不是线性的。

### 3.1.3　复杂动态系统理论视角下的二语发展特征

既然 CDST 视角下对于"二语习得"的研究转移到了"二语发展"上，即由习得结果的研究转向了语言发展过程本身的研究，那么这一部分就来阐述一下 CDST 视角下二语发展的基本特征。

动态系统（dynamic system，DS）也被称作复杂系统（complex system）和复杂自适应系统。"系统"（system）是作为整体共同运作的各个实体或各个部分的组合。如生态系统、社会系统、计算机系统，还有涉及人类层面的循环系统、发音系统和认知系统等等。每个系统都是由子系统构成的，同时它又是一个更大的系统的一部分。每个系统都是嵌套在其他系统中的。"动态"（dynamic）是指一个系统由于内力（internal force）和外能（external energy）而经历变化的过程（Verspoor, de Bot & Lowie，2011）。动态系统最基本的形式就是系统通过"力"发生变化。这个系统的变化时而连续，时而断续，甚至还会出现混沌的状态。

以 Verspoor、de Bot 和 Lowie（2011）讨论的动态系统的 9 个特征为

基础，再结合 Larsen-Freeman（1997）总结的复杂系统的 10 个特点，本部分整合梳理了如下 5 个与 SLD 密切相关的特征。这些基本特征包括：

（1）完全的互联性（complete interconnectedness）；

（2）对初始条件的敏感（sensitive dependence on initial conditions）；

（3）发展中的非线性（nonlinearity in development）；

（4）不断变化，系统仅能暂时稳定在"吸态"（attractor states）；

（5）循环（iteration）。

下面将逐一讨论这 5 个特征，它们与 SLD 的深度诠释息息相关。

第一，完全的互联性。在一个动态系统中，所有的部分都是与其他部分相关联的。把 SLD 看作一个动态系统就意味着，影响其发展的诸多变量都是相互联系的。因此，当 SLD 系统中的影响因素都相互联系在一起时，是无法单独地研究其中一个变量的。正如 Gaddis（2002：64）在观察真实世界时所指出的，"每个事物都以某种方式与其他事物联系在一起"。因此，任何个体的变量的孤立都是有问题的，就如单一的原因产生复杂的事件的观点一般。相反，任何变化或结果都是由多重的、互联的因素引起的。我们可以为它们的重要性排序，但是我们不会考虑试图孤立或筛选一个单一的因素来说明复杂事件（Gaddis，2002）。这也符合认知语言学反对模块化、倡导各个部分或因素之间相互联系的观点。因而，在考量口语系统动态发展的过程时，在对其构成的基本单位词汇、句法分别进行动态视角追踪的同时，还要分析两者间的互联发展情况。

第二，对初始条件的敏感。虽然完全的互联性说明，在 SLD 系统中，一个变量的变化将对其他变量都产生影响，但这并不是说，变量间的所有联系都是相同的强度：一些变量间的联系是很松散的，而其他变量间的这种联系却是非常强的。这些非常强的联系往往来自在时间轴上处于前期的变量，这就是对初始 / 前期条件的敏感，通常被称为"蝴蝶效应"（the butterfly effect）。这个来自气象学的专业术语阐述的是系统在初始条件的细小差别对后期产生的巨大影响，这说明潜藏在前期的些微差别会对发展变化过程产生深远的影响。对于 SLD 来说，它一方面意味着即使二语学习者经历相似的学习或发展过程，他们之间的细小差别也会导致非常不同的学习或发展结果。也就是说，相似的教学方法不必然导致相似的学习结果；另一方面，对于我们的研究来讲，这意味着如果二语教师能够把握二语学习者语言发展过程中的关键时刻（如变异频发期），就可以在此时实施基于各种教学手段、教学形式和教学内容，甚至教学目的的干预和调整，进而对二语学习者后期的二语发展产生深远影响。

第三，发展中的非线性。传统研究倾向于根据线性发展进行思考，认可因果之间的线性关系。比如在学习外语单词时，两倍的预期时间投入就会让学习者学到两倍数量的单词。但是，在 CDST 的 SLD 的动态系统中，因果之间的关系通常是非线性的；也就是说，对于一个既定的因，不一定有相对称的果。

在一个关于词汇的研究中，Meara（2004）通过建立一个简单的计算机模型来模拟词汇技能的磨蚀。模型是一个相互联系的词汇网络，然后研究将词汇逐个移除的效果。因为每一个词都与其他词相联系，所以移除一个词也将会对网络中的其他许多词产生影响。Meara（2004）的模型表明，单词的逐个移除并不会导致词汇中单词同样的线性下降。在这个网络的运行中存在大量变异：在一些情况下，许多词被移除后系统仍基本保持不变，而在其他一些情况下，仅在几个词被移除后就发生了巨大的下降。这样的词汇网络的动态研究给我们对于非线性发展的运作提供了一些思路。这一方面说明完全互联性导致 SLD 这个动态系统具有复杂性，另一方面也表明由于这种交互联系是强弱有别的，因此第二语言的发展过程并不像传统研究中那样是线性发展的。

总之，一个动态系统中互联的成分越多，预测这个系统将如何变化就越有困难，而且研究结果就越会受到质疑。例如，在研究第二语言的语音问题时，许多变量都将对预测学习如何发生起作用。花费在听力上的时间、听力技能、注意力、动机、其他语音的知识、乐感、环境噪声程度，所有的这些因素都可能起作用。假如每个单一变量的影响都是线性的，那么两倍的噪声对语音的感知产生的困难也应是两倍的，但是实际情况并非如此，复杂性并不是累加的。学习二语的声调可能直接受到乐感的影响，但是这种乐感更可能受到学习动机的影响，也将同时影响学习动机，而且动机可能与投入的时间和噪声水平等有互动。除了各个变量的直接影响，变量之间还有互动，而且这种互动是动态的，即由于各因素的相互影响而发生变化。因而，学习声调的动机可能由于学习的成功而变化，之后这又可能影响投入的时间量。换句话说，一些变量可能或多或少是稳定的，例如学习声调语言中的早期经验和乐感，而其他一些变量是更动态的，例如投入的时间、动机、注意力和听力技能。当然，稳定的变量可能也不是真的静止的，学习一种新的声调语言增加了声调语言的经验，而且乐感也可以随之而变化。

第四，不断变化，系统仅能暂时稳定在"吸态"。SLD不断与外部环境互动和进行系统内部自我重组的结果就是，这个系统处于不断的变化当中。在内部和外部力量的不断作用下，表面上看起来稳固的SLD系统实际上一直发生着动态的变化。当它超越一个关键阶段如变异频发期后，它就将发生质的变化。即使是所谓的变异时的"衰退"期，对于这个系统来讲，也仅是另一个状态而已。此时，系统的发展实则进入了一种新的形式。这种新的形式在CDST中被称作"吸态"，它是指在一个特定的时间点上，比起其他的状态，动态系统更倾向于存在的那个状态。吸态不是由外部力量来界定的，它们是来自系统中的自发展。

传统研究中的石化现象（fossilization）在SLD中可以被描述为系统稳定到吸态的结果。石化指的是二语学习者在发展中的停滞（stagnation），即二语学习者习得了第二语言系统的一个部分，但似乎并不会再继续发展它。虽然石化的概念以及对其的实验证据还远不够清楚（Larsen-Freeman，2005），但是发展中的语言系统稳定在一个具体的状态的观点有助于阐明吸态是什么。在CDST下通常用如下这个比喻来解释动态系统发展中的吸态。比如月球表面，部分地方光滑，部分地方有洞穴和山脉。一只在月球表面滚动的球将会被洞穴"吸入"，而被山脉"排斥"。一旦球进入一个洞穴中，与让其在光滑的表面滚动相比，要花费更多的精力才能使其再次移动。与之相联系的是"吸引地"（basins of attraction）这个概念。其实在月球表面不仅有洞穴，而且还有轻微下凹的平地形成的浅碗形。达到吸态的距离是相当长的，而且需要花费相当长的时间才能到达，但是一旦系统处于"吸引地"，它将继续沿着那个方向移动。吸引地有多种呈现形式，包括下凹的平地、蜿蜒的河流等形式。如果要使系统挣脱吸态而继续前进，就需要花费大量的精力。

这些抽象的理论观点反映了隐藏在CDST中的数学思维。系统被吸引到更倾向于进入的阶段和方向，这一观点与我们对SLD的理解是相关的。关于石化是什么以及如何证实石化的一些议题，其实可以通过这个视角进行解决。传统研究力图解释为什么一些二语学习者在某些时间点石化，并证明某个异常的形式（非目标语的形式）都不是十分成功的。在 CDST 视角下，石化不能被预测，因为它是复杂互动的结果，这也是复杂的动态系统的典型特征，我们需要做的是将其视为动态发展过程中的一个状态，在什么样的条件下（如词汇与句法如何交互）产生了这个状态（吸态）。

第五，循环。Verspoor、de Bot 和 Lowie（2011）将系统的发展与跳舞的过程进行对比。舞蹈作为一个系统，不是简单地重复步骤，而是在两名舞者、他们的舞步和环境之间进行复杂互动。舞蹈来自不断变化的背景下相同基本步的重复，舞者移动的空间，音乐的韵律，舞者的意图，等等。循环是相同程序的不断重复应用。但是，随着每一步的进行，舞蹈都有变化，下一步也不同于上一步和之后的下一步。因此，循环就是以一个特定的步开始，然后每次从一个新的位置开始，再反复那个舞步（Paulson，2005）。对于 SLD 来说，这意味着目前的水平主要依赖于之前的水平（van Geert，1994）。换句话说，在 SLD 系统的目前状态中，呈现着过去所发生的所有事件，也就是带着"历史"呈现"现在"。这意味着发展的目前状态极大地依赖于发展的前一状态。这种思维产生了相当深远的启示。Larsen-Freeman（1997）指出，"使用语言"和"语言变化"之间基本是没有区别的：语言中的一个元素每次被使用，它在系统中的地位就会被改变，因此整个系统也会发生改变，即使是仅仅增加了此元素下次被选择的可能性。一经使用，发生变化；一旦选择，变化出现。例如，当我们在阅读一篇文本时，一些单词可能是未知的，但是基于语境可以推断词义。每次看到这个词，它之前的出现，还有它的所有语义，以及概念的和句法的信息，都将由于它出现的语境而被刷新和细微改变。这为在 SLD 研究中建立带有"时间"参数的动态模型提供了理论依据。

因此，作为动态系统的 SLD 过程本身具有的以上这些特征，使得其在发展过程中就会涌现出变异这种现象，这就是为什么 CDST 视角下的动态的变异观认为变异是动态系统固有的属性（Larsen-Freeman & Cameron，2008）。这个观点将在下一部分详细论述。

# 3.2　多种理论视角下的变异观

从 20 世纪 60 年代到 70 年代再到 80 年代，关于二语发展中变异的研究观点都是在传统视角下提出的。直到 20 世纪 90 年代后期，随着 CDST 在二语发展研究中的出现，学界才打破了传统的研究视角，进入了 CDST 视角下变异的动态研究。下面就从传统视角和 CDST 视角，分别对二语发展中的变异观进行综述。

## 3.2.1　传统视角下的变异观

长期以来，有关变异的研究都是二语习得领域中的一个重要话题。自 20 世纪 60 年代以来，应用语言学界的不同流派对变异都进行过探讨（Ellis，1994）。一般来说，以往二语习得领域中的变异研究主要是从以下三个视角展开的：理论语言学视角、心理语言学视角和社会语言学视角。

第一，理论语言学视角。20 世纪 60 年代的艾弗拉姆·诺姆·乔姆斯基（Avram Noam Chomsky）语言学派是当时语言学视角的代表。这一学派对抽象的"语言能力"（competence）与具体的"语言运用"（performance）做了区分。他们认为，语言学家应该关注的是抽象出来的语法规则（即语言能力），而不是语言学习者到底如何使用语言（即语言运用）。换句话说，乔姆斯基语言学派的研究者们希望从个体的实例中进行抽象总结，发现学习者知道（know）什么，而不是他们做（do）什么。因此，这个学派的研究对象是说话者的语言能力，而不是语言运用。他们使用的语料也是用语法规则演绎出来的语句，而非语言学习者真正使用的话语。研究者们经常使用语法判断测试，而不是真实的二语学习者数据来进行研究。而变异只是语言运用的一个特征，因此研究者们把变异看作"噪声"。另外，乔姆斯基语言学派通过对语法普遍性（即 UG）的探索，将研究目标定位在寻求语言发展的普遍性、描写语言发展的总趋势上。因而，普遍语法的研究范式的确立使得这一学派并不关注具有特殊性和个体性的变异，而是认为变异是"测量误差"或"环境误差"的结果，是真实数据中多余的副产品。

这一派别将能力定义为理想的说者与听者内在的能力，行为则是指个人的语言使用，其中包括所有的变异、犹豫、错误的开头、重复、口误等等。二语能力可以被看作某人语言知识的抽象，在"理想的"情况下才可能达到。不过，这个定义本身就有问题，因为它并不清楚"理想的"应该如何解释。在这一派的语言研究中，通常认为符合语法判断的测试与理想的行为紧密相关，但是语法性涉及的内容和范围都极其复杂。即使是一个讲英文的本族语者，在被询问某个句子是否符合语法时，他或她也会做出许多不同的回应。这不仅取决于回答者的出生地、居住地、教育程度、性别和民族，而且有赖于谈话时发生的语境等诸多方面的问题。语法判断也会随着时间的不同而发生改变。在古代英语时代 [ 如杰弗雷·乔叟（Geoffrey Chaucer）时期 ] 符合语法规则的句子，在现代却有很多不再被认为也是符合语法的。

第二，社会语言学视角。20 世纪 70 年代的社会语言学派主要有两个范式是针对变异而提出来的，分别是波浪原则（wave principle）和变异学派（variationist perspective）。比尔·贝利（Bill Bailey）提出的波浪原则认为，个体的语言变异是历时性语言规则变化的副产品，变异是在相似语言环境里两个相互竞争的语言规则作用的结果。此外，以卢卡·塔托内（Luca Tatone）为代表的变异学派的研究者们把目光转向了对造成语言过程变异产生的因素的探寻上。这两个研究范式都将研究焦点放在寻找变异产生的社会环境因素上。这个时期的研究范式相对成熟，但因未考虑影响变异的各个因素间的交互作用而受到质疑（蔡金亭、朱丽霞，2004）。

第三，心理语言学视角。20 世纪 80 年代，以李维特为代表的心理语言学派也力图解释变异产生的原因，不过与社会语言学视角不同，其研究重心转向了个体内部的心理层面。心理语言学派试图寻找变异产生的根源，进而了解变异对语言系统的影响及其作用机制。然而，在心理语言学的研究框架下，语言系统只是一个预设的静态系统，变异在这样的系统中只和孤立的因素发生联系。因此，学习发展过程中的变异也被认为是静态的和阶段性的。心理语言学家认为，变异大致分为两个阶段：在语言学习的初期，学习者对正确的或者错误的语言形式（变异）的使用是没有规律的，但随着语言能力的发展，语言学习者会逐渐选择使用正确的语言形式，变异也会随之消失。从这个方面来看，心理语言学视角下的变异研究或许已经开始考虑时间变化的因素，但由于仅关注开始和结束两个时间点，尤其是时间并不是其研究发现的主要影响因素，因而还是属于静态研究的范畴。

社会语言学视角和心理语言学视角下的变异研究的主要兴趣点都在于发现系统性和引起变异的因素。两个流派对诸多产生原因进行了考察，发现谈话者（一语或二语说话者）、情景语境（正式的、非正式的）、任务（说话、写作）、形式－功能联结（冠词与名词错配）等都被证实是促成二语学习者产生变异的主要因素。Young（1988）曾使用多个因素进行分析。研究发现，不同水平的二语学习者之间存在不同的变异类型，因此研究的结论是，变异产生的原因是二语学习者水平的不同。但很明显，前期的这些对于变异的观点都是静态的，因为这些观点主要是，变异是受到各种内部、外部因素（如语言因素、社会因素、心理因素）影响的一种结果（Young，1988）。静态变异理论构建比较完整，但实证研究很少，且可操作性不强，总结起来存在以下几个重要的不足：第一，从研究范式来看，它倾向于采用线性的因果关系分析（如相关分析和回归分析），忽略了变异的发展性和发展的非线性特征，缺少对变异的动态性研究；第二，从各因素的关系来看，对变异相关因素的各种交互关系涌现的复杂性考虑不足；第三，从研究设计来看，大多是静态的共时研究，很少有动态的、历时的变异变化发展研究。

### 3.2.2 复杂动态系统理论视角下的变异观

在应用语言学领域，变异没有受到应有的重视，甚至不被认为是一个值得研究的现象。Fenson、Bates和Goodman等（2000）在他们的研究中给出了一语发展中存在大量个体变异的例子。他们的文章回应了Feldman、Dollaghan和Campbell（2000）对交际发展目录的批评。后者认为，这份标准化词汇习得测试中有太多的变异，稳定性太弱，因而不足以预测早期语言的延迟。但是，Fenson、Bates和Goodman等（2000）反击了Feldman、Dollaghan和Campbell（2000）的观点，他们认为变异不应该被看作测量误差，而应被看作语言早期发展中个体差异的真实反映。他们的实验发现，16个月到30个月的孩子之间语言能力存在巨大的差异。因此，他们的结论是，大量的变异反映的并不是任何的心理测量误差，而是关于早期语言发展的真实情况，任何有效的测量必须被忠实地记录。

1997年，由自然科学引入二语习得领域的CDST为从动态视角研究变异提供了理论和方法。由CDST所激发的观点——变异是发展的潜在驱动力和行进过程中的潜在指标——确立了变异研究在二语习得领域中的重要地位，变异也被视作 SLD 中重要的信息源。根据 CDST 的观点，变异被描述为从一个稳定状态向另一个稳定状态的过渡（transition）。CDST 对于与 SLD 中的过渡有密切关联的行为有明确的预见，即在过渡过程中变异是巨大的。动态的方法将变异转化成 SLD 过程中的重要因素。由此，SLD 中的变异被认为是变化的预兆，变异是探索和选择的重要缘由（Thelen & Smith，1994）。

CDST 在应用语言学领域中的出现，使得 SLD 中变异的视角从"静态变异观"发展到了"动态变异观"。动态的变异观是，语言发展不是阶段性的，而是一个不断发展的过程，变异的发生贯穿于整个语言发展阶段。因此，变异观的动态转向使得其倡导者避免使用传统术语"第二语言习得"而采用"第二语言发展"。

在第二语言的发展系统中，其系统是由很多嵌套的子系统组成的，这些子系统之间又相互影响、交互作用，因此我们永远不能确切地预测某个特征的因素是怎样影响某个特定学习者的，不仅仅因为我们不可能知道这到底牵涉了多少因素，更是因为这些因素是交互作用的（de Bot，Lowie & Verspoor，2005）。一个子系统的变化会导致其他子系统的变化，因此高层系统的整体行为是从子系统的交互作用中涌现出来的（de Bot，2008）。Larsen-Freeman 和 Cameron（2008）提出，SLD 中子系统（或影响因素）之间的复杂互动使整个系统的行为和发展路径变得不可预测，同时也导致了系统的输入和输出不再具有恒定的比例关系，进而呈现出非线性变异的发展轨迹。

随着时间这个自变量的改变，SLD 的动态系统的行进路径变得难以预见。二语学习者可能会经历快速、缓慢，甚至前进、后退的阶段，这样的结果就是变异。和传统的语言学习观念不同，持动态观的人认为，在语言系统发展中，第二语言的学习或发展不是单纯的由渐次输入引导的线性过程，而是像一条正弦曲线一样，充满了高峰、低谷、前进、倒退、停滞甚至跳跃式前进的动态系统行为，这就是发展中的变异（Larsen-Freeman，1997）。第二语言的发展变化是各种变量之间相互作用的综合反映，各种变量发生关联，环环相扣，交互变化，动态纷呈（王初明，2008）。

正如 van Geert（2008）所指出的，人类认知系统（cognitive system）

是复杂的动态系统，因为它是随着时间并通过许多互动的变量（interacting variables）而发展的。人类认知的发展就是一个充满变异的复杂动态过程，当然语言系统的发展也不例外。复杂动态系统的主要特点之一就是，它由大量的互动子系统构成，在任何时间段，这些互动的子系统都不是完全稳定的。

从传统角度看，变异被认为是测量误差，然而动态变异观认为变异是重要的信息来源（Larsen-Freeman，2009）。传统的有关二语发展的多数研究主要探讨导致变异的外部因素，而动态的变异观则认为变异不受外部世界影响，不由外在力量解释，而是系统本身具有的重要内在特点。传统的二语习得观仍然用线性方法解释各种语言问题和学习者的行为，而不是把变异性看作语言变化系统的本质特征。针对这一点，动态变异观对变异给出了具有突破意义的诠释，即变异涌现自嵌套的系统中异质子系统间的交互非线性发展（Larsen-Freeman，2006），也是动态系统的固有属性（Larsen-Freeman & Cameron，2008）。

传统的语言学视角的研究忽略了变异，因为他们的兴趣点是发现语言发展的普遍模式。社会语言学和心理语言学视角下的变异研究把主要的兴趣点放在发现变异的外部原因上。动态视角下的变异研究却把关注点放在发现发展中的变异是何时发生和如何发生的，以及不同的二语学习者有何不同的发展模式上。

目前，变异已经成为 SLD 研究的核心话题：第二语言学习者的语言会随着时间的推移而发生各种变化。在传统观念下，这些变化（变异）通常被看作有效数据中无用的、多余的副产品。有这种观点的原因就是假设 SLD 一定是一个相当顺畅、线性的过程，而对于这个过程的描述必须能够在不同的语言学习者之间进行广泛推广。因此，20 世纪七八十年代的大量研究都关注变异的原因。从动态的视角来看，SLD 中的变异的确可能有不同的产生原因，但这并不是动态视角研究变异的主要关注点。在以过程为导向的研究目的中，任何特定子系统中的变异程度都被看作发展过程的内在属性。例如，对于一个还没有完全掌握一个特定子系统的二语学习者来说，他或她会轻易地被语境的微小变化所影响，从而在那个时刻显露出最大程度的变异。

在 CDST 视角下，SLD 并非从零到无限接近母语的单向线性过程，而是充满了非线性变异，在各个层面都有增长和磨蚀，且不存在最终状态，始终处在不断发展变化中。而且，正是因为变异性是自组织发展系统的固有特征，它的变化水平和形式才能显示出系统发展的稳定与变化预兆的动态本质。Verspoor、Lowie 和 de Bot（2008）认为，发展往往伴随着系统行为的剧烈波动，该研究提出了"发展伴随变异"的观点。因此，对变异性的深入研究有助于我们对 SLD 过程有更深刻的认识。动态变异观能够很好地指导变异发展的轨迹和规律的呈现，弥补早期二语变异研究的不足。在该观点的指导下，SLD 中的变异研究开始从结果取向向过程取向、从静态观点向动态视角转变。

动态变异观提供了一种在复杂背景中研究发展现象的方法。该方法弥补了传统理论在诸多现象解释上的不足。这种研究范式为第二语言教学提供了强有力的理论支撑。正如 Larsen-Freeman（2012）所指出的，语言教学的最终目的是发展学习者的语言水平，重要的是改变学习者的中介语系统，而不是给他们不变的系统增加知识。动态的变异观为变异研究带来了重大变革，也开启了变异研究的新视角。因此，CDST 之所以具有革命性意义，不仅在于它在理念上超越传统科学的简化论，直面复杂、动态的第二语言学习过程，还在于它不拘于传统实证的均值分析法（means analysis），从而发展出了相应的研究方法和工具，使我们能从新的角度考察真实语言的变异性和复杂性（李兰霞，2011）。

## 3.3　研究分析框架

如前所述，作为动态系统的 SLD 的诸多特征都展现了其对使用传统方法研究 SLD 的实践的重大挑战。比如，如果第二语言的发展是依赖于初始/前期条件的，而且初始/前期条件又是大量且多样的，那么研究就无法将所有的相关因素都考虑进去。如果 SLD 过程是非线性的，那么任何预测都可能是站不住脚的。如果 SLD 中各个子系统全部都是互联的，就意味着不可能将其分开来研究。基于此，我们从如下四个方面构建本研究的分析框架。

第一，基于 CDST 的研究视角。

作为一种新型的跨学科研究范式，CDST 突破了传统研究中线性的简化论的理念，倡导以系统的动态性和复杂性为研究核心，采用整体论的范式考察双向因果关系，旨在解释复杂动态系统内各子系统之间如何相互作用并涌现出变异，从而导致整个系统的发展行为。

SLD（动态系统）的特征指出，由于受到内能（内部重组）和外力（外部影响）的共同作用，一个动态系统即使处于吸态，也会不断地变化。因而，在发展过程中，没有变异，也就没有发展，变异是任何动态系统的必然。

一个动态系统会在吸态附近呈现变异的程度，这种变异的程度会为这个系统将要经历的变化提供有用的信息。因此，系统发展中的变异不是要被平均掉的噪声或测量误差，而是要被开采的数据（van Geert & van Dijk，2002）。发展中的变异情况可以成为发展的指标，如果通过平均化的方法消除掉变异性，我们就会丢失可以为涌现的系统发展提供线索的重要信息（Larsen-Freeman，2006）。相反，如果关注在第二语言系统发展过程中变异的变化机制，我们就可以发现并理解 SLD 的新方式。

虽然在许多传统的 SLD 研究中变异已经被观察到，但是研究焦点通常还只是辨认变异的原因。仅有少量的研究讨论了"发展中的变异"，这种发展中的变异不能归于任何直接的原因，而被认为是与发展过程本身有关联的。

变异在 SLD 的研究中获得不断关注的原因之一就在于一个新的理论——动态系统理论——的引进（Thelen & Smith，1994；van Geert，1994；Larsen-Freeman，1997）。这个理论与测量错误假说彻底分离，其中后者认为变异是测量错误的结果。"测量错误假说"与"真分数理论"（true score theory）密切相关（Nunnally，1970）；其假设是每个测量都注定存在一定的随机测量错误，而这些错误的表现形式就是变异。由于这些随机的错误是与真实的测量值无关的，因此通过平均掉这些波动（即变异），隐藏在系统发展过程中的真实水平就可以被找到了。当然，CDST 对于这种假设持完全相反的观点，它认为变异是承载了发展过程本质的重要信息。

论及 CDST 视角下 SLD 中变异研究的焦点时，Larsen-Freeman 和 Cameron（2008）这样表述：研究变异不是为了发现产生变异的原因，而是为了发现能够引发二语发展变异的情况，这才是动态变异观的视角。之所以选取 CDST 作为研究变异的视角，也是因为这一理论对变异的看法有其独特性。与以往的研究不同，CDST 的研究视角将变异界定为内部自变异，因而语言变化过程是一个个性化、过程化的互动过程。二语发展产生变异的各因素间交互的复杂性，使得对其的研究必须放入动态系统中来进行（Dörnyei，2009a）。因此，本书中的变异研究就是在 CDST 的视角下进行的。

第二，历时个案研究。

从 CDST 视角出发的变异研究相较于以往研究的一个明显变化是研究的本质发生改变，即由研究 what 问题转向研究 how 问题；另外一个显著的变化是分析的单元发生变化，即从早期的对大规模的样本分析转向对个体的深入调查（戴运财，2015）。

在传统科学中，解释产生的预测是以可检验的假说的形式出现的。但是，这不能应用于像 SLD 这样的动态系统的发展过程。在传统的二语习得研究中，在检验一个特定教学方法效果的实验中，通常的做法是首先进行一个前测，然后对一个实验组采取特定的教学方法，对一个控制组采用其他类型的教学方法，最后再对两组都进行后测。如果两组前测和后测的结果出现显著性差异，那么就可以得出这个特定的教学方法是有效的这一结论。不过，如果是在像 SLD 这样的非线性发展中，就很难得出这样的结论。另外，即使有效果显现，也可能不是由自变量（教学方法）引起的，而是由前期的经历或环境因素等引起的。

在传统的观点中，变异被看作数据中的噪声，应该被剔除或忽略；传统观点不认为变异数据可以为发展过程提供重要的信息。因此，传统观点指导下的横截面研究提供的是二语学习者整体发展阶段的信息，却没有给出关于发展中变化的精准机制。与横截面研究相比较，在纵向发展研究中获取的数据可以表明变化是如何发生的。

动态变异研究的一个明显变化是研究的本质发生了改变，即由研究 what 问题转向研究 how 问题。随时间发展的变异持续发生在任何复杂系统或子系统中，但是变异的程度取决于在既定时刻系统的稳定性。一个相对更不稳定的时期通常是系统正在过渡的信号。通过观察发展中密集数据变异的不同程度和模式，可以发现系统是何时以及如何发生变化和发展的。因此，纵向历时研究更适用于本项研究。

传统研究都聚焦于二语学习者组群的共性，这意味着将不同的二语学习者平均化，由此来代表"平均"的二语学习者。这样的研究中暗含的假设是二语学习者的发展路径相同，一方面可以在宏观层面解释变化和发展，但另一方面忽视了在二语学习者内部和二语学习者之间反映二语发展过程的细节的变异情况。

在传统的二语习得实证研究中，研究者往往在取样时都尽量使用尽可能大的样本量（通常情况是不少于30），这样做是为了让评估样本方面的发现适用于总体方面的可能性。从样本到总体的推广指的是取样样本与样本代表的总体在研究结果上的适用范围。但是，这里存在着两个问题：一是从总体中提取有代表性的样本是非常困难的，因为对于总体的大部分特点，我们并没有可靠的抽样体系指标；二是人们想要得出的结论是，研究结果可以超越它所基于的样本，最终推广出样本所代表的总体的普遍性。结果就是，此类研究文献中经常充斥着相互矛盾又无法给出合理解释的研究结果。当然，在科学中常见的诉求就是为所观察的行为寻求最广泛可能的"推广"（generalization）。不过，在CDST视角下是依据"特定的推广"（particular generalization）进行思考，而不是普遍性推广（universal generalization）（Gaddis，2002）。如果仔细观察数据，考察个体的轨迹，我们就会发现，没有任何一个二语学习者遵循着"平均学习者"的轨迹。因此，当使用组群平均数时，个体的特性（在传统研究中被认为是不规则性）和个体间的差异就会被抹杀。正是由于这些个性和差异，用"组群平均发展情况"所呈现的被平均化的发展图景是不能刻画任何个体二语发展/学习过程的特点的。因此，能够详细描述个体发展过程的个案研究成为本研究选择研究受试的方法。本研究采用了纵向历时个案研究方法，在长达大约2年的研究期内对4名受试的口语语料进行了16次收集。

第三，变异研究内容：词汇、句法。

动态系统涌现自它的子系统或各个部分的互联性，因此成分性的（componential）解释不可能达到令人满意的程度（Clark，1997）。而且，对每个子系统的描写只告诉我们子系统如何，却并不适合语言整体（Larsen-Freeman，1997）。因此，CDST倡导从整体上研究语言，因为片面强调某一方面的因素，只会对SLD的真实情况给出过于简单笼统的描述，而且要孤立地把某个因素的确切作用剔除出来也是不可能的。也就是说，动态系统的完全互联性使得预测一个研究对象中起作用的全部因素是不可能的。即使能够预测全部因素，它们的贡献也不是相同的。CDST视角下二语发展中变异研究采取的是通过"系统层面观"（system-level point of view）来考察行为中变化的方法。

CDST反对简单的线性因果关系的解释，比如 x 引起 y。就像"学习动机"是能够影响二语学习的单一因素一样，这样的研究在CDST中是无法进行实证验证的。首先，许多因素都会对语言学习有贡献，而我们只挑选其中一个影响因素——即使是像学习动机这样看起来很有说服力的因素，其实都是一个有问题的假设。这是因为学习动机本身也会受到其他因素（如二语学习者态度和目标语说话者）的影响，它的影响也是相互的，学习态度也被学习动机影响。而且，没有因素是保持静止不变的，这就不是一个二语学习者有或没有学习动机的问题，而是学习动机是随着时间的改变而改变（有增有减）的问题，学习动机从未处于一个稳定不变的状态（Dörnyei，2009b）。另外，学习动机在众多影响语言学习成功的因素中所占的权重有几何，也是一个值得考虑的问题。哪怕学习动机对SLD的影响达到了显著的程度，在众多的影响因素中学习动机所占的权重也是极小的，因此这个因素对SLD的最终影响也是微乎其微的，起码是达不到显著程度的。

动态变异观认为，变异是自组织发展系统的内在特质，是发展的一部分。CDST视角下变异的动态研究是把语言的各个子系统的交互作用形成的整体作为研究对象。动态变异观关注的是发展的过程，所以它明确了变异分析的对象就是发展过程本身。如果从基于使用的理论和涌现主义来考察SLD，那么就会发现事实上，词素、词汇、搭配、惯用短语和结构之间没有真正的区别。虽然它们由于语言研究的需要被分成了不同层面的结构，但是它们之间并没有明确的区分。因此，如果想了解语言的发展过程，就应该试图考察这个语言系统本身的基本单位——词汇、句法是如何随着时间的变化而涌现出来的。这样，研究的焦点就变成了描绘系统在时间流逝中复杂的、非线性的发展过程情况（变异研究）。

Cancino、Rosansky 和 Schumann（1978）的研究是第一批专门考察在语言形式习得速率中不同年龄组差异的纵向研究（简称CRS）。受到那个时期UG方法的启发，CRS的研究目标在于描述不同年龄段的二语学习者的总体发展阶段，并发现这些阶段与学习者的母语发展阶段是否相似。虽然 CRS 研究本来的目的是寻找二语习得中的普遍趋势，而不是关注变异，但是对 CRS 研究结果分析的讨论却表明，由于大量变异的存在，描述学习者正在发展的语法是非常困难的。这个特别的研究在 SLD 文献中被广泛地讨论，是指出在习得阶段的早期有大量变异的首批研究之一。CRS 的研究数据显示，不同年龄段的二语学习者有不同的发展模式。

变异的数量和类型决定了二语发展和变化的轨迹，变异的程度可以揭示真正的发展过程。因此，本研究的内容就是考察二语系统中基本的分析单位——词汇与句法发展中变异出现的不同时期和不同情况，由此可以发现词汇与句法的不同发展轨迹。同时，通过考察不同二语学习者（处于不同学习阶段）的发展路径，也可以发现不同的学习过程类型。在 SLD 中，仅出现了几个关注变异情况的个案研究（Verspoor，Lowie & van Dijk，2008；Spoleman & Verspoor，2010），因而需要更多的能够发现个体学习者和不同组群学习者的二语发展规律的纵向密集个案研究。

第四，动态研究方法和技术：极值图法、再抽样技术和蒙特卡罗模拟法。

van Geert 和 van Dijk（2002）提供了几种对于可视化和描写变异特别有用的新方法，这些新的方法可以更好地洞察随着时间变化而出现的发展。这不仅能够提供随着时间变化而出现的细节研究，而且可以帮助我们看出在那一刻正在发生的变化。

在 SLD 早期的实证研究中，焦点都置于总趋势和组群平均上，主要是因为个案研究被认为是随机和不能总结、概括、推广的。不过，事实上没有一个个体的行为与那个"平均人"是一样的，所有的个体都有他们自己的规律。每个个体都呈现出某种程度的变异，但是当他们从一个阶段向下一个阶段移动时，往往呈现出数量不均衡的、不成比例的变异。因此，本研究先用描述性技术极值图来呈现受试的词汇、句法在各自发展中的变异情况，但它们都是描述性技术。

传统统计学需基于足够的样本数目，但是在纵向历时研究中，经常会由于研究周期较长而使得数据获取成本较高，这类研究面临着有用数据有限的问题。显然，基于小样本数据不能说明事物或过程的本来面目。但是，传统的研究方法和技术又难以适应复杂过程系统机理和变异数据的复杂性。因此，扩大样本能有效地解决数据稀缺的问题。本研究使用再抽样技术补充数据样本，获取数据的概率分布规律，克服数据样本的不确定性等问题。最后，再利用蒙特卡罗模拟法对个案研究中（扩充）小样本数据出现的概率进行检验。

在再抽样中，首先要确定被抽样的内容是什么。在本研究中，对于每名受试的变异情况出现的概率检验，是通过置换的方式对原始数据进行再抽样而获得的。即在每次的再抽样中都有一套新的数据组合随机地来自原始的数据组合，在这种情况下我们考察的是个人的发展轨迹，所以最后比较的就是个体受试的最大再抽样距离与原始数据中最大距离之间的差异。本研究的设计对于评估所观察的四名受试（词汇、句法）的变异的平均带宽有一个很好的测量频次标准。这样就可以了解带宽是在多大程度上依赖于抽样频率的，所以对于每个随机的样本中抽取的再抽样样本，需要计算发生跳跃之前的平均带宽和发生跳跃之后的平均带宽。

CDST 视角下的 SLD 的变异研究拒绝线性因果关系的概念。CDST 视角下的发展中的变异研究代替了传统研究对整体的预测，指出发展的趋势、规律和概率。因此，基于 CDST 的变异研究就是详尽地描述系统的发展、描述发展中系统的基本成分（如语言系统中的词汇和句法），从 CDST 视角进行研究工作的主要任务就是描述构成系统不同层面的动态机制（发展中的变异情况）。

综上所述，SLD 系统是处在不断的变化中的，仅是暂时稳定在"吸态"，发展中伴随着变异，因此本研究选取的是将第二语言的发展视为动态系统的 CDST 的研究视角。对初始／前期条件的敏感、发展过程是非线性的以及简单的循环能够产生动态系统的复杂性的出现，都说明在第二语言的发展中目前出现的状态极大地依赖于发展中前一阶段的状态，因此本研究采用了以时间为自变量的纵向历时个案研究法。SLD 中子系统或影响因素的完全互联性和涌现特征一方面意味着不能将发展中的子系统或影响因素割裂开来单独研究，另一方面也表明发展中的变异正是从嵌套的系统中子系统或影响因素间的交互之中涌现出来的，变异就是动态系统的固有属性，发展过程中的自带产物。因此，本研究将研究内容聚焦在了 SLD 过程本身，对其基本分析单位——词汇和句法的发展中的变异进行研究。

本研究的分析框架具体如下：本研究拟分为六个阶段，采用四种方法（纵向历时个案研究法、极值图法、再抽样技术、蒙特卡罗模拟法）对三项内容进行研究（见图 3-1）。

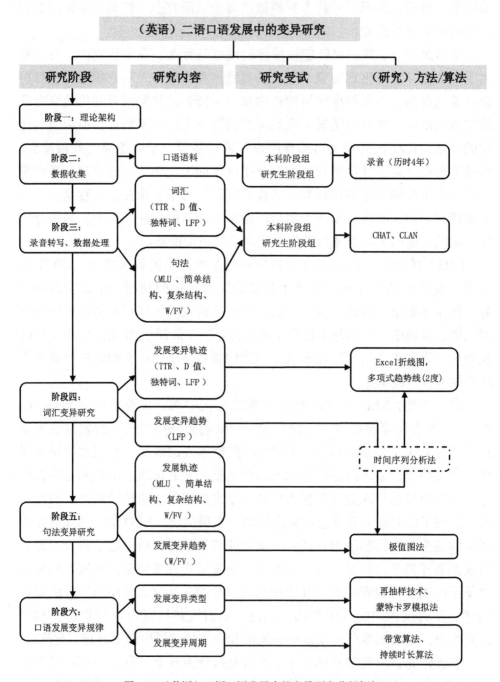

图 3-1 （英语）二语口语发展中的变异研究分析框架

# 第4章  研究设计

本部分是结合内容与方法的研究设计部分。首先在 Verspoor 和 Sauter（2000）专门针对发展研究的分析测量指标下进行修改和调整，确定了（英语）第二语言中口语词汇和句法发展变异研究的测量指标。然后详细地介绍本研究的受试情况、数据收集与处理的过程。最后是关于本研究中各种类型的数据——发展变异轨迹、发展变异趋势和发展变异类型等——统计分析的详尽说明。

## 4.1  测量指标

对词汇进行测量的常用方式有词汇复杂度（lexical sophistication）、词汇多样性（lexical diversity）、词汇独特性（lexical originality）和词汇密度（lexical density）等（McKee，Malvern & Richards，2000）。但是，由于每个研究者的出发点不同，而且各种测量方式之间的关系也非常复杂，因此对于这些测度的定义不够明确和统一（Yu，2009），计算方法也不尽相同（鲍贵，2008）。其中，在 SLD 研究中，影响力比较大的是 Read（2000）提出的二语写作测量中词汇运用能力的四个方面：词汇多样性（用形符和类符之比 TTR 进行测量），词汇复杂度（高频词的比例），词汇密度（实义词的比例）和错误率（用词的错误次数）。不过，其中的某种测度指标在进行二语口语发展的研究中是不适用的。句法测度的确定就更为复杂了。研究者曾用不同的指标来量化句法复杂性，其中在传统的研究中通常使用的几项指标包括平均句长、平均单位长度、平均子句长度、单位内子句数量和子句内从属句数量等（Ortega，2003）。Wolfe-Quintero、

Inagaki 和 Kim（1998）就曾在总结前人的基础上归纳出关于句法复杂度的 30 项测量指标。Ortega（2003）的综述研究了 6 项指标，Lu（2010）则基于这两个综述研究归纳出 14 项句法指标（郑玉荣，2011）。但是，无论是词汇测度还是句法测度，以往的研究或是在传统的研究视角和统计方法中进行的，或是以书面语为研究语料的。Verspoor 和 Sauter（2000）专门针对 CDST 视角下的变异研究，对词汇和句法的各个测度进行了定义。本研究在对其进行调整和修改的基础上，形成了如下的关于第二语言中口语发展的测量指标。

　　1. 词汇的测量指标

　　（1）TTR：类符的数量 / 形符的数量。

　　（2）D 值：随机的类符 – 形符比例。

　　（3）独特的词汇项：每个样本中独特词（是指一篇转写文本中仅被使用一次的词）的比例。

　　（4）词频概况 LFP：高频词的比例。

　　2. 句法的测量指标

　　（1）话语平均长度（MLU）：每个话语中总词量 / 话语的平均数量。

　　（2）限定性动词比例（W/FV）：每个样本中总词量 / 限定性动词的数量。

　　（3）简单结构：有 1 个限定词的话语或有 2 个及以上限定词的并列话语。

　　（4）复杂结构：至少有 2 个限定词或至少有 1 个非限定形式的从属表达。

　　在词汇的发展研究中，一个测量词汇多样性的方法就是 TTR。形符（token）是指每个样本中出现的所有的单词，类符（type）是指每个样本中所有不重复的单词。TTR 的计算方法是用在一定长度的样本中不同词（类符）的数量除以词的总数（形符）。例如，对于每个词只出现一次的样本来说，TTR 就是 1。不过，高频的功能词（如限定词、介词、副词）的出现会使直接使用 TTR 作为词汇测度的做法产生统计问题。有研究表明，样本长度越长，TTR 越小（Richards，1987）。因此，当样本增大、总词量增多时，TTR 的解释力就会变小。Vermeer（2000）已经设计并描绘出大量不同的方式来解决这个问题。后来，学者们尝试了更复杂的统计方法——D 值，它基于长样本中出现的新词概率的计算。这种算法的优点是，能够利用一个随机参数来调整因样本长度的增加而导致的 TTR 值下降的问题。D 值由一个在 Unix、PC 和 Macintosh 环境中运行的 vocd 软件来计算（参见 McKee，Malvern & Richards，2000）；幸运的是存在自动分析的程序。目前，这个计算工具已经在 CHILDES 开发的 CLAN 程序中使用，这个程序可以在 http://childes.psy.cmu.edu/ 中下载（MacWhinney，2000）。

根据其他研究者的建议（如 Laufer & Nation，1995），除了词汇多样性的测度如 TTR 和 D 值等，其他的因素如使用的语言项目的"稀有度"（多少比例的词对于特定学习者来说是独特的）也应该被考虑进去。随着二语水平的提高，二语学习者会使用更为独特的词汇来完成更长的文本，而且总体来看独特词的词长也更长（Grant & Ginther，2000）。使用 CHILDES 中的 CLAN 程序就可以计算独特词的比例，即在每一个样本中计算仅被使用一次的词的比例。Laufer 和 Nation（1995，1999）提出，二语学习者的"词频概况"（Lexical Frequency Profile，LFP）是有关词汇复杂度的重要测量指标。词频概况适用于测量有多少被使用的词属于语言中前 1000 个最高频的词，有多少属于 1000—2000 的范围，等等；LFP 与"稀有的"或"高级的"词一同被计数分析。想要了解词在熟悉度和频率上有多大程度的不同，可以查看在线英国国家语料库（British National Corpus，BNC）（http://www.natcorp.ox.ac.uk/）。因此，关于 LFP 的分析能够为二语学习者的词汇知识程度提供更强有力的解释（Verspoor & Sauter，2000）。

话语平均长度（Mean Length of Utterance，MLU）是表达句法复杂度的一个良好指标（Wolfe-Quintero，Inagaki & Kim，1998）。话语的长度就是每个样本中包含的平均词量，即每个话语中的总词量与样本中话语的数量的比例。每个句子或话语中平均的词的数量能够良好地反映句法的复杂程度（Verspoor，de Bot & Lowie，2011）。在 CHILDES 中的 CLAN 程序中，可以通过直接输入"mlu@"命令来计算 MLU 的数值。不过，在进行动态发展的研究中，仅是话语长度难以呈现句子的发展方式。W/FV 就可以弥补这方面测量的不足。W/FV 指的是每个样本中的总词量与样本中限定性动词数量的比例，在 CLAN 程序中使用"freq@"命令进行计算。不过，W/FV 与另外两个表明句法多样性的测度简单结构比例和复杂结构比例是要在一起交叉使用的，这与简单结构测度的定义有关。在本研究中，简单结构既是指包括一个限定性动词的话语，也是指包括两个限定性动词的并列话语。而复杂结构可以是包括两个主句（每个主句有各自的主语和限定性动词）或至少一个非限定性从句的话语。采用这样的定义方式是因为二语口语表达与书面语有很大的不同，其中之一就是不完整的句子（但其实也符合通常的句法规则）比较多。也就是说，口语中的表达多是为了短时的交流需要，因而更加注重语言意义的交流，更多的时候会忽视语言形式的准确性。所以，根据口语语料的特点，在本研究中简单结构和复杂结构就需要结合 W/FV 的指标才能对句法的发展做有效的分析。所有的这些测度都有助于绘制英语二语口语发展中学习者的动态发展路径。

简而言之，在词汇方面，第一，TTR 是多样性最常用的衡量指标。D 值是为避免 TTR 受文本长度的影响而提出的，在最近国内外的二语口语发展研究中已被多次选用（如 Polat & Kim，2014；Vercellotti，2017；李荼、隋铭才，2017；于涵静、戴炜栋，2019），TTR 和 D 值两者可以互证文本长度差异的情况。第二，独特词比例和 LFP 是两种在复杂性测量上形成的内生型和外源性互补指标。前者传达学习者自我认定的"个体词频"情况，以往研究对此鲜有涉及，本研究也是一次探索；后者体现社会化客观标准的"群体词频"概况，能够为解释 SLD 情况提供强有力的依据。本研究将英国国家口语语料库（Spoken-BNC，2014）中 1—2000 词频范围定义为高频词。在句法方面，Bulté 和 Housen（2012）提出，要在广度和深度两个互补层面对句法进行考察，前者是指不同句法单位的数量（即长度），后者则是指各句法单位之间的关系（即结构），两者都与语言发展相关。本研究以 Crookes（1990）提出的话语定义中的语义单位为划分核心，选择与长度和深度均密切相关，同时又能反映口语表达快速、短时等特点的动词作为划分的主要参照点。口语研究中常用的口语分析单位（AS-unit）未对长度和深度做综合考量，即并非句子越长复杂度越高。本研究用动词类型（限定、非限定）结合动词数量（限定动词≥1，限定动词≥2，非限定性形式≥1 同时限定性动词 =1）对句法做整体性考察。具体划分方式如下：（1）1 个简单结构记为 1 个话语；（2）复杂结构中如果只出现限定词或非限定形式，记为 1 个话语，如果两者同时出现，出现一次算作 1 个话语。综上，本研究以研究类型（历时研究）和研究语料（口语产出）为导向选取 8 个指标，构建了一个横纵结合、互补互证的立体综合测量体系。

## 4.2 研究受试

本研究中选取的受试是我国高校英语专业本科生6人（其中男性2人、女性4人）、非英语专业本科生6人（其中男性2人、女性4人）、硕士研究生4人（其中男性2人、女性2人），以及博士研究生2人（其中男性和女性各1人）。本研究根据受试进入大学学习时所处的时段（本科阶段、研究生阶段），并参照学习时长（包括课内、课外）、英语学习和使用情况以及学习态度等将18名受试分为两组，分别是本科阶段学习者12人（包括英语专业学习者6人、非英语专业学习者6人）和研究生阶段学习者6人（包括硕士研究生学习者4人、博士研究生学习者2人）。下面介绍两组受试的基本情况、英语学习情况、英语成绩情况、英语口语使用情况等。

两组受试的平均年龄为20岁左右，其中本科阶段学习者是18岁左右，研究生阶段学习者是22岁左右。他们的母语都为汉语，分别来自不同省份（山东省、浙江省、辽宁省、广东省、云南省、陕西省和河南省）的不同类别的高中。其中，除了本科阶段的英语专业学习者之外，其余均是非英语专业学习者。

英语专业所有受试英语（二语）学习的初始学段都是小学一年级，而其他学习者则是从小学三年级或初中一年级开始学习英语的。因此，从英语学习的持续时长来看，英语专业受试明显要更长一些。另外，由于两组受试在小学和中学阶段的课内上课频次和时长基本相同（小学阶段是每周3—4次，每次40分钟；初中阶段是每周4—5次，每次40分钟；高中阶段是每周6—7次，每次45分钟），因此英语专业受试比其他学习者的总体学习时间也要长一些。这种差距在进入本科阶段后就更为显著了，英语专业受试每周都有大约20课时的英语专业课，但是其他学习者的课内英语课每周仅有大约6学时。而且通过访谈发现，在课堂之外的英语学习上，不同学段学习者的表现也不相同。例如，本科阶段英语专业学习者几乎都有不少于30分钟的常规化每日晨读，而本科阶段非英语专业学习者却很少有这样的自学安排。另外，英语专业学习者经常会听英文歌曲和新闻，观看英文电影，使用英语学习软件，学习地道的英语口语表达，非英语专业学习者做得很少，研究生阶段的学习者情况居中。

本科阶段英语专业受试在我国的普通高等学校招生全国统一考试（高考）中英语的分数范围是 139—148.5 分，非英语专业学习者则是 116—141 分（总分都是 150 分）。英语专业所有学习者在 4 年期间都参加了全国高等学校英语专业四级考试（TEM-4）和专业八级考试（TEM-8），其中 TEM-4 全部通过，TEM-8 有 5 人通过；非英语专业所有学习者在 4 年期间都参加了大学英语四级考试（CET-4）和大学英语六级考试（CET-6），其中 4 人还参加了大学英语四级口语考试（CET-SET4），1 人参加了大学英语六级口语考试（CET-SET6），所有学习者都通过了以上所有考试。根据研究生阶段学习者入学时的英语考试成绩，基本可以认定他们都是高水平英语学习者，而且他们也都通过了 CET-6 考试。

本科阶段的非英语专业受试除在校期间与老师或同专业的同学进行英语口语练习之外，平时使用英语口语、练习英语口语的时间都非常少，仅在准备口语考试或要参加口语活动之前，才会比平时多进行每天大约半小时到一小时的口语练习。英语专业受试在日常生活中会有意识地使用英语和练习英语口语，但总体来看使用的频次也不算高。研究生阶段受试在课堂外对于英语口语的使用主要集中在学术交流中，如参加学术讲座、会议，与国外同行或同学在线上交流，通常情况是一段时间内较为集中地使用英语进行口头交际，但持续时间不长，出现频次也不算太高。本科阶段的非英语专业受试一般仅在口语课期间与外教有交流，每周 2 节课，每节课 45 分钟。但总体来看，这些学生与外教的交流比较被动，交流的时间较短，而且在课外几乎没有与外国人进行英语口语交谈的经历。其他受试都有与口语课外教交流，以及通过网络或面对面的方式与其他外国人交谈的经历。经调查发现，英语专业受试的家人中有从事与英语相关工作的，如企业的英文翻译和英语教师等，但是非英语专业受试没有这种情况。两组受试中都有学习者参加过英语演讲比赛等活动，并且在其中也接受过专业的培训和指导，但非英语专业受试在参加频次上明显要低于英语专业学习者。在校期间，英语专业受试和硕士研究生受试都从事过英语家教、培训、翻译等工作，但非英语专业受试从未参与过与英语口语相关的工作。博士研究生虽然也进行过一些与英语相关的工作，不过主要是以英语书面语为主的。

全部受试在本研究进行期间及之前均未有过出国的经历。除了英语专业受试在学习过英语的同时，从大学二年级下学期（也是在本研究期间）在课堂教学环境下学习过法语、日语和俄语以外，其他受试未曾学习过英语之外的任何外国语。在学习英语态度的调查上可以发现，非英语专业受试学习英语基本就是为了通过考试，而极少是出于个人的喜爱；英语专业受试却几乎都表达了对英语甚至是外语学习的热爱和热情。研究生阶段受试虽然也表达了对于英语学习的浓厚兴趣，但相对来说，其更注重的是书面（学术）英语的表达。不过，博士研究生受试花费在英语口语上的练习时间占据了整个英语学习时间的很大一部分。

在正式录音之前，研究者向全部受试进行了本项研究要求的说明和流程的解释，并进行了大约一个学期（4个月）的预录音。为了保证能够收集到18名受试在4年间的有效数据，实际上每个学段的受试都预留了备用人选，其中本科生9人（英语专业学习者4人、非英语专业学习者5人）、硕士研究生2人、博士研究生1人。另外，为了提高受试的参与度和配合度，研究者采取了相应的措施。如给予一定的报酬；将受试录音中的口语表现进行打分，并将成绩按一定权重核算计入相应学期相关课程的期末总评成绩中等。

## 4.3 语料收集与处理

本部分介绍本研究收集18名受试口语语音语料的方法。如前所述，第二语言动态发展中的变异研究要在二语学习者自然的语言产出状态下进行，描述其真实的语言交流的使用情况。因此，我们需要收集的数据是密集的（在众多观察测量点收集）、纵向的（在较长时间段内收集）和个体的（在某个时刻作为一个个体被收集的而不是被平均的）。基于此，我们在课堂教学之外的自然环境下，可以用随机的话题（当然进行录音的人会预先准备一些话题，但是不会将话题事先提供给受试）并用英语进行口头交流。

本研究中，在收集研究受试时使用的英语二语口语话题的来源是国际英语语言测试系统（简称"雅思考试"，International English Language Testing System，IELTS）中的口语测试部分。IELTS是由剑桥大学考试委员会外语考试部、英国文化委员会及国际发展计划（the International Development Program，IDP）教育集团共同管理的一种针对英语能力的测试。截至目前，雅思考试已获得全球 135 个国家逾 9000 所教育机构、雇主单位、专业协会和政府部门的认可。

雅思考试分为听、说、读、写四项英语交流能力的测试。雅思口语考试包括三部分内容：一般性话题（general questions）、专题讨论（topics）和深入性话题（deep questions）。每一部分的话题又根据交流内容分为事件类、人物类、地点类、物品事物类、媒体艺术类等。雅思考试中心将三个部分的话题难易度进行了三个等级的区分，其中一般性话题最容易，难度等级为 1 级；然后是专题讨论，难度等级为 2 级；最后是深入性话题，难度等级为 3 级。雅思口语考试的试题会在每年 1、5、9 月更换，每次将三分之一左右的旧题换为新题。本研究中所使用的话题均来自雅思口语考试的话题库。另外，为了使交流的话题更加充分和具有多样性，本研究还自选了一些其他类型的话题，如假设类、情景类、描述类、叙述类、指令类和观点类，作为话题来源的更好的补充。话题复杂度的影响在静态（大多是书面语）研究设计中常被提及，但在口语动态研究中成果极少，尚无定论。

本研究中录音数据的收集共持续了 8 个学期（大约 4 年）。从 2016 年 9 月开始，到 2020 年 6 月结束，其中，寒暑假不进行录音。因此，具体的录音时间是：从 2016 年 9 月到 2016 年 12 月（第一个学期，共 4 个月）、从 2017 年 3 月到 2017 年 6 月（第二个学期，共 4 个月）、从 2017 年 9 月到 2017 年 12 月（第三个学期，共 4 个月）、从 2018 年 3 月到 2018 年 6 月（第四个学期，共 4 个月）、从 2018 年 9 月到 2018 年 12 月（第五个学期，共 4 个月）、从 2019 年 3 月到 2019 年 6 月（第六个学期，共 4 个月）、从 2019 年 9 月到 2019 年 12 月（第七个学期，共 4 个月）和从 2020 年 3 月到 2020 年 6 月（第八个学期，共 4 个月）。本科阶段每位受试每月进行 3 次录音，研究生阶段每位受试每月进行 2 次录音（相邻两次的录音间隔基本控制在 10 天左右），这样本科阶段的 12 名受试在 4 年的录音期间，每人获得了 96 份录音语料，一共是 1152 份样本；研究生阶段的 6 名受试获得了 64 份语料，一共是 384 个样本。在每次录音中，每位受试在每段录音中有效的英语口语表达时长均不少于 20 分钟（整体录音一共持续 30

分钟）。最后两组 18 名受试的有效录音时长约合 31028 分钟。

同时，录音时我们都尽量选择在一个相对安静的空间内进行，如普通教室、语音室、寝室。录音设备都是统一购买的 Philips VTR 5200，此设备操作简单，携带方便。录音完成后，将录音文件保存成 MP3 格式；之后在 CLAN 程序（下一部分介绍）的步控窗口（Walker Controller）中一边播放录音一边进行转写，另外还使用了讯飞语音转写软件。录音环境和录音者都是受试较为熟悉的，录音前不能准备，录音中也不能做笔记或查阅资料。话题设置难易搭配、多类多样，对原始语料未做清理或修改，这样做是为了符合 CDST 理念下对语料"自然、真实、原貌"的要求。

## 4.4　数据统计分析

本研究主要运用历时个案研究法，以全程录音的方式收集了两组 18 名受试的英语口语语料。口语语料的文本转写和标注遵循的是 MacWhinney（2000）的 CHILDES 项目中的 CHAT 程序标准。在符合 CHAT 格式的转写文本中，使用 CHILDES 中提供的 CLAN 程序进行数据处理，对其中所需的词汇、句法的测量指标进行运算。首先对这些测量指标的原始数据进行标准化处理，主要是为了能在不同度量衡数据间形成有效对比；接着利用带有多项式趋势线（2 度）的 Excel 折线图分别绘制每位学习者的词汇、句法多样性和复杂性的发展变异轨迹（参见第 5 章）。然后使用 CDST 框架下所特有的（来自自然科学的）移动最大 – 最小极值图法（简称极值图法）对原始数据进行最大值和最小值的计算。在本研究中，对词汇和句法的多维指标分别选取了 LFP 和 W/FV 进行最大值和最小值的计算。之后根据两组 18 名受试各自的 LFP 和 W/FV 的极值图，由此观察词汇的发展变异趋势和句法的发展变异趋势。最后通过基于蒙特卡罗模拟法的再抽样技术，分别对两组 18 名受试的词汇和句法变异情况出现的概率水平进行检验，由此确定其口语发展变异类型，同时再结合每位学习者发展后期的变异速度和持续时长等信息，定位口语发展变异周期，最终发现英语二语口语的发展变异规律。

# 第 5 章　英语二语口语的发展变异轨迹

本章试图探查本研究构建的三大研究板块中的第一个：呈现英语二语口语系统的发展变异轨迹。该板块包括两个方面的研究内容：一是口语词汇发展变异轨迹，二是口语句法发展变异轨迹。借助 Excel 中的多项式趋势线折线图等工具，绘制全部 18 名受试（本科阶段英语专业 6 人、非英语专业 6 人，研究生阶段硕士 4 人和博士 2 人）的词汇（多样性和复杂性）、句法（多样性和复杂性）的多维测量指标——D 值（词汇多样性）、独特词比例（词汇复杂性）、MLU（句法复杂性）、复杂结构比例（句法多样性）的发展变异轨迹。整个口语发展过程可视化的时间长达 4 年，其中，本科阶段学习者为从大学一年级到大学四年级，研究生阶段中硕士研究生为从研究生一年级到研究生三年级再到毕业后参加工作的 1 年，博士研究生为从研究生一年级到研究生四年级，其间收集的录音样本总数达 1536 个，收集的数据点总数为 6144 个。

## 5.1　词汇发展变异轨迹

本实证研究中在测量指标的选择上尽量兼顾常用性、（互补）整体性、敏感性等，最终在词汇多样性测量上选取了 TTR 和 D 值，复杂性方面选取了独特词比例和词频概况（Lexical Frequency Profile，LFP）。下面将分别绘制本科阶段（英语专业、非英语专业）和研究生阶段 [①]（硕士研究生和博士研究生）在从大学一年级或研究生一年级开始的 4 年间的英语二语口

---

① 为方便表述，下文中对硕士研究生学习者的论述提到的研究生阶段，既可以包括研究生的3年，也可以包括参加工作的1年。如有需要做区分时，会明确指出是研究生的3年还是参加工作的1年。

语词汇发展变异轨迹。

### 5.1.1　词汇多样性发展轨迹

目前有关词汇多样性的测量中最常用的指标是 TTR 和 D 值，尤其是在 CDST 视角下的口语发展研究中。这里需要说明的一点是，经测算，本研究中本科阶段 12 名受试的 TTR 和 D 值都具有显著的正相关关系，其中英语本科是 $r=0.77$、0.69、0.82、0.73、0.84、0.79，非英语本科是 $r=0.66$、0.65、0.71、0.76、0.68、0.73。这意味着每个录音语料中所产生的词汇总量是较为接近的。同样的情况也出现在研究生阶段的 6 名学习者中，他们的 TTR 和 D 值也呈现显著的正相关关系，其中硕士研究生是 $r=0.83$、0.85、0.79、0.80，博士研究生是 $r=0.76$、0.81。因而，全部受试的有关 TTR 的讨论可以参见 D 值。

#### 5.1.1.1　本科阶段学习者

本研究中本科阶段的受试共 12 人，其中英语专业和非英语专业各 6 人，在 4 年研究期间每人每月收集口语语料 3 次，每年收集 8 个月（即 2 个学期），因而在研究期内每人在每个测量指标上统计了 96 个时间点位上的数据。为了使效果可视化、更清晰（当然也是在不影响研究结果和发现的情况下），将每个月 3 次的数据进行众数（如果有众数）或算术平均数（如果没有众数）的统计处理。图 5-1 呈现了本科阶段学习者 D 值在整合统计后的发展轨迹。通过 Excel 折线图和多项式趋势线的联合使用，可以更直观地观测到发展过程中大量变异现象与整体的平均化趋向间的差异。

先来看图 5-1 中的多项式趋势线（2 度）。在 4 年本科阶段中，英语二语口语发展中词汇的 D 值的总体发展趋势是上升的。这说明，在本科阶段的英语口语产出中，无论是英语专业还是非英语专业的学习者，词汇的多样性都有了提升。词汇多样性的提升是以词汇量增长为基础的，同时也是学习者积极使用词汇的一种表现。因此，口语词汇多样性的提升也间接地表明了学习者对英语词汇的主动使用进入了口头表达层面，毕竟绝大多数学习者对于英语词汇的习得方式是从书面语形式的输入开始的，因而首先更容易激发的是学习者词汇的书面方式使用，而某些词汇在口头表达中往往是滞后的，甚至是不出现的。对于绝大多数学习者而言，从书面词汇转成口头词汇也可以被看作一次语言习得的提升。

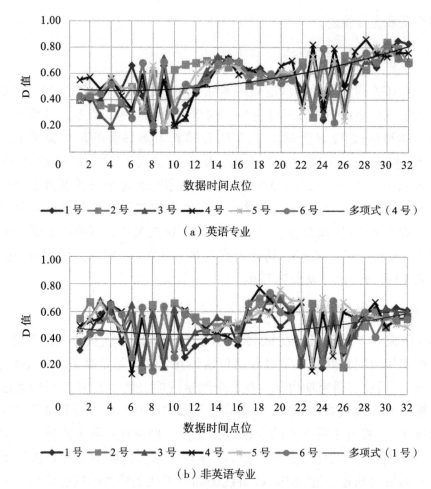

（a）英语专业

（b）非英语专业

图 5-1　本科阶段学习者 D 值发展轨迹（包括 2 度多项式趋势线）

再来观察一下图 5-1。很明显，在整个发展过程中，虽然整体趋势是上升的，但是几乎在每个时间点或时间段上都存有大量的变异情况，而且这种变异的存在无论大小都一直持续到了最后阶段。这再一次证明了英语二语口语"词汇发展是非线性提升"的研究发现（参见 Larsen-Freeman，2006；Vercellotti，2017；李茶、隋铭才，2017）。不过，来自英语专业和非英语专业的学习者各自在标志性变异上有很大的组内同质性。英语专业的学习者在从大学一年级到大学二年级（数据点为 1—16）、从大学三年级到大学四年级（数据点为 17—32）中，英语口语词汇 D 值发展的变异最大期都在所在时段的中期，波峰和波谷则分别位于后期和中期；非英语专业学习者也是大学一年级到大学二年级和大学三年级到大学四年级的 D 值发展轨迹很相似，最大变异期在中期，这与英语专业学习者一致，但波峰和波谷却不同，波峰在前期，波谷在中期。

英语专业学习者在两个时段（一个是大学一年级到大学二年级、一个是大学三年级到大学四年级）的发展中期都既出现了口语词汇多样性的最大变异，又出现了波谷，这说明在这两个时段学习者在努力尝试使用更多已掌握的可用词来进行口头表达，但比起更多样的词汇，他们此时更关注表达的正确性，因而这局限了其对不同单词的使用频次。两个时段的发展中期大致分别对应大学二年级上学期和大学三年级上学期，而在这两个学期之后的 1—2 个学期中，全部受试都参加了全国高等学校英语专业四级考试（Test for English Majors Band 4，TEM-4）或英语专业八级考试（Test for English Majors Band 8，TEM-8），受到了考试这个重要外驱动因的影响。在备考期间的应试目的性和对关键词汇反复操练的结果就是，既积极主动又谨小慎微，严格追求词汇使用的准确性。英语专业学习者在大学二年级下学期（即这个时段中的后期）对多样词汇的使用出现了波峰，此时正是其参加 TEM-4 的时间。对不同口语词汇的大量使用既是学习者词汇量提升的证据，也是学习者对于口语表达高标准的要求和对更大词汇量有把控性的自信的体现。这一时段出现波峰但没有同时出现最大变异，这说明学习者对于多种多样的口语词汇的输出不是暂时的，而是在高位持续了一段时间的，持续地大量输出更多样的词汇对于后期的口语（多样性）提升有很大的带动力（最终提高到了 0.80 的高位水平上）。这印证了 CDST 中一个重要的观点：在复杂系统中，初始状态对系统的后期发展会有重大影响（Larsen-Freeman & Cameron，2008），甚至会引起整个系统的改变，这种对初始状态的敏感依赖即为"蝴蝶效应"（Verspoor, de Bot, Lowie, 2011）。随着时间的推移，系统初始状态的细微差别会随着系统的长期发展而逐渐呈指数增大，最终导致系统间发展情况的巨大差异（de Bot, Lowie & Verspoor，2007；Evans & Levinson，2009）。在一个研究期内，发展前期就相当于后期的初始状态，前期对后期往往产生不可估量的影响，因为这种影响往往是以时间为乘数甚至为指数的（安颖，2017）。

非英语专业学习者在两个时段的发展中期，也同时出现了 D 值的变异，这与英语专业学习者的情况一样。这基本可以说明，在本科阶段，无论是不是英语专业，学习者都很有可能会受到参加重要英语考试的影响。

从大学二年级下学期开始，非英语专业的学生也开始陆陆续续参加大学英语四级（College English Test Band 4，CET-4）和大学英语六级考试（College English Test Band 6，CET-6），而且部分学生还参加了大学英语四级口语考试（CET-Spoken English Test Band 4，CET-SET4）和大学英语六级口语考试（CET-Spoken English Test Band 6，CET-SET6）[①]。不过与英语专业的学习者不同的是，非英语专业的学习者 D 值的波峰出现在每个时段的发展前期；也就是说，其在入学初期就开始尝试大量使用各种不同的单词，并且由于此时并非变异最大期，因此非英语专业学习者将这种尝试维持了较长的一段时间；同时，这种情况也发生在了大学三年级上学期，由于非英语专业的学习者在课堂教学中是没有与英语口语之间相关的课程的，因此他们比英语专业的学习者更依赖于将英语书面语词汇转向口语词汇的过程和效果。就整个本科阶段英语学习的时段来看，英语专业学习者 D 值的波峰发生在大学二年级下学期和大学四年级下学期，而非英语专业学习者则发生在大学一年级上学期和大学三年级上学期。这表明，非英语专业学习者入学时甚至表现出了比英语专业学习者更积极使用多样口语词汇的热情，不过本研究中所有的本科生两次波峰的间隔期都为 2 年。

最后，从多项式趋势线的对比中可以看到，虽然英语专业和非英语专业的学习者 D 值总体上都升高了，但是前者比后者提升的程度要更大一些。但是，这个也符合本科院校对于英语专业和非英语专业的培养目标和要求的规定。粗略来看，两者 D 值初始都在中位水平上（前者大约为 0.55，后者大约为 0.45）[②]，但发展末期的情况却不同：英语专业的学习者英语二语口语的 D 值是从中位（大约 0.45）最终上升到高位（大约 0.80）；非英语专业的学习者的 D 值则处于中等的水平上（大约 0.45），但最后仅上升到了一个中高水平的程度（大约 0.60）。上述情况表明，在进入本科阶段的初期，英语专业和非英语专业的学习者在英语口语表达中可支配的词汇数量和能力相差不大，但经过 4 年的英语学习或使用后，前者比后者在这个方面显然有了更大的提高。从折线图的对比中可以观察到的是，英语专业学习者比非英语专业学习者对于多样词的使用发生变异的范围更大一些，说明前者比后者在最大变异期做了更多的调整或试错。这种更大程度

---

① 本研究中，全部6位受试都参加了CET-4和CET-6，其中4位参加了CET-SET4，1位参加了CET-SET6。

② 这个数值是进行过标准化统计处理的，所以它代表的是从0到1之间的占位情况，下同。

的变异表现带来的结果是在 4 年后，起码在词汇的多样性方面，有了更好的提升效果，不断出现的变异既是学习者主动学习的体现，也在很大程度上影响了后期的习得效果。高度变异才能促进系统的快速发展，语言系统的发展潜力就在于高度变异的持续出现（Larsen-Freeman，2012）。

英语专业学习者和非英语专业学习者在各自的两个时段上的发展变异关键期呈现了一致性。英语专业学习者英语口语多样性的发展轨迹从大学一年级下学期开始进入变异最大期，在大学二年级上学期出现使用频次最低时刻，到了大学二年级下学期使用频次升到最高，大学三年级再次出现变异最大期和使用波谷期，到最后大学四年级重回使用波峰。非英语专业学习者从进入大学一年开始就呈现出口语多样性词汇的最大使用；大学一年级下学期是多样词的最大变异期，同时使用出现波谷；到了大学三年级上学期达到波峰；而大学三年级下学期又再次出现变异最大期和波谷同现的状态。整体来看，英语专业学习者是先出现最大变异期和波谷，再出现波峰；非英语专业学习者刚好相反，先出现波峰，再出现最大变异期和波谷。两者在发展初始状态基本相同的情况下，在发展最后期前者比起后者在口语表达中明显出现了更多样的词汇，不过两者都比发展初期对词汇的使用率有了提升。

目前，在 CDST 视角下对口语发展系统中多样性这个维度进行的实证研究很少，仅有几项。Larsen-Freeman（2006）在对中国英语学习者大约半年的追踪研究中发现，口语词汇的多样性是整体提高的，但其间存在不同于整体发展趋势的大量变异出现。Polat 和 Kim（2014）对 1 名土耳其成年移民进行了长达 1 年多的动态研究，同样发现其口语多样性较之前有了明显的改进，在发展的后期还出现了波峰。Vercellotti（2017）研究发现，在 3 个学期的课堂教学后，二语学习者的口语词汇多样性提高了，先是下降，后期又开始急剧上升。于涵静和戴炜栋（2019）对英语二语口语词汇中多样性的研究结果较为具体，他们发现在多样性提高中变异的轨迹是从上升到下降再到小幅上升，但研究周期较短，仅有 12 周。总结起来，目前的研究几乎都发现了英语口语词汇多样性非线性提升的结果，但有关变异的具体情况，如时间定位、升降程度、不同学习者间的异同等方面还存在不少可深入研究的空间。另外，几项书面研究或许可以为词汇多样性的发展研究提供更完整、更全面的依据。王海华和周祥（2012）为期一年半的研究结果也是词汇多样性稳步增长。郑咏滟（2015）的研究发现，从大学一年级开始，学习者在 1 学年间的词汇多样性呈显著上升趋势，变异情况在稳定和不稳定间反复变换。王宇和王雨（2020）针对英语专业三年级的学习者开展了 16 周（1 学期）的研究，结果同样是词汇多样性出现上升趋势。不同的是，郑咏滟（2018）在高中二年级的学生中进行的 1 年的研究，发现多样性或是基本维持稳定，或是出现了跳跃式倒退的情况。当然，此项研究在研究受试（高中阶段）、指标选用（Uber）和语料来源（书面语）等多方面都不同于本研究，不能做简单的直接对比。但从学习者学段方面来看，似乎高中阶段和本科阶段英语词汇多样性的发展轨迹是不同的。因此，在本科阶段词汇多样性的整体发展都是上升的结论，似乎是目前在口语和书面语的研究中都已验证的。但是，关于词汇多样性发展中变异出现的具体情形方面的研究结果还是不尽相同的，比如在王宇和王雨（2020）的研究中词汇多样性有的是先升后降，有的是先上升并趋于平稳，还有的是先降后升。这说明，目前在二语习得领域中，尤其是对于口语词汇多样性的研究是急需的，只有大量的实证研究结果才能更准确地勾勒出较为明确的发展过程，并形成有效的对比。

### 5.1.1.2　研究生阶段学习者

本研究中研究生阶段的受试共 6 人，其中硕士研究生 4 人，博士研究生 2 人；硕士研究生和博士研究生均来自非英语专业，且都是学术型研究生。由于受到学制的限制，我们在收集完成 4 名硕士研究生在学校学习的 3 年期间的语料后，又继续追踪了 1 年（这个取样时频和他们在校期间一致，也是上半年和下半年各 4 个月）的时间。2 名博士研究生中，一位是 5 年学制，另一位是 5 年半学制，因此研究期都是在学校学习期内进行的。在 4 年研究期间，每人每月收集口语语料 2 次，每年收集 8 个月（即 2 个学期），因而在研究期内，每人在每个测量指标上统计了 64 个时间点位上的数据。与本科阶段的数据点计算统计方式相同，为了可视化效果将每个月 2 次的数据进行众数（如果有众数）或算术平均数（如果没有众数）的统计处理，最终研究生阶段的每位受试也是 32 个数据收集点。我们依然使用多项式趋势线配合折线图，将研究生阶段的英语二语口语 D 值发展轨迹可视化（见图 5-2）。

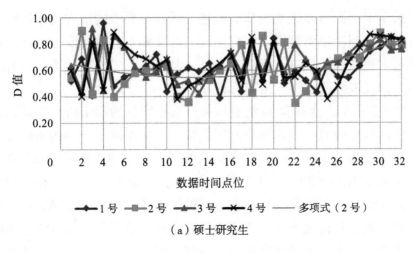

（a）硕士研究生

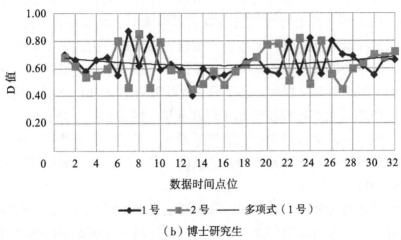

（b）博士研究生

图 5-2　研究生阶段学习者 D 值发展轨迹（包括 2 度多项式趋势线）

　　从图 5-2 的多项式趋势线（2 度）中可以观察到，硕士研究生在 3 年学校学习和 1 年工作期间，英语二语口语发展中的词汇 D 值的总体发展趋势是不断升高的，这与本科阶段学习者的发展情况相同。这说明硕士研究生阶段依然是英语口语词汇多样性的发展提升期，不过这个阶段的多样化词汇与各自专业相关的各种学术英语词汇的显著增长息息相关，也就是说增加的词汇中有很大一部分是来自专业领域中的学术表达型词汇。4 年在校期间，博士研究生英语口语发展中词汇 D 值的总体发展趋势几乎没有变化，这与本科阶段和硕士阶段学习者的发展情况都不一样。虽然博士研究生也更趋向于在口语输出中使用更多的学术英语表达，但他们似乎也意识到书面的学术词汇与非正式的口头表述并不具有类似的语言使用环境，需要对其区别处理。也就是说，在口语词汇的选择上，博士研究生比其他阶段的学习者更关注语境这个因素。另外，其实词汇多样性的增长是有一定限度的，而且多样性也并不是越高越好。

如图 5-2 所示，无论是 D 值整体提升效果明显的硕士研究生还是几乎没有变化的博士研究生，在每个时间点位上仍然布满了变异的非线性发展轨迹。这一方面验证了"词汇发展从来都是一个充满变异的过程"的观点（参见 Polat & Kim，2014；于涵静、戴炜栋，2019），另一方面也表明 D 值的总体发展趋势与变异的存在与否好像无直接关联。硕士研究生在两个时段上的发展变异情况不同，而博士研究生却与本科阶段学习者的情况相对应，两个时段（一个是研究生一年级到二年级，另一个是硕士研究生三年级到工作 1 年或博士研究生三年级到四年级）上的发展变异是同质的。硕士研究生在研究期的最后 1 年由学校转入职场是产生这个结果的一个重要原因，而本科阶段和博士研究生阶段的学习者身份一直是学生，这种语言场域的不同是不容忽视的。硕士研究生的英语口语词汇 D 值发展，在第一个时段中的最大变异和波峰都出现在前期，波谷则在后期；在第二个时段中前、中、后三个时期中依次出现了最大变异、波谷和波峰。博士研究生在两个时段上的发展变异情形是同质的，每个时段的发展中期是变异最大和波峰，后期是波谷。

硕士研究生在第一个时段的发展前期就出现了词汇多样使用的最大变异和波峰。第一个时段的前期是硕士研究生刚刚步入更高层次的高等教育阶段，这个时段与本科阶段的学习目的和方向间最大的差别是研究生阶段开始更多地接触学术相关的英语表达了。而且他们在进入研究生教育的初期就了解和知悉此时最主要的任务是进行学术训练，其中很关键的一环就是大量阅读相关领域的学术成果，尤其是在进行学术训练的初始阶段，掌握本领域方向的专门术语词汇、常用学术表达、规范又程式化的学术习语等，都是必经环节。因此，此时可以听到他们的口语输出中常常出现学术英语词汇。当学术英语词汇和日常交际英语词汇同时出现在口语表达中时，口语中词汇的多样性就达到了使用波峰。到了研究生二年级时（也就是这个时段的发展后期），硕士研究生的学习进入关键期，他们面临着硕士研究生毕业论文开题、研究生毕业论文撰写和发表、研究生毕业论文撰写中期检查等挑战。这个学期硕士研究生却出现了口语多样词汇使用的波谷，究其原因主要有二：一是他们意识到学术英语词汇有特殊的语言使用环境，许多是不适合在日常交流话语中使用的，当然这也说明此时他们对学术英语词汇的内涵意义有了较之前更深入的理解；二是学术英语词汇的使用场景有限，而此时硕士研究生的话题涉及的范围越来越广，相对于日常交际话语词汇来讲，学术英语词汇在总词汇量中所占比例要小得多。硕士研究生在第二个时段出现了与第一个时段非常不同的发展变异情况。研究生三年级上学期（这个时段的上学期）再次出现了变异最大期，这说明他们又开始尝试更多不同类型词汇的口语表达了，其中有部分学术英语词汇由于同时也有在日常表达中的含义，而逐渐在他们的口语输出中更多地得到使用。不过，比起第一个时段中出现的变异程度，此时变异程度减弱了一些。这表明学术英语词汇即使在习得其用法的基础上，也仅有相对少量的一些能够最终成为口语词汇。硕士研究生在最大变异期后紧接着就进入了口语多样词汇使用的波谷，这次出现的波谷甚至比上一次出现的水平还低。这表明他们丢弃了很多原有词汇，其中既包括日常词汇，也包括学术词汇。此时正值他们准备硕士毕业和准备就业的时刻，我们在收集口语语料时发现，他们的许多表达无论是内容还是形式都受到了其硕士毕业论文方向或/和待就业职位的工作内容的影响。但是，到了发展后期也就是硕士研究生进入职场后，却出现了口语表达多样性的波峰。此时，日常话语词汇、学术英语词汇和职场相关的词汇同时出现了。而且话题范围很广泛，思维也略显活跃，有时还存在这样的情况：在一个话语表达中，日常话语词汇、学术词汇和职场词汇相继出现。但是，使用的正确率和适合度还有待提高，当几种场景的词汇同时出现时这种问题尤为明显。

博士研究生在两个时段中发展变异情况一致。第一次出现变异最大期和波峰同现是在各自时段的发展中期，这说明此时博士研究生在不断地对新习得的某些词汇（其中学术英语词汇占比不少）进行反复使用。这种使用是有意识的操作，因为到了最后期词汇多样性的使用频次与发展初期基本等同，但词汇的选用却有了变化，即淘汰了一些同时又新增了一些，维持了某种动态平衡。波峰的出现说明博士研究生在尽力扩大可使用词汇的范围，但是从波峰的高度上来看，这不是简单的一味追求词汇使用的多样性；相反，较为限制的波峰表明博士研究生认识到英文（口语）表达的有效性和适切性不是以使用更多高级单词为标准的。从波峰出现的学期来看，波峰大约分布在研究生二年级上学期到研究生四年级上学期，这是他们集中参加国内、国际学术会议、讲座的时期。学术会议上使用英文宣读论文的情况时有发生，每一次都是促进他们较高质量地进行英文口头表达的时机。而且会议期间他们还时常与国际同行用英文交流，交流的内容不仅有学术方面的探讨，还有各类的有关学校、求学、生活等方面的话题。因而，此时博士研究生虽还未正式走入职场，但由于博士研究生阶段的学习和年龄等特点，他们与本科阶段的学习者所关注的内容不同，似乎是游走于学校和职场之间。他们勇于尝试，但又有所克制，这在语言的（词汇）使用上表现明显。

现在从图 5-1 和图 5-2 的多项式趋势线的对比中，观察口语词汇多样性总体发展趋势的异同。硕士研究生 D 值总体的提升更多地集中在离校工作时期，这表明环境的改变，当然也是语言使用场景的改变，有助于激发使用者激活更多的潜在单词，同时在工作环境中他们又习得了某些新的单词（4 位硕士研究生在毕业后的工作中都会多多少少地使用到英语，尤其是英语的口语表达）。不过，硕士研究生 D 值的增长情况与本科阶段的学习者还有所不同，本科阶段学习者是从中位到（较）高位（大约为 0.45/0.55 → 0.60/0.80），但硕士研究生是从较高位到了更高位（大约为 0.65 → 0.85），这说明硕士研究生比本科阶段的学习者有一个更高的起始点。从整体提升速度上来看，从快到慢依次是英语专业本科生（0.25）、硕士研究生（0.20）和非英语专业本科生（0.15）。不过，最终英语专业学习者定格在了大约 0.80 的高位，而硕士研究生最后是在 0.85 这个更高的水平上。总体来说，硕士研究生阶段还是处于口语词汇多样性的高速提升期，而且最终的提升效果是很理想的。在英语二语口语词汇的多样性发展中，与众不同的是博士研究生的发展趋势，看起来几乎未出现任何提升迹象（在发展前期和发展最后期都处于 0.70 的水平）。博士研究生 D 值的初始状态已经在高位（大约 0.70），因此能够提升的空间就已不多，再加上此阶段的学习者已不再片面追求一个指标的最大化了。再来看图 5-1 和图 5-2 中的对比情况，英语专业和非英语专业的本科生之间在两个时段的波谷值基本相当，波峰值是前者更高一些，因而前者的变异范围就更大一些。硕士研究生在两个时段上都比博士研究生的波谷值要低，波峰值要高。这表明，前者比后者的整体变异范围更大一些。从变异程度来看，从大到小依次为英语专业学习者、硕士研究生、非英语专业学习者和博士研究生。从变异的最大值和最小值来看，英语专业和非英语专业学习者在第一个时段中都出现了最小值（0.15），硕士研究生在第一个时段中出现了最大值（0.96）。这表明，在高等教育阶段英语二语口语的词汇多样性在0.15到0.96间发生非线性变异，而这期间二语教师有的放矢地实施教学干预，可以有效帮助学习者在高频的变异间提升二语水平。

在英语二语口语词汇多样性发展中，本科阶段学习者（无论是英语专业还是非英语专业）在不同时段中表现出变异情况的一致性，而研究生阶段的硕士研究生则在不同时段有不同的变异情况出现，不过博士研究生在两个时段内保持一致。硕士研究生英语口语词汇多样性的发展轨迹是：从研究生一年级开始就出现了频繁变异和波峰期，到研究生二年级时出现波谷期；研究生三年级上学期再次出现最大变异，半年后的研究生三年级下学期又低到了波谷，但毕业后参加工作时再次进入波峰期。博士研究生是直到第一个时段的发展中期，即接近研究生二年级时才出现标志性变异时刻——最大变异和波峰；研究生二年级是波谷期，研究生三年级下学期又是最大变异和波峰同时出现的时期，但到了研究生四年级又下降到了波谷。从两个时段上来看，英语专业学习者和博士研究生英语口语词汇的多样性关键期都发生在发展中期和后期；非英语专业学习者和第二个时段中的硕士研究生的关键期则出现在发展前期和中期。

目前，关于英语二语口语词汇历时发展在研究生阶段的研究几乎无迹可寻。相较于本科阶段，研究生阶段的教学目标更多地放在学术英语表达方面，这不仅无形中扩大了口语表达的话题内容范围，而且加深了他们对外语词汇的理解和认知。从本科阶段到研究生阶段的全链条研究可以为我们刻画出更加完整、更加全面的高等教育中英语二语（口语）的复杂发展变异路径，这有助于二语教师更好地了解二语（口语）发展的全貌，也有助于他们深入探寻二语（口语）发展的复杂运作机制。另外，研究生阶段作为高等教育中最高也是最后的一步，对于高质量人才的培养和人才的高质量发展来说，都是不可或缺的一环。

### 5.1.2　词汇复杂性发展轨迹

在目前的许多研究中，测量词汇复杂性的指标常常与词汇多样性（也有研究中称其为密度）混在一起。Verspoor、de Bot 和 Lowie（2011）提出了 CDST 视角下第二语言系统动态发展研究中所定义和界定的一个重要指标——独特词的比例，本研究以此为参照。根据独特词的定义，它是学习者使用语言时"稀有度"的指标，在一次文本中仅出现一次，从某种程度上来讲，独特词是多样化表达中增加复杂性的重要手段之一（Grant & Ginther，2000）。本研究选用的另一个考察词汇复杂度发展情况的测量指标是 LFP，作为目前此类研究中最常用的指标之一，LFP 与独特词的测量结果之间可以形成互补关系，传达词汇复杂性"群体与个体""外源与内生"的双面情况。根据前期研究结果可以发现，LFP 的发展变异轨迹情况最明显（参见安颖，2023），因此本研究将其用于探究词汇发展变异趋势（详情参见第 6 章），本部分省去对其的重复论述。

#### 5.1.2.1　本科阶段学习者

本小节中涉及的受试人数、数据收集的时长和统计后的数据定位点与 5.1.1.1 小节中内容相同，不再赘述（同样情况适用于后文的 5.2.1.1 和 5.2.2.1 小节）。图 5-3 呈现的是本科阶段学习者独特词比例（词汇复杂性）4 年间的发展轨迹。

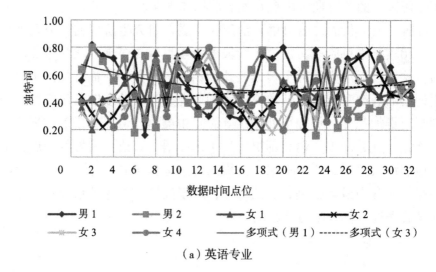

（a）英语专业

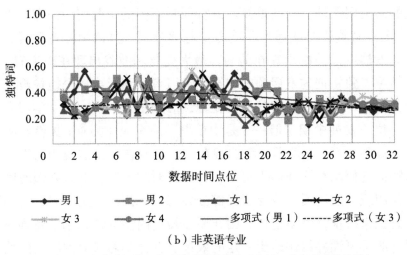

（b）非英语专业

图5-3 本科阶段学习者独特词发展轨迹（包括2度多项式趋势线）

从图5-3的多项式趋势线（2度）中，笔者发现了一些有趣的、与众不同的现象。首先，在4年本科阶段英语二语口语发展中，绝大多数学习者的独特词总体发展趋势是下降的，其中仅有英语专业的4名女性学习者呈现的是略升的趋势。可见，本科阶段学习者的英语口语词汇的复杂性在4年内几乎无增，甚至有减；英语学习者并不是一直追求英语口语输出的复杂性，这一方面符合口语表达简单、直接、明了的话语特点，另一方面符合独特词本身就具有的在多样中实现复杂的词汇特征。其次，其他词汇指标间的差异多表现在不同学习阶段上，或英语与非英语专业的不同上，但独特词使用间的差别却是以性别区分的。具体来看，英语专业男性学习者的独特词整体发展趋势是下降的，女性是略升的；非英语专业学习者都是下降的，但男性学习者比女性学习者下降得更多。因此，性别差异在独特词的发展中似乎画出了一条不同以往的轨迹图。这种差异在折线图的观察中依然存在。

观察图5-3可知，即使整体发展趋势是基本向下的，变异情况也还是大量存在的。不过，这个观察结果似乎与之前研究发现的"词汇发展是非线性提升"（参见5.1.1.1）不同。出现这种情况的主要原因是研究时长和时频取样不足（郑咏滟、冯予力，2017；Vercellotti，2019），当然新的测量指标——独特词的选用也是可能原因之一。独特词的特殊性还体现在英语专业和非英语专业在发展变异关键期有极大的组间同质性上，这与词汇多样性的组内同质性、组间差异性的特征是不同的（其实句法方面也是这样的）。无论是英语专业还是非英语专业学习者，男性学习者英语二语口语独特词发展中的波峰出现在前期，最大变异和波谷出现在中（前）期；而女性学习者独特词的发展顺序与男性学习者大致形成一个镜像轨迹，发展前期是波谷，中（后）期是最大变异，后期则是波峰。男女学习者的最大变异都位于发展中期，但一个是中前期，一个是中后期；男性学习者波峰在前，波谷在后；女性学习者波谷在前，波峰在后。这说明男性学习者对于独特词的使用意识开始得很早，但维持时间不长，并且在短时间内频繁选择使用或不使用后，放弃了大部分独特词。因此，由于男性对独特词的使用意识来得快，去得也快，因此要在短期内使其认识到独特词对二语口语提升的重要性并尽快达到一定的效果。女性学习者对独特词的使用意识开始得较为缓慢，在两个时段的发展前期都是其使用的波谷期，直到发展的中后期才逐渐开始了大胆尝试；不过与男性学习者不同，女性学习者在试用后将独特词的使用推向了高峰。因而，女性学习者对独特词的使用意识需要一个较长的缓慢进入期和接受期，其间要不断鼓励和加强这种意识，让其了解使用意识虽有延迟但习得效果是长期的。同时，独特词是带有某种个性化印记的词汇，对其的高频使用也是学习者对自身口语表达水平自信的一种表现。

男性学习者在两个时段的发展前期出现口语独特词使用的波峰，说明男性在进行口语表达时更加注重带有"个性化"的信息的出现。这种个性化不仅表现在产出内容上，还体现在词汇的选择上。与多样词汇使用一样，独特词的使用也是以掌握的词汇总量为基础的。从整体来看，刚进入大学学习的时候一定不是词汇量最大的时期，但男性学习者仍然在口语产出中使用了大量的独特词，说明他们有很大的自我意愿去尝试不同的词汇。但是和多样词汇不同，独特词是使用者在一次完整的会话中（本研究中就是在一次录音中）仅使用一次的词项。这就需要使用者在语言输出的意义和形式上都有很强烈的自我主动调控意识。同时，因快速适应新的学习环境和生活条件的各种改变而产生的自洽，也会影响到语言的"安全"产出。此时，他们语言输出的意愿也很强，这一点从录音时长和产出量上就有所体现。不过，大学三年级上学期出现的第二次波峰（这是第二个时段的发展前期）产生的原因就与第一次有所不同了。此时，男性学习者已经有了更多的词汇积累，他们能够再次达到独特词使用波峰，主要还是出于备考或参加 CET 的原因。所以，与研究生阶段的学习者不同，影响本科阶段英语学习者的一个重要因素就是测评英语水平的考试，即使毕业后的工作内容与英语的使用关联不大。因此，为本科阶段的大学生设计的英语水平方面的考试要更加谨慎、更加科学合理。如近年来提出的"中国英语能力等级"，或许可以将英语测评和英语教学、英语使用更加有机地结合起来，还可以与 CET、TEM 等国内英语水平考试及托福（Test of English as a Foreign Language，TOEFL）、雅思等国际考试形成良性对接。这样既可以更好地服务于英语教学，也可以更有效地服务于人才培养和使用。第一个时段在大学一年级上学期出现第一次独特词使用波峰后，很快在大学一年级下学期，男性学习者开始频繁调整独特词的使用策略，同时进入使用的波谷期。这表明男性学习者在口语表达中不断极端变换（即一次会话中仅使用一次）所选用词汇后，似乎意识到在整体的口语表达中，词汇所带来的复杂性仅是一小部分，随后转向借助其他方式如句法等增加语言的复杂度（可以参见下面关于句法的论述）。教师可以在安排课堂教学内容时关注到男性学习者在独特词方面表现出的快进快出的特点，在大学一年级这个词汇关键期帮助他们加大词汇输入量的同时，可以为其列出单独的口语独特词词表，帮助他们做出用与不用、用多少，甚至什么时候用等较为精准的选择，尽量为其保留更多的独特词以增加语言表达的复杂性。第二个时段与第一个时段中独特词的发展情况一致，也就是在同一年级内（大学三年级）上学期出现波峰后，下学期就在最大变异期后进入使用波谷期了。

女性学习者在两个时段的发展前期出现的是独特词使用的波谷，说明比起男性，她们在语言（口语）表达上更趋向稳定性和正确性。此时，语言使用中形式的熟悉、常用是她们最先考虑的因素之一，甚至有时为了使用她们认为自己更有掌控力的词汇，她们会以牺牲意义为代价。另外，此时女性学习者的话题涉猎范围相对有限，即使录音人不断抛出新的话题做引导，她们往往还是会将话题导向自己熟悉的场景和内容，这无形中就使得女性学习者经常在一个语义场（semantic field）中寻找词汇。由于词汇所在的场域有限，因此所选词汇的数量和种类必然受限。从两个时段来看，每次女性学习者都会经历漫长的进入期才能开始尝试使用独特词。第一个时段从独特词使用波谷到变异最大花费了将近一年的时间，这个过程在第二个时段中整整持续了一年。在经过差不多一年后女性学习者进入了变异最大期，而此时女性学习者却较快地上升到了独特词使用的波峰期。

以上情况表明，虽然女性学习者需要很长时间才能开始逐步增强对独特词使用的敏感度，且之后还要很长时间才能开始反复在高频使用与低频使用之间徘徊，但是经过漫长的适应期后，她们会将这些词纳入口语表达的个人固定词表。所以在发展前期就要进行教学干预，有效引导女性学习者尽早发现口语表达中独特词的存在和价值，激发她们对独特词的大胆使用。此时可以考虑在她们的口语评价标准中加入关于独特词使用的频次，甚至可以在一定程度上弱化独特词使用的准确性。

从图 5-3 中多项式趋势线的对比中，最明显可以观察到的就是，在 4 年研究期内，英语专业的 4 名女性学习者独特词的使用比例是略微升高的（大约为 $0.40 \rightarrow 0.50$），而除此之外，其他学习者都是呈下降趋势的。英语专业男性学习者呈现略微下降趋势（大约为 $0.65 \rightarrow 0.55$），非英语专业两性学习者都呈下降趋势，且男性学习者比女性学习者下降的程度更大，其中男性学习者是大约从 0.40 降到 0.20，而女性学习者是从 0.25 下降到 0.20。因此，从整体趋势变化的幅度来看，从大到小依次为非英语专业男性学习者（大约下降 0.20）、英语专业男性学习者（大约下降 0.10）和英语专业女性学习者（大约上升 0.10）以及非英语专业女性学习者（大约下降 0.05）。相对来说，男性学习者比女性学习者独特词的变化范围要大一些。再来看一下初始状态，从高到低依次是英语专业男性学习者（大约是 0.65）、非英语专业男性学习者（大约是 0.40）和英语专业女性学习者（大约是 0.40）以及非英语专业女性学习者（大约是 0.25）。发展最后期独特词停留的水平方面，从高到低依次是英语专业男性学习者（大约是 0.55）、英语专业女性学习者（大约是 0.50）、非英语专业男性和女性学习者（大约都是 0.20）。通过对上述整体变化程度、初始值和最后达到的发展水平的综合考量可以发现：第一，非英语专业女性学习者对于英语口语独特词汇的使用，在变异程度、初始值和最终水平上都是最小的；第二，英语专业女性学习者虽然整体趋势是上升的，但初始值和最终到达水平都是居中的；第三，英语专业男性学习者在全部受试中最后达到的独特词使用量是最大的，虽然他们的整体发展趋势是下降的，但他们的初始值是最高的。男性学习者的初始值普遍大于等于女性学习者，所以在各组内，男性学习者独特词的习得效果也是优于同组女性学习者的。不过，如果从组间来看，英语专业学习者在初始值和最终水平上是高于非英语专业学习者的。综上，在英语二语口语独特词的习得上，经过 4 年以课堂教学为主的英语学习后，最终习得效果较好的是英语专业学习者，尤其是其中的男性学习者。了解到这一点，可以在这个指标上为其制定更精准的、更有针对性的教学计划，因为并不是每种类型的学习者都会对每一个指标/维度高度敏感，进而达到较为理想的习得目标。当然其他类型的学习者也可以以此为参照，寻找和优化适合自己的提升路径。我们从图 5-3 的对比中可以发现，英语专业学习者比非英语专业学习者、同组男性学习者比女性学习者独特词发展变异范围要大得多。与口语词汇多样性发展过程一样，独特词持续的高度变异也带来了很好的提升效果。本科阶段学习者口语独特词的发展还似乎表现出了自相似性（self-similarity）的特征，这种特征源自几何学中的一种现象：分形（fractal）。"分形"的概念可以追溯到 17 世纪数学家及哲学家戈特弗里德·威廉·莱布尼茨（Gottfried Wilhelm Leibniz）提出的"递归性自我相似"（recursive self-similarity）（Pickover，2009）。分形是指具有自相似性的系统或体系，自相似是指一个系统的部分与其整体以某种方式相似（Mandelbrot，1983）。按照分形理论，一个系统内部的任何一个组成部分或子系统与整个系统都是相似的。分形理论的诞生，为时间序列分析提供了崭新的途径，通过对时间序列所具有的分形行为进行研究，可以从一个崭新的角度分析和预测时间序列的特征和规律。当然，对于本科阶段学习者英语二语口语独特词发展具有自相似性的结论，还需要大量的实证研究做支撑，但本研究算是一个良好的开端。

在英语二语口语独特词的发展上，英语专业与非英语专业学习者呈现出同质性，男性与女性学习者呈现出异质性。无论是英语专业还是非英语专业中的男性学习者，英语二语口语复杂性的发展轨迹都是大学一年级上学期出现第一次波峰，大学一年级下学期出现最大变异和波谷；大学三年级上学期出现第二次波峰，大学三年级下学期又出现第二次最大变异和波谷。此外，女性学习者大学一年级上学期出现的是波谷，大学一年级和二年级呈现的是最大变异，大学二年级上学期出现的是第一次波峰；到了大学三年级上学期波谷再现，直到大学四年级上学期又开始出现最大变异期，最后大学四年级下学期又出现第二次波峰。

如前所述，目前在 CDST 视角下的英语二语口语发展研究中，有关独特词的实证研究还未被发现。本研究在探索中发现了一些有别于以往的现象和结果，这些发现在测量指标的选择上能够为今后的研究能够起到一些参考作用。而且，新指标的加入还可以提供更多关于二语口语发展的新信息。同时进一步证实了复杂的二语口语系统发展中，不同维度/指标发展的异步性（Norris & Ortega，2009），深化了口语系统研究中多维特征的观点（Larsen-Freeman，2006；Verspoor，Schmid & Xu，2012；Polat & Kim，2014；安颖，2016，2023）。

### 5.1.2.2 研究生阶段学习者

本小节中涉及的受试人数、数据收集的时长和统计后的数据定位点与5.1.1.2小节中内容相同，不再赘述（同样的情况适用于5.2.1.2和5.2.2.2小节）。图5-4呈现的是研究生阶段学习者独特词比例（词汇复杂性）4年间的发展轨迹。

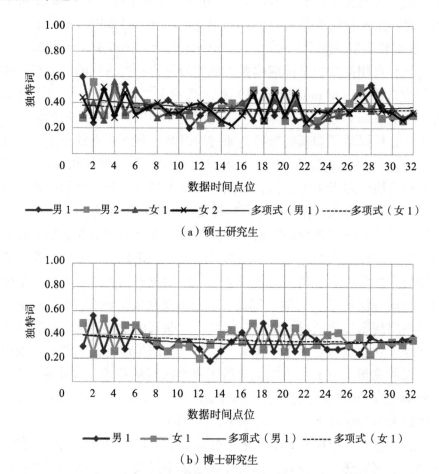

（a）硕士研究生

（b）博士研究生

图5-4 研究生阶段学习者独特词发展轨迹（包括2度多项式趋势线）

先从图 5-4 的多项式趋势线（2 度）出发，我们可以发现硕士研究生 4 年间英语二语口语独特词的总体发展趋势是略有下降的，这与本科阶段绝大部分学习者（除英语专业女性学习者）的情况是一样的。这说明，在硕士研究生阶段学习者的口语独特词的使用频次依然呈现持续下降趋势。不过，博士研究生口语独特词发展的总体趋势却是几乎与之前持平了。发生这种情况的原因可能有两个。一个是博士研究生对于词汇已经形成了自己的使用习惯和使用风格，一般情况下不会再刻意地扩大本来已经够用的词汇表。这从博士研究生 4 年间的英语口语多样表达的总体发展趋势（即几乎没有发生变化）中就可以看出来。因此，以多样词的发展为基础的独特词，未有总体提升是必然的。另一个是博士研究生虽然在硕士学习的基础上，又习得了一些学术英语表达，但这些词汇多用于书面语，能够进入他们口语词表的很少。博士研究生对于新词的试用期比较早，也比较快，往往在刚刚了解到一个新词后，很快就会在口语表达中试用甚至达到使用波峰，但最后常常是又将其排除出口语使用词表。如果仅从语言交际效率上来看，独特词在意义输出方面，使用效率或许算不上是高的，因为有些词在每次话语交流中仅使用一次，有些只不过是同义词或近义词的相互替换，毕竟在日常口语交流中，在主要话题内容没有大的转换的情况下，所用词汇多属于相同或相近的语义场。为了提高口语交流中信息传递的效率，博士研究生更趋向于反复使用（至少 2 次）自己熟知的词汇。

再来看图 5-4 中传递变异信息的折线。在硕士研究生独特词总体发展趋势略降以及博士研究生独特词总体发展趋势持平的现象中，我们仍旧可以发现无处不在的变异现象。硕士研究生在两个时段上的发展变异情况不一致，而博士研究生却表现出了一致性，这与之前在词汇多样性上（D 值）发现的情况一样。这说明在口语词汇发展中，硕士研究生比博士研究生发展变异的转折点更多，情况也更复杂，最大的可能就是受到了英语学习环境和使用场合的影响（在本研究的最后期，硕士研究生由学校转入了职场）。博士研究生在英语二语口语词汇方面一贯的平稳表现表明，在我国高等教育的最后阶段，口语词汇的发展似乎进入了一个相对稳定期。这一方面说明了博士研究生英语二语口语词汇的发展愈发达到了接近本族语者的程度，没有也无须在学校教学环境中再做更多的提升努力；另一方面也说明，英语（口语）水平的提升并不是以一个方面如词汇（更不可能是一个指标）的无限提升为目标的，更关键的是整体系统中各个子系统的协同作用，这也正是本研究的另一个重要研究方面。在第一个时段中，硕士研究生的英语二语口语独特词的最大变异和波峰出现在发展前期，波谷出现在发展后期；在第二个时段中，最大变异出现在发展前期，波谷出现在发展中期，波峰出现在发展后期。这种表现与其在口语多样性（D值）方面的表现如出一辙，这至少能说明硕士研究生在口语词汇多样性和复杂性的发展上有很大的相通之处，二语教师可以充分利用这一研究结果，将口语词汇的多样性和复杂性安排较为一致的教学顺序。博士研究生口语独特词的发展是在两个时段上，都是在发展前期出现最大变异和波峰，在发展后期出现波谷。这与硕士研究生口语独特词在第一个时段中的发展情形是一样的，当然与硕士研究生的口语多样性在第一个时段中的发展也是一致的。

在硕士研究生的第一个时段中，口语独特词先是几乎同时出现了最大变异和波峰。这表明他们此时快速进入了独特词敏感期，虽然还在不断试用，独特词意识还不是很强，但独特词使用高峰的出现说明他们认识到了独特词在口语表达中的价值。当然如前所述，多样词的发展促进了独特词的发展，硕士研究生也在这个阶段接触到了以学术英语词汇为主的大量新词，即进入了多样词高速发展的时期。学术英语词汇中的很大一部分在日常会话中出现的频次不高，这更加剧了硕士研究生对其进行反复试用的可能性。将较为熟悉的和刚刚了解的词汇搭配使用，既可以为旧词触发新的内涵意义，又可以深度感知新词的共现能力和适用度。如此一来，大量新词的涌入既提高了词汇的多样性，又促进了独特词的使用。不过，随着硕士研究生的口语词汇多样性步入低谷，他们的独特词也随之进入波谷期。除了如前所述——同样适用于独特词的——多样词发展转入波谷的两个主要原因（参见5.1.1.2）之外，独特词在最大变异期后由波峰进入波谷，说明这是他们主动选择后的结果。也就是说，这种现象通常是由学习者对于某些词汇（如学术词汇）在口语表达中的负面或否定性认知引发的。他们对于这些词做出了少用、不用或虽保留其中的一小部分但会增加一定的使用频次的处理。因而，即使仍会在口语表达中做保留，但由于在一次会话中使用频次的增加，独特词的比例也会相应下降，当然这种情况下词汇的多样性也会下降。对于独特词的使用价值，正如Verspoor、de Bot & Lowie（2011）所说，语言词汇使用中的"稀缺"程度在大多数情况下是与表达意义和交际意愿有关的。也就是说，语言使用者有时在语言形式选择上的"稀缺"（只使用一次）受到其要表达的意义影响，毕竟形式与意义的有效结合才是有效表达的关键。与书面表达可以兼顾形式和意义不同，口语产出往往在极大程度上受到"短时"的影响，在形式与意义的博弈中，有效交流必然是以意义为先的（安颖，2017）。据此，硕士研究生以主动在话语交流中完成交际为主要目标，选择了"得意而忘形"，即牺牲独特词的使用频次以换得更有效、更适合的表意形式。

硕士研究生在第二个时段的发展前期、中期和后期都有变异的标志性时刻的出现。这首先说明，这个时段硕士研究生在英语口语的产出上受到的影响更多、更复杂。不过，此时独特词的发展变异情况与口语多样性（D值）的发展变异情况是一样的，这再次表明词汇多样性与复杂性之间千丝万缕的复杂关联。硕士研究生在第二个时段中，还是从独特词的最大变异期开始，但此时未出现波峰也未出现波谷。这种情况说明，虽然硕士研究生像在第一个时段中一样，出现过一个反复尝试独特词的增减在表达中的有效性和适用性的阶段，但是变异幅度不大，证明他们在口语表达中并没有将独特词列为选择词汇最重要的考虑因素，而且这种词汇意识有增无减。尝试期过后，很快独特词的使用进入波谷期，这更加验证了硕士研究生对独特词的上述观点和态度。虽然在硕士研究生的发展后期，也就是在他们进入职场后，口语表达中独特词的使用再次上升到这个时段的波峰，但是此时的波峰比第一个时段的波峰要降低不少，并且波峰的维持时间明显短于第一个时段波峰的存续时间。在硕士研究生进入职场后，必然有新词的加入和使用，但即使是在词汇量增加的情况下，独特词的使用频次依然没有得到提升。这表明，在词汇使用的选择中，词汇意识比词汇使用环境更为重要。因此，在校期间，除了尽可能为学习者增加学习和使用词汇的多样场景，增强他们的真实体验感以外，更重要的是要加强其词汇选用的意识程度，在对词汇进行细化分类的基础上，树立正确的词汇意识。

在独特词的发展变异情况方面，博士研究生比硕士研究生要简单一些，两个时段上的情况基本相同。在两个时段中，都是发展前期是变异最大期和波峰期，发展后期是波谷期。最大变异在第一个时段中比第二个时段中幅度更大，不过持续时长更短。这说明博士研究生在第一个时段发展前期（即研究生一年级上学期）比在第二个时段发展前期（即研究生三年级下学期）对于独特词的使用意识更加强烈，但同时这种意识更多地受到个人主观认知的影响。但是，到了研究生三年级上学期，随着学业负担的加重，他们对于独特词的具体使用情况有了更多的考量，并没有像第一个时段中那样较为轻易地很快结束了独特词的试用。此外，无论是在第一个时段还是在第二个时段，最大变异都是伴随着使用波峰而出现的。最大变异和波峰的共现表明，此时学习者都在尽其努力推动口语词汇的发展；在这样的发展关键期，二语教师可以采取更有针对性的教学方法促其突破，以达到提升的目的。再来看看博士研究生独特词发展的波谷期，一个出现在研究生二年级，另一个出现在研究生四年级上学期。博士研究生的波谷期与其波峰期和最大变异期都相隔了大约 1 年；相对而言，这样的间隔期并不算短。这说明，他们在达到独特词使用高峰后，短期之内并没有放弃大量的独特词的使用。因此，在这个重要的间隔期，或许也是因为词汇意识和使用的潜在等待期，二语教师可以对其进行实时教学干预。

从图 5-3 和图 5-4 的多项式趋势线中可以观察到，硕士研究生在 4 年间英语二语口语独特词的发展是略降的，从大约 0.40+ 降到 0.40− 的水平。博士研究生独特词的总体发展基本持平，初始值大约为 0.40，发展末期还是大约在 0.40 的水平上。这说明在研究生阶段，无论是硕士还是博士，他们口语独特词的初始值、最大变异范围和最终达到的水平都是差不多的。具体来看，研究生阶段口语独特词的初始值和最终水平适度（大约是 0.40），最大变异范围是 0.20 → 0.60（大约是 0.40）。这与口语独特词在本科阶段的发展变异情况非常不同。本科阶段口语独特词的总体变异范围是 0.05 → 0.20，初始值为 0.25 → 0.65，最后水平为 0.20 → 0.55。除了发展中变异程度的不同，更关键的是，在本科阶段很明显的男性和女性学习者之间的区别在研究生阶段并没有出现。而与多样性一样，研究生阶段的独特词发展情况的区分是在不同的学习阶段中出现的，即硕士研究生与博士研究生阶段。尤其是硕士研究生，他们的独特词发展变异情况（如分两个发展时段，并且每个时段中变异出现的时期和波峰、波谷等）与其在口语多样性（D 值）中是一致的。这表明在硕士研究生阶段，口语独特词的发展比起学习者性别的影响，更多地受到了其在本科阶段掌握的词汇多样性的影响。因而，提升本科阶段的词汇量和词汇使用量，很有可能成为其硕士阶段独特词（词汇复杂性）提升的重要先决条件之一。

此外，博士研究生阶段口语独特词的发展与其多样词的发展情况是不同的，但与前一阶段即硕士阶段的发展情况却是一致的。这或许能说明独特词在研究生阶段的发展情况似乎更多是受到了前一学段的独特词的影响，而非此学段的词汇多样性的影响。当然，由于目前此类实证研究还太少，因此尚未能形成扎实可靠的结论，不过作为此类研究的开端，本研究揭示的这些隐藏但却重要的发现可以为今后的研究提供某些较为明确的思路和方向。在英语二语口语词汇复杂性发展中，非英语专业学习者是下降（其中男性比女性下降得更多）；英语专业男性学习者是略降，女性是略升；硕士研究生是略降；博士研究生却是几乎持平。因此，从口语词汇复杂性提升的角度来看，从快到慢依次是英语专业的女性学习者（提升了大约 0.10）、博士研究生（无升无降）、硕士研究生（下降幅度小于 0.05）、非英语专业的女性学习者（下降了大约 0.05）、英语专业的男性学习者（下降了大约 0.10）、非英语专业的男性学习者（下降了大约 0.20）。再来看最终口语独特词的习得水平，从高到低依次是英语专业的男性学习者（大约 0.55）、英语专业的女性学习者（大约 0.50）、博士研究生（大约 0.40）、硕士研究生（大约 0.40－）、非英语专业学习者（大约 0.20）。从图 5-3 和图 5-4 的对比中可以发现，英语专业学习者比非英语专业学习者口语独特词的波谷值要低，波峰值要高，因而前者比后者的变异范围要大一些。不过，英语专业学习者在两个时段上，波谷值、波峰值都基本等同；而非英语专业学习者两个时段上的波峰值相当，但波谷值却有差距，第二个时段中波谷值更低。硕士研究生在两个时段上，波谷值相当，波峰值有差异，第二个时段中波峰要低一些；博士研究生在两个时段上，波谷、波峰都有差异，第二个时段中波谷高一些，但波峰却低一些。从变异的最大值和最小值来看，非英语专业的男性学习者在第二个时段出现了最小值（0.18），英语专业的男性学习者在第一个时段出现了最大值（0.82）。这表明，在高等教育阶段，英语二语口语的词汇复杂性非线性变异发生在 0.18 到 0.82 之间。相较于口语多样性的变异程度（0.15—0.96），口语复杂性变异程度要稍小一些。因此，英语二语口语词汇复杂性的总体发展趋势比多样性要缓和一些。

在英语二语口语词汇复杂性发展中，本科阶段学习者在不同性别上表现出了不同的变异情形，在同性别中却表现出了极大的同质性，即跨越了不同的专业（英语专业和非英语专业）、不同的时段（第一个时段和第二个时段）。但在研究生阶段，硕士研究生在不同时段中有不同的变异表现，博士研究生则在两个时段中变异表现一致。这与英语二语口语词汇多样性发展中研究生阶段学习者的情况是一样的。研究生阶段英语二语口语词汇复杂性（独特词）的发展轨迹是：硕士研究生在研究生一年级上学期出现最大变异期和波峰期，到了研究生二年级转入发展的波谷期。研究生三年级上学期再次出现变异最大期，随之下学期就是波谷期，参加工作后再现使用波峰。博士研究生几乎复制了硕士研究生第一个时段中的发展变异情况，最大变异和波峰同样出现在研究生一年级上学期，也是到了研究生二年级进入波谷；同样的情况在研究生三年级和四年级又一次出现，三年级上学期是变异最大和波峰期，四年级进入波谷。本科阶段学习者在不同专业之间，口语独特词发展变异情况无甚差别，但男性和女性之间存在明显差异；研究生阶段在性别间未发现明显差异，不同学段（硕士和博士）间情况有差别，不过博士研究生在两个时段中的情况都与硕士研究生第一个时段中的情况是一样的。从每个时段的发展期中可以看到，本科阶段在发展前期、中期和后期都有关键变异期出现；研究生阶段则更多地集中在发展前期和后期。

## 5.2　句法发展变异轨迹

本实证研究在测量句法的指标上，遵循了"长度"和"深度"这两个横向与纵向交织、整体上又互补的原则（Bulté & Housen，2012）。用于英语二语口语句法"长度"的测量指标是 MLU，它表现了不同的句法单位线性连接的数量；在与"长度"形成互补互证的考量下，选择的句法"深度"测量指标是 W/FV、简单结构比例和复杂结构比例，它们反映的是句法的不同单位之间的结构关系。本部分中涉及的受试人数、数据收集的时长和统计后的数据定位点与 5.1 部分中内容相同，不再赘述。

### 5.2.1　句法复杂性发展轨迹

本研究在句法复杂性上选取了 MLU 作为测量指标，这个指标在以往研究中经常是以测量句子长度或 AS-unit 划分长度呈现的。MLU 像传统研究那样，它不是以语言系统本体的不同层级为划分标准的，而是选择了更符合"口语"语料特点的"话语"（utterance）为划分依据（Crookes，1990）。

### 5.2.1.1　本科阶段学习者

图 5-5 呈现的是本科阶段学习者 MLU（句法复杂性）4 年间的发展轨迹。

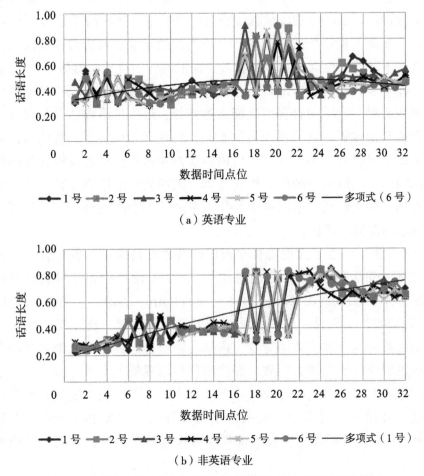

（a）英语专业

（b）非英语专业

图 5-5　本科阶段学习者话语长度发展轨迹（包括 2 度多项式趋势线）

图 5-5 的多项式趋势线（2 度）可被描画为一条上升的线条，这呈现的是在本科阶段 4 年期间，英语二语口语发展中句法的 MLU 的总体发展趋势是上升的。与本科阶段学习者在口语词汇多样性的情况一样，这表明口语句法的复杂性也提升了。词汇的发展水平通常被认为是句法提升的前提（van Geert，1994；Robinson & Mervis，1998；Verspoor，de Bot，Lowie，2011），但在二语口语研究中，词汇与句法间随时间而产生的复杂关系还

有待验证。但有一点可以肯定，即二语发展中词汇与句法间的关系是动态而复杂的。口语中话语长度的增加不能仅仅被认为是词汇的简单叠加，对有效话语的产出更关键的是词汇组合搭配的方式，如体现词汇间水平共现的组合关系（syntagmatic relation）的词语固定搭配、体现垂直聚合关系（paradigmatic relation）的词性替换选择。因此，MLU 的增长表明学习者在词汇（使用）量增长的基础上，对于词汇的深层掌握能力也在提高。话语长度的不断增长也反映了学习者对于词汇的外延意义、内涵意义、词性、词汇搭配等多方面的了解的提升。尤其是在口语表达中，较长的话语更能体现使用者对于词汇组合和搭配能力的掌控，因为口语表达是从发音器官到听觉器官的过程，这和书面表达不同，后者多是用到了视觉刺激，而且一般情况下可以反复多次刺激。口语表达需要语言使用者发挥较强的长时记忆能力，对话语进行瞬时、快速处理，因而较长的话语（甚至是音节较长的单词）中会包括比书面语中的句子更多的"词块"（chuck），这样才能保证话语的衔接和连贯。

图 5-5 再次体现了无论怎样平滑的趋势线都掩盖不了各种各样变异情况的存在。句法的 MLU 动态轨迹也印证了"二语口语句法发展具有复杂性"的论断（如 Polat & Kim，2014；Vercellotti，2019；于涵静、彭红英、周世瑶，2022）。不过，与口语词汇的发展变异情况一样，句法发展变异在同组（英语专业和非英语专业）内具有同质性。英语专业学习者两个时段中的发展变异情况较为一致，即发展前期出现最大变异和波峰，到了发展中期进入波谷。非英语专业学习者在两个时段上呈现两种不同的发展变异情况，在第一个时段中，发展前期是波谷期，发展中期出现最大变异和波峰；在第二个时段中，发展前期是最大变异和波谷，发展中期则出现波峰。

英语专业学习者在两个时段的发展前期都同时出现了 MLU 的最大变异和波峰值。这说明学习者此时在针对连接更多的词以形成更长的话语进行多次操练，并且努力将其达到可控的最大状态。在每个时段的发展前期，学习者就马上开始了使用更长话语来提高口语表达复杂性的策略，这也说明 MLU 是他们较容易提高并认为有效的语言能力提升方式。虽然英语专业学习者在两个时段上表现出了标志性变异出现时期的一致性，但是在变异的程度上却有较大的不同。在第一个时段中，发生在发展前期的最大变异的程度偏小（大约是从 0.30 到不足 0.60，仅有不足 0.30 个移动位置）；在第二个时段中，同样是出现在发展前期的最大变异，变异程度却很大（0.40→0.90，范围是 0.50 个移动位置）。这表明，英语专业学习者MLU 的变异程度在第二个时段前期（大学三年级上学期）比在第一个时段前期（大学一年级上学期）高很多。解读产生不同变异范围的主要原因可以通过对比在这两个时段上出现的不同波峰值和相近的波谷值。在第一个时段中，学习者 MLU 的波峰值居中（不到 0.60），波谷值偏低（大约是0.30）；但在第二个时段中，MLU 的波峰值达到了极高处（大约是 0.90），而波谷值却偏低（大约是 0.30）。这样，在不同的最大变异范围内，结合不同的波峰和近似的波谷，不难发现英语专业学习者在第二个时段中之所以变异范围远远大于第一个时段，是因为 MLU 的波峰冲到了非常高的水平上。英语专业学习者在入校之初已经掌握了较大的词汇量，而且在高考填报志愿时，本研究中的英语专业学习者都将"英语"（或相关专业）列入了第一志愿专业。他们的高考英语成绩都在 139 分以上，属于高中生中英语水平较高的学习者。因此，在学习意愿和学习水平的双重加持下，他们进入大学学习后，在口语表达中使用了比较不错的话语长度。但是，毕竟受到学习时长的影响，他们虽然也努力尝试更长的话语以增加语言的复杂性，但是达到的波峰却十分有限。到了第二次的波峰期，即大学三年级上学期，学习者不但掌握了更大的词汇量，而且对词汇的使用频次也增加了。因而，此时种种条件助推他们再次在长话语和短话语间反复使用，而且比第一个时段对词汇有了更多的主动选择能力，结果在长话语的长度上就上升到了极高的程度。再来看看 MLU 使用波谷的情况。英语专业学习者在两个时段上都是在发展前期出现波峰后，随之在发展中期转入使用波谷。这个转折期持续时间不长；也就是说，学习者在多次使用长短结合的话语后，很快就放弃了以增加话语长度来提高口语句法复杂性的策略。在两个时段上，中间的转折期都是大约不到一个学期的时间，从波峰到波谷在第一个时段中是从大学一年级上学期到下学期，第二个时段中是从大学三年级上学期到下学期。他们较为快速地从波峰跌到波谷，这一方面说明学习者在寻求通过其他方式提高口语句法复杂度，另一方面表明口语表达时"长度"这个维度比在书面语中更加受限。两个时段中 MLU 使用的相近波谷值也能证明这一点。即使学习者具有了更大的词汇量，在第二个时段中依然表现出了和第一个时段几近相同的波谷。波谷期的出现说明，此时学习者对于较长的话语处于弃用或少用状态，尤其是在他们有能力使用更长的话语而未用时。出现这种情况的主要原因在于学习者在多大程度上认可，在口语输出中，话语长度可以作为其语言能力的外在表现。

非英语专业学习者虽然也是在口语句法 MLU 的发展前期和中期出现了变异的关键期，但出现的变异具体情形有所不同。在第一个时段中，学习者在口语句法 MLU 发展前期出现的是波谷，发展中期则是最大变异和波峰；在第二个时段中，发展前期出现了最大变异和波谷，发展中期出现了波峰。两个时段上发展变异出现的基本情况不太相同，但有一点是相同的，就是在每个时段上都是波谷在前，波峰在后。这说明非英语专业学习者在 4 年学习期内，始终把提高 MLU 作为提升口语复杂度的主要方式（之一）。非英语专业学习者也是一进入大学就开始了口语句法 MLU 的变异关键期，但此时是 MLU 使用的波谷期。入学时的英文水平多来自对其高考成绩的判定，非英语专业学习者的高考成绩总分或所在省的总排名几乎都高于英语专业学习者一些，但高考英语成绩从 116 分到 141 分不等，整个水平和平均分要低于英语专业学习者。因此，进入大学初期，笔者发现他们的词汇量明显小于英语专业学习者，而且口语表达能力更是与英语专业学习者有明显差距。此时词汇量以及对英语学习兴趣等多方面的因素大大影响了他们在口语表达中话语长度的表现，只要能完成基本的交流目的，短小的话语甚至是只包含 1—3 个单词的话语常常出现。不过这种情况的持续期不是很长，到了第一个时段的发展中期，也就是大学一年级下学期到大学二年级上学期这个学段，非英语专业学习者开始在长话语和短话语间徘徊，虽然变异的范围不太大（0.20 → 0.55，变异范围是 0.35），但是达到了此时段的波峰。这说明，此时段学习者试图将拉长话语长度作为英语口语提升的主要手段。到了第二个时段，虽然发展前期也出现了 MLU 使用的波谷，但是同时也出现了最大的变异情况。这表明，学习者在具有更大的词汇量后，尤其是在即将或已经参加各种重要的英语水平考试之时，将更多的词进行了线性连接，这种尝试和操练不仅表现在书面语产出中，还表现在口语产出中。特别要提到的一点是，虽然此时出现了波谷，但是此时出现的最高值是接近发展中期出现的波峰值的。这说明其实从此刻起学习者已经有了 MLU 使用波峰的先兆，并且在随后的中期波峰呈现出来。不论是源于考试的外因，还是学习者词汇能力的提高，都可以发现非英语专业学习者对于词汇或词汇组合叠加使用的方式非常认可。从非英语专业学习者在两个时段中的变异表现来看，他们在最大变异范围和波峰上都存在差异。同样是发生在各自时段发展中期的波峰值，在第一个时段中位于中位的水平（大约是 0.55），而在第二个时段中却达到了很高的水平（大约是 0.80）。第一个时段中的最大变异范围不算太大（0.20 → 0.55，变异范围可以被看作 0.35 个移动位置），而在第二个时段中，最大变异区间变得很大（0.25 → 0.80，移动位置达到了 0.55 宽度）。这种情况与英语专业学习者一样，第二个时段比第一个时段的变异范围要大一些，波峰要高一些，但波谷几乎相同。究其原因会发现，第一个时段的"纯粹"[①]波谷是由于非英语专业学习者在大学一年级上学期词汇量有限，而第二个时段在词汇量有所上升的情况下再次出现波谷，但此时段的波谷是伴随着最大变异同时出现的，因而表明更可能的是学习者在话语长度上做了有意识的试用，并在试用中触及了使用的波谷。

从图 5-5 的两条多项式趋势线的对比中可以发现，虽然英语专业学习者和非英语专业学习者 MLU 总体趋势都是上升的，但是后者明显比前者升高的程度要大很多。如前所述，这是因为非英语专业学习者将"长度"这一维度一直作为其提升口语句法复杂度的关键手段。大致来看，英语专业学习者和非英语专业学习者 MLU 的初始值都偏低（前者大约是 0.20，后者大约是 0.25），但发展后期对 MLU 的利用程度差别很大。英语专业学习者最后停留在中位（大约是 0.45），而非英语专业学习者则上升到了一个很高的水平（大约是 0.80）。针对这种情况的出现，不能简单地认为，在 MLU 的使用上，英语专业学习者不如非英语专业学习者提升效果理想；相反，相关研究发现，英语本族语者在口语表达中话语或句子的长度也是居于中位的（与本研究中比较，大约处于 0.50 的水平）。因此，在一定限度内，"长度"的增加确实能够说明句法复杂度的提升，但是也并非越长越复杂（Foster, Tonkyn & Wigglesworth, 2000）。"长度"和"深度"的综合考量，既符合 CDST 的整体观理念，也能提供更加可靠、可信的研究结果。观察图 5-5 中的两幅折线图可以看到，无论是在哪个时段中，英语专业学习者和非英语专业学习者发展变异的标志时刻都出现在发展前期和中期；只是前者波峰在前、波谷在后，后者刚好相反。这些关键发展期和发展特点为二语教师提供了很好的教学和测评的参照。

在两个时段中，英语专业学习者的口语句法 MLU 发展情况一致，非英

---

① 这里的"纯粹"指的是当波峰或波谷出现时，未伴随出现最大变异。

语专业学习者则不同。英语专业学习者英语口语复杂性的发展轨迹是：大学一年级上学期是最大变异期和较长话语的出现期，大学一年级下学期开始话语长度则变短了一些。到了大学三年级上学期，更长的话语和较短的话语交替出现，此时的长话语达到了 4 年间的最高值；但大学三年级下学期开始，话语的长度再次缩短，最终维持在一个近目标语本族语者的水平。非英语专业学习者英语口语复杂性的发展轨迹是：大学一年级上学期多使用很短的话语，下学期开始小幅度使用短话语和稍长一点的话语；大学三年级上学期话语的长度要么很长，要么很短，到了下学期则达到了话语长度的峰值，最后也一直保持着接近峰值的状态，并选择使用长话语策略来提升口语句法复杂度。

在目前为数不多的几项英语二语口语句法复杂性发展的实证研究中，关于 MLU 的结果不一而同，由于每项研究设计的条件都有差别，因而无法就其做出直接的比较和对比。现将其研究的主要内容和结果汇报在这里，期待更多相关研究的实施，并最终能够勾画出更详尽的发展轨迹。Polat 和 Kim（2014）借用 AS-unit 和从句平均长度这两个指标，对 1 名土耳其成年移民进行了为期 1 年的句法复杂性研究，结果发现两个指标的总体发展趋势基本保持不变，没有明显的上升或下降趋势。Vercellotti（2017，2019）的两项研究都围绕 66 名不同母语背景的英语二语学习者在 3 个学期内的口语复杂性展开。此项研究选用的测量指标是 AS-unit 和限定性从句的平均长度，研究发现两个指标总体平缓上升，复杂度有所提高。于涵静和戴炜栋（2019），以及于涵静、彭红英和周世瑶（2022）的两项研究同样选用 AS-unit 指标，也同样发现随着指标整体升高，口语复杂度也提升了。两项研究的结果均是来自对 10 名（5 名男性、5 名女性）非英语专业大一新生进行的不到 1 年的口语发展研究。另外，以 CDST 为研究视角，在书面语中对"长度"体现的复杂性也有几项研究，同样也得出了大相径庭的研究结果。江韦姗和王同顺（2015）研究发现，英语专业本科二年级学习者 1 年间复杂度上升（从句平均长度变长）；郑咏滪和冯予力（2017）研究发现，英语专业一年级学习者 1 学年间复杂度呈现逐渐下降趋势，此研究将 T-unit 的平均长度作为测量指标。郑咏滪（2018）以 2 名高中二年级学生为受试的 1 年期的研究发现了不同的结果：1 名受试书面语句法复杂性（测量指标是句子长度，MLT）基本维持稳定不变，而另外 1 名受试却表现出显著的发展趋势。不过，这里需要关注的一点是，虽然

2名受试还处于高中学段，但是，研究者认为，由于此项研究的受试来自上海市一所以英语为教学语言的重点中学的国际教学中心，而且根据已参加的 TOEFL-iBT 考试的分数等情况，因此在此项研究中，两名受试都被认定为高级水平学习者。综上，国内外有关英语二语复杂性的历时研究还非常少，在口语研究中就更加凤毛麟角了，因此可靠和可用于指导教学与测评的研究结果还需要大量实证研究的支撑。

### 5.2.1.2　研究生阶段学习者

图 5-6 呈现的是研究生阶段学习者口语句法复杂性 4 年间的发展轨迹。

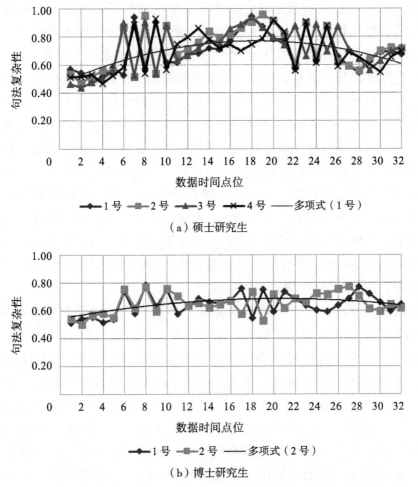

图5-6　研究生阶段学习者句法复杂性发展轨迹（包括2度多项式趋势线）

99

先来看图 5-6 中的多项式趋势线（2 度）的情况。硕士研究生 4 年间英语二语口语 MLU 的总体发展有略微上升的趋势（0.50 → 0.60），这与本科阶段学习者的情况是一致的。但是，博士研究生口语 MLU 的总体发展呈现的是较为平滑的直线，几乎没有上升或下降的趋势（一直在 0.60 上下的水平上）。从学段连续的角度来看，英语二语学习者的口语表达中话语的长度似乎是，在本科阶段和硕士研究生阶段还是逐步上升的，但到了博士研究生阶段，话语长度基本就维持在一个中等的水平上了。尤其是本科英语专业学习者，与硕士研究生在 MLU 的增长趋势上衔接得更好。前者是从 0.25 升到 0.45，后者是从 0.50 继续升到了 0.60。不过从增长的速度上看，英语专业学习者增长了 0.25，而硕士研究生学习者则仅增长了 0.10，从本科阶段到研究生阶段整体趋势放缓。硕士研究生在新词汇（主要是学术英语词汇）习得的加持下，口语中话语长度自然变长了。但是，与英语专业学习者一样，硕士研究生在提升口语复杂度时，并未将单纯地拉长话语长度作为最主要的使用策略。另外，硕士研究生对书面语和口语进行了区别处理，可以看到在同时期他们的书面语表达（以课程作业、学业论文等为主）中，英语的长句随处可见。但在英语的口语表达中，他们往往回避使用过长的话语，甚至认为复杂性在口语表达中要适可而止，过多的长句或过长的意群并不会有助于达成有效的口头信息传递。这一点在博士研究生学习者 MLU 的发展中表现得更为明显。博士研究生对于口语表达中话语的长度几乎都控制在近乎不变的水平上，虽然依然可以看到不断的变异情况的出现，但比起其他学段，变化幅度明显要小一些。产生这样的结果是因为相较于其他学段学习者，博士研究生对词汇的掌握更娴熟、水平更高。

再观察一下图 5-6 中呈现的具体变异情况。在 4 年研究期内可发现，随时间发展无处不在的变异说明，即使在研究生阶段，英语二语口语句法发展仍处于变异多发阶段。不过，同学段内学习者口语句法 MLU 发展的同质性依然存在。硕士研究生在两个时段中的发展情况都不相同。在第一个时段中，发展前期出现了 MLU 的使用波谷，发展中期同现的是波峰和最大变异；在第二个时段中，发展前期、中期和后期都出现了不同的变异标志期，依次分别是波峰期、最大变异和波谷期。博士研究生同样在两个时段上呈现出不一样的变异情况。在第一个时段中，变异情况与硕士研究生在第一个时段中的情况非常相似，发展前期出现 MLU 使用的波谷，发展中期出现 MLU 使用的最大变异；在第二个时段中，发展前期出现的是最大变异和波谷，发展后期再次出现波峰。

　　硕士研究生在第一个时段的发展前期出现了 MLU 的波谷，这说明虽然他们已有足够大的词汇量可以使其连成更长的话语，但此时他们未采取这种策略。硕士研究生在进入研究生学段后，开始逐渐习得一些新的学术词汇，但这些学术词汇的搭配能力或者说是使用场景是受限的，所以词汇量的增加并未促使他们具备产出更长话语的条件。当然，虽然此刻是硕士研究生 MLU 的低谷，但是如前所述，比起最终更接近目标语中 MLU 标准的英语专业学习者来说，其还是有所增加的。而且，在发展中期，硕士研究生很快就开始在长话语和短话语之间不断试用，进入 MLU 使用的最大变异期。这表明，他们在具备更大的词汇量后开始在口语中进行试用，话语的长度在此时还达到了峰值，这也证明他们对语言长度的选择是有意而为之的。语言使用者在持续不断的反复尝试后增加了对于 MLU 的敏感度，这有助于学习者在语言使用中逐步意识到 MLU 的重要性。到了第二个时段，硕士研究生在受到学业和就业的双重影响下，发生了更多的变异拐点和转折。发展前期又一次出现 MLU 使用波峰，这一阶段的硕士研究生还在口语表达中深挖词汇的各种意义（如外延意义、内涵意义、联想意义）。对学术英语词汇更加灵活而正确的使用情况，也使其话语长度增加了不少。但是，MLU 波峰值维持的时间不是很长，在发展中期，硕士研究生的口语表达中再次出现了长话语和短话语交替出现的情况。但此时并未出现波峰或波谷，这说明硕士研究生虽然在话语长度上进行试用，但是变化的范围不大。在长话语和短话语交替试用后，他们最终选择了短话语，而且对短话语的使用一直延续到了研究的最后期。硕士研究生口语句法 MLU 的发展在这个时段上是在达到波峰后，又历经最大变异最终进入波谷的，这一方面是他们主动有意识选择的结果，但另一方面也是他们由学校转入职场后语言使用场景改变的结果。或许后者影响的权重要更大些，因为在职场中英语口语使用的大部分场合中，快速、高效、流畅的沟通成为主要的交际目的。短小的话语是职场人通常首选的交际策略，即使在可以使用长话语的情况下，为了达成有效交流、传达更多信息的目的，他们也会将长话语分成若干个短话语。从两个时段来看，硕士研究生在两个时段中各自的波峰（大约都是 0.95）、波谷（第一个时段是 0.40，第二个时段是 0.50）相差无几。但是最大变异范围却有差距，第一个时段中 MLU 的变异范围较大（0.50 → 0.95，变异范围是 0.45），第二个时段中变异范围要小一些（0.55 → 0.90，变异范围是 0.35）。这些数据都再次力证硕士研究生在由学校进入职场的过程中语境对二语使用带来的影响。

博士研究生虽然没有像硕士研究生那样，在口语句法 MLU 的发展中出现多次变异转换，但仍然在两个时段中有不同的表现。发展前期，博士研究生更趋向于使用短话语，并且此时是 MLU 使用的波谷期。这表明他们虽然具备使用长话语的能力，但还是有意识地避免了将更多的词进行线性连接的方式。由于目前还没有其他关于研究生阶段学习者 MLU 发展方面的研究结果可做有效比对，因而我们只能对产生这种结果的原因做如下推测。第一，虽然此时处于 MLU 使用的波谷期，但是从绝对长度上来看，MLU 的值并不低，达到甚至超过了接近本族语者的 MLU 平均水平。而且，如果结合博士研究生的多项式趋势线来看，这个较为"理想"的指标值一直延续到了最后期。因而，这种情况的出现既符合 MLU 的客观标准，也满足了博士研究生主观认定的 MLU 的"理想"状态。第二，本研究发现在 SLD 中，无论是词汇方面还是句法方面，无论是多样性维度还是复杂性维度，当学习者有了"适度即可"这个意识时，发展中都会呈现出增长减缓或停止甚至下降的趋势。这种情况在更高水平的学习者或更高的学段上表现得尤为明显。比如，硕士研究生口语词汇复杂性（独特词比例）不升反降，博士研究生口语词汇多样性（D 值）、词汇复杂性（独特词比例）和句法复杂性（MLU）总体趋势基本是直线型的，不升不降。这当然也与高水平学习者提升的空间变得有限相关，而且本研究的确也发现某（几）个指标已到达或接近本族语者的程度。第三，CDST 认为，第二语言的发展没有绝对意义上的终点，因此即使高水平学习者在某个或某些指标上达到了较为"理想"的状态，二语教师仍然可以进行教学干预，以促进其更高质量的提升。这也提示二语教师，起码对于高水平学习者（如硕士研究生或博士研究生），不能只是提高其某些方面或单一的指标，而是要为学习者寻找其他待突破的指标或指标体系。这样的寻找一定要是科学合理又可操作的，这就需要越来越多的历时实证研究提供的语言大数据。到了发展中期，博士研究生又从低谷期进入了最大变异和波峰期。这个过程和硕士研究生在第一个时段的表现如出一辙。这似乎说明，在进入研究生学段后，无论是硕士还是博士，在口语话语长度的选择上都是从使用短话语开始的，再到不断使用长短话语并达到其能使用的长话语的峰值。在第二个时段中，博士研究生在发展前期虽然还是出现了 MLU 使用的波谷，但这个时段同时也是最大变异出现的关键期。这说明他们虽然使用的话语长度不长，但还是试图在"长度"这个指标上做更多的尝试。也就是说，他们此时并未把提高长度从增加口语复杂性的策略中排除出去，虽然此时长度似乎已不是其最重要的考量指标。在发展后期，博士研究生又将 MLU 的值拉到了波峰水平。这是在两个时段中都出现的情况，即经历最大变异后波谷升到了波峰。这表明，博士研究生在每次尝试交替使用长话语和短话语后，还是尽量选择了相对长的话语，但在极其有限的变异范围中，我们可以发现这种尝试是谨慎而缓慢的。如果从博士研究生在两个时段上 MLU 的表现来看，其波峰、波谷、最大变异范围都很接近。两个时段上的波峰都达到了 0.80 或接近 0.80 的水平上，波谷处在 0.50 的水平上；第一个时段中的最大变异范围很小（0.60 → 0.80，变异范围是 0.20），第二个时段中的最大变异范围也偏小（0.50 → 0.80−，变异范围是 0.30）。这表明博士研究生即使在最大变异期中也是在较短和较长的话语间做尝试，整体看起来话语的长度较为稳定，这也为上述原因的推断提供了证据支撑。

对比图 5-5 和图 5-6 中的多项式趋势线可以发现，硕士研究生口语句法 MLU 的发展趋势线的曲度明显要大于博士研究生的趋势线曲度。硕士研究生在 4 年间口语句法 MLU 的发展中仍处于上升阶段，虽然提升的幅度不大，但是在高水平的学习者提升空间有限的情况下，这种上升的趋势仍是二语教师所要关注的。另外，进入研究生学习阶段后，硕士研究生可以说是第一批开始真正接触到学术英语词汇、学术英语表达等的学习者。因此，如何将习得的新词融入口语表达中也是非常重要的问题。绝大多数硕士研究生从研究生二年级开始就有了在国际会议上使用英语进行学术表达的机会和压力，因此即使在本研究中笔者与他们进行日常口语交流时，他们也经常会将与学术研究相关的语言形式和话题带入进来。由于他们在此时还进行了大量英文文献的阅读，这使其在口语表达中还出现了口语书面化的现象，因而，此时日常英语和学术英语、口语形式和书面语形式在口头交流中时常夹杂出现。二语教师只有把握发展变异出现的关键期，以及关键期中学习者语言（中介语）的特点，才能有针对性地为学习者提出合适的个性化的学习时间安排和计划。研究生阶段的博士学习者在 4 年间基本已经停止了 MLU 的发展，不过从 MLU 的发展初始值和最后达到的水平值来看，硕士和博士研究生几乎没有太大的差别。硕士研究生 MLU 的初始值大约在 0.50 的水平上，博士研究生大约在 0.60− 的水平上；而到了最后期，硕士研究生 MLU 上升到了 0.60 的水平上，博士研究生虽无明显上升趋势，但也来到了大约 0.60+ 的水平上。因此，虽然在 4 年间，几乎没有见到博士研究生口语句法 MLU 明显的提升程度，但是从最后的水平定位上来看，还是比硕士研究生略高一点的。纵观学段的发展历程，本科阶段的英语专业学习者和硕士研究生、博士研究生在口语 MLU 的发展上形成了较连贯的时间连续统。本科阶段的英语专业学习者口语 MLU 总体从 0.25 上升到 0.45，研究生阶段的硕士研究生继而从 0.50 爬升到 0.60，而博士研究生又从 0.60− 最终达到了 0.60+ 的水平上。这样的发现为今后的研究提供了很好的参考。

这里还发现，到了研究生阶段，英语二语口语发展情况似乎不再像本科阶段那样受到学习者所在专业的影响了。本研究中，研究生阶段的全部受试都来自非英语专业，但是在 MLU 发展的连续性中，他们似乎与本科阶段来自英语专业的学习者更加统一。从口语句法 MLU 整体提升的角度来看，从高到低依次是非英语专业学习者（大约提升了 0.40）、英语专业学习者（大约提升了 0.20）、硕士研究生（大约提升了 0.10）和博士研究生（几乎没有变化）。这表明，学习者在本科阶段还处于口语句法 MLU 的较快提升期，但到了硕士研究生阶段，提升进入缓慢期，而到了博士研究生阶段就基本处于平稳期了。

再从 MLU 的初始值来看，从高到低依次为博士研究生（大约是 0.60−）、硕士研究生（大约是 0.50）、英语专业学习者（大约是 0.25）和非英语专业学习者（大约是 0.20+）。英语二语口语句法 MLU 的提升程度和初始值情况的表现是反向的。从最后期达到的水平上看，从高到低依次是非英语专业学习者（大约是 0.80−）、硕士研究生（大约是 0.60）、博士研究生（大约是 0.60−）和英语专业学习者（大约是 0.45），其中非英语专业学习者 MLU 的提升幅度和最后达到的程度都是最高的。

将图 5-5 和图 5-6 进行对比后发现，英语专业学习者在两个时段中口语 MLU 的波峰和波谷都要高于非英语专业学习者。但是，在口语 MLU 的最大变异范围上，两个时段中都是前者小于后者。硕士研究生在两个时段中的波峰都高于博士研究生，不过在第一个时段的波谷方面，前者要低于后者，而第二个时段的波谷则是前者高于后者。在研究生阶段口语 MLU 的最大变异范围上，两个时段中都是硕士研究生的变异范围比博士研究生的明显要大一些。整体来看，本科阶段学习者口语 MLU 的发展波峰和波谷比研究生阶段学习者要低很多。从变异范围的变化来看，只有博士研究生口语 MLU 的变异范围在两个时段中都处于较小的幅度内（第一个时段变异幅度是 0.20，第二个时段是 0.30）。其他各组的学习者在两个不同时段中变异范围都有不同的情况。从第一个时段到第二个时段，英语专业学习者口语 MLU 的变异范围是从偏小数值（大约是 0.30）到很大数值（大约是 0.50），非英语专业学习者是从不算大的数值（大约是 0.35）到很大数值（大约是 0.55），硕士研究生是从较大数值（大约是 0.45）缩小到不大的数值（大约是 0.35）。从变异的最大值和最小值来看，非英语专业学习者在第一个时段中出现了最小值（0.25），硕士研究生在第二个时段中出现了最大值（0.95）。这表明，在高等教育阶段，英语二语口语的句法复杂性非线性变异发生在 0.25 到 0.95 之间。

在英语二语口语句法复杂性发展中，仅有英语专业学习者在两个时段中表现出了一致的变异情况，其他所有学习者则在两个时段中都出现了不同的变异现象。硕士研究生英语口语句法复杂性的发展轨迹是，研究生一年级上学期进入低谷期，研究生一年级下学期到二年级上学期开始出现最大变异，同时升到波峰值。研究生三年级上学期再次出现波峰，但到了三年级下学期和刚刚参加工作的这个时期又出现了最大变异，在研究的最后期（同时也是在职场期）转入波谷。从变异在每个时段中出现的时期定位上来看，本科阶段学习者口语复杂性的变异关键期都发生在发展的前期和中期，而研究生阶段的学习者则是在发展前期、中期和后期都有出现。如前所述，目前仅有的几项英语二语口语句法复杂性的研究受试基本集中在本科阶段学习者，针对研究生阶段学习者的研究还未出现。但正如本研究所发现的，如果可以纵贯整个高等教育学段，则不仅能深入全面地、更加完整地了解我国本科阶段英语教学的全貌，还能挖掘每个学段之间的衔接程度和接续关系。这对于制定我国高等教育的外语教学目标、要求、培养计划、考核标准等诸多方面，以及进行通盘设计、做综合性考量无疑是有价值的。

### 5.2.2　句法多样性发展轨迹

在对真实口语语料进行具体操作时，笔者发现诸多以 AS-unit 为划分参照的弊端。而以"动词"的种类和数量为划分单位，则不但可以很好地规避 AS-unit 划分时常见的问题（Foster，Tonkyn & Wigglesworth，2000），而且可以更好地与口语的多样性的指标互补，形成潜在完整的句法测量体系。因而，在口语句法多样性方面，本研究选择了限定性动词比例（W/FV）、简单结构比例和复杂结构比例。其中，"简单结构比例"根据其定义和算法，与"复杂结构比例"的波峰和波谷反向对应，最大变异一致；由于 W/FV 在口语复杂性指标中发展变异情况最为显著（参见安颖，2023），因此本研究将其用于发现口语发展变异的趋势（详情参见第 6 章）。在本部分中，关于口语的复杂性，绘制的是"复杂结构"的发展轨迹图。

### 5.2.2.1　本科阶段学习者

图 5-7 呈现的是本科阶段学习者复杂结构（句法多样性）4 年间的发展轨迹。

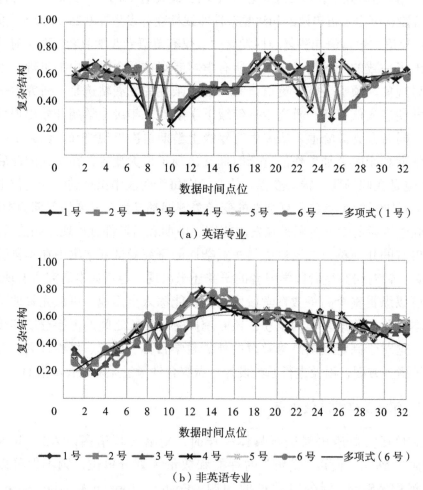

（a）英语专业

（b）非英语专业

图 5-7　本科阶段学习者复杂结构发展轨迹（包括 2 度多项式趋势线）

图 5-7 中的两条多项式趋势线展示了不太相同的发展趋势。本科英语专业学习者在 4 年间，英语二语口语句法的复杂结构比例发展趋势几乎是一条直线，这说明他们的复杂结构的使用比例并未出现明显的变化趋势。当然，这并不能作为英语专业学习者口语句法复杂性没有任何实质性发展的充分佐证，因为英语使用中，复杂结构比例越高并非表明语言的复杂性越高，而是说明复杂结构已经达到一个与简单结构相平衡的状态（Verspoor，de Bot & Lowie，2011；安颖，2017）。虽然目前还没有学术研究成果十分明确地给出简单结构和复杂结构的"最佳"使用比例，但是从国内外一些权威的英语水平考试要求以及本研究收集的一些真实数据中可知，两者的大致"完美"比例是简单结构占 40% 左右，复杂结构占 60% 左右。不过，因为这个数据的来源大部分是针对书面语的，所以或许在口语表达中的实际情况是复杂结构占比还要低一点。由于简单结构和复杂结构的平衡使用也能提供有关口语句法发展的重要信息，因而本部分也会将其作为一个研究内容进行汇报。同时，这也是本研究将"复杂结构"比例作为测量口语句法的多样性而非复杂性的一个因素的原因，也可以认为本研究是对简单结构和复杂结构的综合研究，它其实是在多样性中探寻复杂性。因此，不能仅从复杂结构的总体发展趋势出发，简单地得出英语专业学习者 4 年间口语句法多样性并未提升的结论，还要结合各种变异情况做综合分析。在 4 年间，非英语专业学习者的英语二语口语句法的复杂结构发展趋势是上升的，这说明他们在口语表达中使用了越来越多的复杂结构，在动词种类的使用选择上更加多样化。非英语专业学习者在校期间，使用英语的时长和场合与英语专业学习者不同。他们在课堂教学中是把大学英语课作为非专业课程进行学习的。每周 2—6 节不等的大学英语必修课，是非英语专业学习者接触英语口语表达较多的时机。大学英语教师一般采用双语教学方法，也就是说，课堂的教学语言一般情况下是汉语和英语交替的，两者差不多各占一半的课堂时间。而在课堂教学之外，除非是有特殊要求，如参加某项英语演讲比赛或参加大学英语四六级口语测试，绝大部分非英语专业学习者都很少有英语口语输入和输出的机会。所以，大学英语课堂的教学语言成为非英语专业学习者英语口头输入的最主要途径，但显然教师课堂用语无论是语言形式还是内容话题都是极其受限的。在这种情况下，非英语专业学习者口头输出主要依赖的输入源还是课

本中的课文，也就是书面语的语料。在将书面语的语言形式和语言意义转换成口语表达时，必然受到书面语言特点的影响，如复杂结构相对要多一些。但由于非英语专业学习者本科阶段的英语评价很少涉及口语方面的能力，再加上他们自身也经常把英语作为副科来学习，结果就是英语口语表达中掺杂了不少来自书面语的句子。为了在各种英语考试中取得好成绩，背诵范文原文原句是非英语专业学习者采用的主要（应试）方式。这使得更多的长句、难句、复杂句子都进入了学习者的口语表达中。这一点从非英语专业学习者的口语句法 MLU 的很高的上升幅度中也能得到验证。综上，在对英语二语口语的多样性发展的总体情况做判定时，还要考虑到不同策略如简单结构和复杂结构的平衡性，而不是无限提高其中某一种手段的使用比例，因为毕竟语言整体水平的提升既要考虑到复杂性也要顾及多样性。

图 5-7 再次为语言发展中无处不在的变异现象提供了很好的证明。虽然多项研究都表明，英语二语口语发展中句法的发展变异情况比词汇还要复杂（如李茶、隋铭才，2017；于涵静、戴炜栋，2019；Larsen-Freeman，2006；Polat & Kim 2014；Vercelotti，2017；安颖，2023），但是相同的是句法发展仍然表现出了同组内的一致性。英语专业的所有学习者在两个时段中复杂结构的发展变异情况基本一致，具体表现为每个时段的发展前期出现复杂结构使用的波峰，发展中期转入使用的波谷，而大约在中后期，复杂结构使用比例开始大幅度变化，最终在后期简单结构和复杂结构的使用比例中达到了基本平衡。总体来看，英语专业学习者在两个时段中都是从复杂结构的过度[①]使用发展到复杂结构和简单结构的平衡使用。非英语专业学习者在两个时段中复杂结构的使用情况则与之不同。在第一个时段中，发展前期出现的是复杂结构使用的波谷；随后发展中期出现简单结构和复杂结构使用的均衡期；在发展的中后期，简单结构和复杂结构的使用开始交替反复，发展后期达到了复杂结构使用的波峰。因此，在第一个时段中，非英语专业学习者呈现的是从复杂结构的低频使用到简单结构和复杂结构的平衡使用，再到复杂结构的高频使用的过程。在第二个时段中，口语复杂结构出现的变异情况与英语专业学习者极为相似。在发展前期出现了复杂结构使用的波峰，发展中期又降到了复杂结构使用的波谷，

---

① 这里的"过度"包括过高和过低两种情况。

但几乎是同时期（发展中后期）呈现了简单结构和复杂结构交替出现的特点，到了发展后期则进入了简单结构和复杂结构配比较为均衡的平衡使用期。所以，在第二个时段中，非英语专业学习者虽然出现了复杂结构使用的波峰，但是基本维持在简单结构和复杂结构使用的平衡期，这种情况一直持续到发展的最后期。

英语专业学习者在两个时段中复杂结构的发展变异情况非常相似，而且在发展过程的前期、中期和后期都出现了各种不同的变异关键期。从每个时段的发展前期开始，英语专业学习者在英语口语表达中使用复杂结构的情况不但达到了波峰值，而且都超过了复杂结构的"理想"状态（即0.60的水平上）。对于复杂结构的过度使用主要表现在英语专业学习者多用表达从属关系的话语，所以各种从句如定语从句、宾语从句、状语从句，还有一些名词性（同位语）从句等都反复出现。英语专业学习者在两个时段的发展前期，都一直处于过度使用复杂结构的状态中，这表明他们在口语表达中开始重视动词的使用数量。毕竟在英语的十大类词性中，虽然名词的占比最高，但动词的形态复杂多样（有时、体、态、式等），不同形态动词的使用频次远远高于其他词类。更重要的是，动词的权重和价值在口语表达中尤为突出。英语专业学习者深刻意识到了这一点，因此在口语表达中他们通常认为，如果自己使用的是一个动词（不论是限定性的还是非限定性的），那么这就是一个比较符合目标语的语法标准并能明确表意的话语了。绝大多数学习者认为，他们的口语表达中即使有其他实词出现，如名词、形容词或副词，都算不上一个完整的表达，甚至在某种程度上对其意义的传递都是有影响的。到了发展中期，英语专业学习者在使用复杂结构时，最大变异和波谷同时出现了。这个时期，他们对于复杂结构的使用在过高、平衡和过低之间多次徘徊，不过更多的时间处于复杂结构使用过少的状态中。根据简单结构和复杂结构间的关系，复杂结构使用过少的时刻就是简单结构使用过量的时刻。这表明，此刻英语专业学习者对于句法"结构"进入了深度思考阶段，因而此时需要二语教师为学习者提供关于简单结构和复杂结构的明示教学（explicit teaching），使其首先在使用意识上有正确的认知。发展的最后期，英语专业学习者达到了对口语复杂结构的适度使用，与简单结构大致达成了0.60：0.40的平衡使用标准。从出现最大变异的两个时期来看，英语专业学习者在口语复杂结构的使用上也表现出了极大的相似性，两个时期的最大变异范围都是很大（大约是 0.50）的，第一个时段中是从大约 0.20 到 0.70，第二个时段中是从大约 0.25 到 0.75。综上，英语专业学习者口语复杂结构的发展变异在四年间几乎经历了两次复制粘贴的过程。

非英语专业学习者在两个时段上的复杂结构发展中出现的变异标志点要更多、更复杂。不但两个时段中复杂结构的发展变异情况不同，而且在每个时段的发展前期、中期和后期都布满了各种各样的变异现象。在第一个时段中，非英语专业学习者首先进入的是口语复杂结构使用的波谷，这也是他们过度使用简单结构的时期（根据复杂结构的情况，此时简单结构的使用为 0.60 → 0.80）。按照非英语专业学习者入学时的英语高考成绩，这个结果不难得到解释。此时，他们的英语口语表达中充满了大量的简单结构，这也是其口语复杂性较低的原因（参见 5.2.1.1 中关于 MLU 发展情况的论述）。长度很短、结构简单是此时非英语专业学习者口语表达的显著特点。不过，到了发展中期就出现了简单结构和复杂结构的均衡使用期，但因为此时他们还在两种结构之间进行不断使用，所以这是平衡使用与简单结构的过量使用同时出现的时期。这说明，虽然非英语专业学习者已经出现两种结构的使用平衡期，但是这种伴随着最大变异出现的平衡期必然会同时伴随不平衡的情况，因此此时的平衡状态还不够理想。这个准平衡期过后，在发展后期出现的是口语复杂结构的使用波峰，而且这个波峰已经冲到了复杂结构过量使用的程度。所以可以发现，在第一个时段中，非英语专业学习者的口语复杂结构是从波谷到准平衡再到波峰的趋势。到了第二个时段，发展前期依然是口语复杂结构使用的波峰期。但此时的波峰处于两者结构使用的均衡线上，因而此时的波峰值都是接近理想状态的，而且变异范围极小。发展中期复杂结构使用进入波谷，由于前面一个时期是平衡期，因此此时就是复杂结构使用频次不足的时期了。非英语专业学习者的数值此时还出现了复杂结构使用的最大变异，也就是其在两种结构平衡使用和简单结构过度使用间徘徊，这种情况与英语专业学习者不同。后者在复杂结构使用上的两个最大变异期是在平衡使用与简单结构或复杂结构超标准使用间做选择。在更多的选项间选择显然有助于得到更优质的答案，同时也说明英语专业学习者始终在考虑如何更好地体现口语句法的多样性。最后的发展路径也说明了这一点：非英语专业学习者直到本研究发展的最后期也只是达到了两个结果平衡使用的水平，远没有达到英语专业学习者在两种结构（体现口语多样性）的使用上的最佳状态。从非英语专业学习者在两个不同时段上的发展变异情况对比来看，复杂结构使用的波谷（也是简单结构过度使用期）是在第一个时段的发展前期，以及第二个时段的发展中期。复杂结构的波峰出现在第一个时段中的发展后期和第二个时段的发展前期，因此如果从时间的连续性上来看，从大学二年级下学期到大学三年级上学期都是他们使用复杂结构的波峰期，只不过后面的波峰要比前面的低一些。两种结构的平衡使用期在第一个时段的发展中期和第二个时段的发展后期，但这两次的平衡明显只能算得上是接近平衡而已。不过，从非英语专业学习者在两个时段上的最大变异期来看，还能发现一些共同点。首先，最大变异期都发生在了两个时段中各自的发展中后期。其次，两个时期的最大变异范围的定位和程度几乎一模一样，最大变异幅度都很小（大约都是 0.25），范围是从大约 0.35 到 0.60。最大变异期特征的相似性说明了非英语专业学习者对口语句法多样性的探索和思考几乎很少受到时间或其他条件的影响。

　　现在从图 5-7 中的两条趋势线的对比中，探寻英语专业学习者与非英语专业学习者口语复杂结构的发展变异情况。在 4 年间，英语专业学习者口语复杂结构的使用比例几乎没有提升，而非英语专业学习者却将其提高了 0.20 个单位。从这个数据来看，英语专业学习者的口语句法多样性并未提高，但非英语专业学习者却提高了。但是"复杂结构"这个测量指标本身的复杂性决定了它具有与其他指标不同的考量角度。比如"词汇的多样性"指标 D 值，其随着时间发展而增加的特点表明的是语言中所用词汇种类的增加，以及不同类型的词汇的出现，这当然可以直接说明词汇多样性提升的结论。但是口语句法多样性的情况要比词汇多样性复杂得多。首先，表达句法多样性的复杂结构是和与之互补的简单结构同时存在的，这就无形中表明无论是哪一种结构，它的使用都辩证地受到另一种结构的限制。两种结构都有自身的用途和更适合出现的语境，这并不是说用复杂结构完全代替简单结构就是要达到的目标语习得终点，而是要在两种结构之间找到一个合适的平衡点，各尽其用才是我们所要追寻的高效发展路径。因而，不能再像分析解释词汇多样性那样，仅从这个指标的总体趋势就得出研究结论。其次，在本研究中将"复杂结构"定义为至少有 2 个限定词或至少有 1 个非限定形式的从属表达，这个定义本身就是试图从词汇（动词）和句法（从属关系）的结合上对其进行描述。

目前在英语二语句法研究中，复杂结构这个测量指标的选用频次很高，但是对其定义和算法却或是过于简化或是语焉不详，隐藏了很多在实际对语言单位进行划分和计算时无法解决的问题（本小节的最后将对此详细阐述）。本研究中提出的复杂结构的定义决定了其主要考量的是用于表达从属关系的动词（包括数量和种类），而在简单结构中是不会出现非限定性动词的，而且限定性动词仅能以单独或简单叠加（表示并列平行性关系）的方式出现。这说明，两种结构其实利用了语言形式在表达意义时不同的形义联结方式。有时，有些表达是可以在两种结构间转换的，如一个复杂结构可以变换成两个简单结构；同样两个简单结构也可以整合成一个复杂结构。但是，语言形式的改变必将影响意义的传递，所以二语教师要让学习者能够对适合当下语境（语言意义）的结构（语言形式）做出正确的选择。非英语专业学习者的口语复杂结构从大约 0.20 上升到了 0.40 的水平，大约提升了 0.20 个单位，整个趋势线呈现了一个典型的倒 U 形，说明这是一个从低到高再到低的发展过程，在很多二语词汇的研究中经常出现这种现象。比如，英语中动词的过去形式的规则变化是在词尾加上屈折词缀 -ed，学习者在刚开始了解这条规则时，使用频次还很低，之后却会将其过度使用到无论是规则变化还是不规则变化的动词上去，最后再次对使用条件进行分类，排除不规则的特殊使用情况。因此，非英语专业学习者在复杂结构上似乎也遵循了这样的路径：入学之初对复杂结构在口语中的使用状况输入、输出都不多，在英语学习、考试或备考中，开始大量接触复杂结构而将其推入过度使用期，最后经过一个较为漫长的适应期（1 年多）之后，又将其调整成较为接近标准的使用频次上。再来观察图 5-7。英语专业学习者在两个时段上与非英语专业学习者在第二个时段中的发展变异情况都是从前期的波峰开始的，再到中期的波谷和最大变异，最后都进入了（接近）平衡状态。从最大变异期来看，英语专业学习者口语复杂结构的变异范围很大（大约是 0.50），而非英语专业学习者的变异范围却很小（大约是 0.25）。不过，如果从 4 年间的整个变异幅度来看，两组都是从大约 0.20 到 0.80 的变异范围，这说明虽然复杂结构的变异标志时刻的定位不同，但是对其过度使用的程度却是一样的。

　　英语专业学习者在两个时段中口语复杂结构的使用情况一致，而非英语专业学习者却不同。英语专业学习者英语口语多样性的发展轨迹是：大学一年级上学期对复杂结构的使用频率偏高，大学一年级下学期到大学二年级上学期出现同时存在平衡使用简单结构和复杂结构与过度使用某一种结构的情况，大学二年级下学期进入两种结构的平衡使用期。大学三年级上学期又开始过度使用复杂结构，但大学三年级下学期和大学四年级上学期再次在平衡与不平衡使用间反复，最后在大学四年级下学期达到标准的两种结构使用的最佳比例。非英语专业学习者的发展轨迹是：大学一年级上学期简单结构的使用是过量的，到了大学一年级下学期和大学二年级上学期，两种结构有时会均衡使用，但大部分时间还是大量使用简单结构。而到了大学二年级下学期，又开始过度使用复杂结构，这种过度使用一直延续到大学三年级上学期。从大学三年级下学期开始直到最后期，都出现了简单结构的过度使用，不过其间也同时伴随着两种结构的平衡使用时刻。

　　在目前有关英语二语口语系统中复杂结构发展的研究中，研究结果还是较为统一的，都是发现了复杂结构增长的总体发展趋势，但如前所述，由于每项实验条件都与本研究存在各种差别，因此不做直接对比。根据对研究结果的细化，可以分成两种情况：一是明显上升，二是微弱上升。Larsen-Freeman（2006），李茶和隋铭才（2017）以及 Vercellottio（2019）的三项研究都发现，在半年到 1 年半不等的时间内，英语二语学习者口语句法中的复杂结构都有较为显著的上升趋势。Polat 和 Kim（2014）以及于涵静、彭红英和周世瑶（2022）的两项研究周期为 1 年左右，研究发现，学习者口语中复杂结构的变化不大，仅有很微小的上升趋势。此外，在英语二语书面语研究中，对于复杂结构这个指标的汇报结果却很不一样。江韦姗和王同顺（2015）的研究发现，复杂结构中非限定性动词形式的使用比例逐步上升，但从句比例却下降了；其他各项研究结果汇报的都是呈下降趋势（具体参见郑咏滟、冯予力，2017；侯俊霞、陈钻钻，2019）。这里值得一提的是关于复杂结构的定义和算法，总结下来就是无统一标准，各行其道，其中涉及使用每个 T-unit 的平均从句数量、每个 AS-unit 的从句数量、非限定从句频率等多种算法。更关键的是，在目前的研究中，对于复杂结构的定义几乎都是"拿来主义"，很少或根本没有考量复杂结构代表的句法多样性与句法复杂性间的关系，更没有提及句法指标与词汇指标间的整体关系。测量指标的选择对于实证研究的结果和结论都至关重要，尤其是在历时研究中，无效的指标让我们不但观察不到所期待的，而且更可能由此得出不科学甚至不正确的结论。

### 5.2.2.2 研究生阶段学习者

图 5-8 呈现的是研究生阶段学习者复杂结构（句法多样性）的发展轨迹。

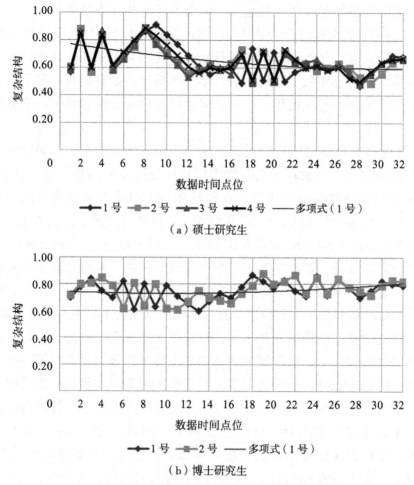

（a）硕士研究生

（b）博士研究生

图 5-8 研究生阶段学习者复杂结构发展轨迹（包括 2 度多项式趋势线）

图 5-8 中的两条趋势线呈现了硕士研究生和博士研究生不一样的发

展轨迹。硕士研究生英语二语口语复杂结构的总体发展趋势是下降的
（0.80→0.60）。博士研究生口语复杂结构的总体发展趋势却是略升的
（0.75→0.80）。硕士研究生口语复杂结构的情况与前面提到的本科阶段
学习者书面语中复杂结构的总体趋势是一样的，这起码说明书面语与口语
的发展趋势中也有相通的方面。硕士研究生口语表达中复杂结构的比例下
降了，但是从具体情况来看，是由超过标准的位置到最后稳定为符合标准
的0.60这一水平上。硕士阶段开始，学习者接触和使用英语口语的机会多
了起来，他们在英语课堂上与老师、同学交流时经常会有主动使用英语的
行为出现。这说明，他们把英语的口头表达方式看得比以往学段中更重要
了。除了正规而有限的课堂英文交流之外，硕士研究生比其在本科阶段寻
找更多的英语使用的机会，而且多以口头方式为主。很多同学利用各种媒
体、软件、论坛等，积极寻找和使用英语的本族语者或英语学习爱好者进
行交流。硕士研究生还很愿意参加学校等举办的各种与英语学习交流相关
的活动或竞赛，如英文电影配音比赛、英诗赏析与朗诵比赛、经典英文歌
曲传唱活动、中华优秀传统文化的外宣活动。总之，硕士研究生几乎是一
入校就开始利用一切机会练习英语，尤其是口语表达。

在本研究筛选受试的过程中，硕士研究生无论是在报名和前期的培训
期间，还是在之后的录音期间，都表现出了很高的热情和配合度，而且其
中还有相当一部分同学对自己和其他同学的各项指标的研究结果都很感兴
趣。凡此种种，都表明了硕士研究生对于提升英语（口语）水平的迫切愿
望。因此，二语教师要抓住这个口语提升的关键时期，学校也可以在制定
硕士研究生英语的培养计划时考虑到这一点，采取合时宜的教学安排，如
增加有关英语口语的硕士研究生课程（目前绝大多数高校并未在硕士研究
生阶段开设此类课程），条件允许的情况下还可以考虑安排外教和中国籍
英语教师同时教学。硕士研究生入学之初就开始大量阅读专业学术论文，
开始参加各种国际学术讲座，这些都推动了他们对学术表达的特别关注。
硕士研究生受到这种持续大量的输入的影响，在口语输出中经常尝试使用
更多的复杂结构；当然随着对学术英语表达认识的深入，他们会对复杂结
构在口语产出中的使用情况进行调整。因而，此时鉴于硕士研究生对本专
业的学术英语使用的需求，学校可以考虑为其配备专门用途英语（English
for Specific Purposes，ESP）教师，以及具备相应的理论教学和实践教学

能力的双师型教师。总之，每个发展中的变异情况都要引起教师和学校相关职能部门的关注，这样才有可能为学生提供合适的个性化培养方案。

如图 5-8 中硕士研究生的趋势线所示，他们虽然入校之初都在英语口语表达中过度使用了复杂结构，但是在研究最后期依然调整到了接近目标语中复杂结构的适度比例。博士研究生英语二语口语复杂结构的总体发展趋势是略微有一点上升（大约是 0.75 → 0.80，升高了 0.05 个位置）。从这个复杂结构极高的初始值（大约是 0.75）和最后停留的超标准高度（大约是 0.80）来看，博士研究生口语表达中的复杂结构一直稳居高位。究其原因，其一是博士研究生对复杂结构似乎情有独钟，他们始终在句法"深度"上寻求改变和突破，但对于"长度"的提高却是适可而止，这一点从其句法 MLU 的发展趋势中就可以发现。虽然硕士研究生也表现出了相同的情况，但是他们最后又调整到了复杂结构的适度使用比例上。博士研究生在处于较高初始值的 MLU 上，并没有任何提高的迹象，但是对于具有超高初始水平的"深度"指标（复杂结构），仍然做了提升的努力，最后达到了更高的高位上。不过，硕士研究生在复杂结构初始值更高的情况下，向下调整了其使用比例，呈现了下降的趋势。因此，博士研究生与硕士研究生虽然同属于研究生阶段，但是前者比后者更加认可"深度"在提升语言水平时的价值。其二，研究生阶段的英语学习者都不可避免地会受到专业学术科研等因素的影响，但是博士研究生似乎受此影响得更多更深远。在博士研究生词汇多样性（D 值）的发展中，来自学术英语词汇方面的影响要小得多，词汇多样性的总体发展趋势几乎没有变化。因此，学术方面的专业词汇和复杂表达的特点既未被更多地带入博士研究生口语词汇多样性的发展中，也没有激发他们句法复杂性的高度发展，而是最后落在了口语表达中复杂结构的超标准使用上。复杂结构的过度使用其实在某种程度上减少了句法表达的多样性，所以由此可以看出，博士研究生通过部分降低句法多样性（当然是有限度的降低，因为从折线图中可以看到出现了多个符合复杂结构使用标准的时刻）换取了句法结构上的复杂使用，其实这是对动词的数量和种类的多样化使用。将词汇与句法进行通盘考虑后选择实证设计指标也是本研究的一个尝试，期待可以带动今后的此类研究者继续做这方面的考量，毕竟这更符合 CDST 的整体观。

图 5-8 呈现出了硕士研究生和博士研究生在口语复杂结构上，无论总

体发展是下降的还是略微上升的，在发展的前期、中期和后期都出现的各种各样的变异情况。硕士研究生口语中的复杂结构经历了不同时段中的不同变化。在第一个时段中，硕士研究生在发展前期就出现了最大变异情况，他们在复杂结构的过度使用和简单结构、复杂结构的平衡使用间不断改变，这种高度变异持续了将近 1 年后达到波峰，即他们在口语表达中选择了极高频次地使用复杂结构（大约达到了 0.95）。这表明，此时硕士研究生几乎每个话语都带有从属意义表达的复杂结构，但与英语专业学习者不同的是，前者更多呈现的是限定性动词数量的增加，因而话语中出现了许多种类的从句。这些从句在其中经常起到一个单词的作用，比如作名词性、形容词性或副词性的作用，主句和从句之间的从属程度和修饰关系还不是非常紧密，通常都可以拆分成两个简单结构。而硕士研究生在口语表达中选用的大部分都是非限定性的动词形式，他们更多地选择动词的不同种类，以便完成对复杂结构的使用。不定式 to do、-ing 分词和 -ed 分词这些典型的动词非限定性形式在硕士研究生的口语表达中经常出现，用于构成复杂结构中从句的部分，表达更加细微的意义。动词的非限定性形式也被称为非谓语动词，在整个英语语法体系中是个特殊的存在，也是中国英语学习者习得中的重点和难点。动词在句子或话语中主要起到的就是谓语的作用，但非谓语动词却是动词承担谓语之外的功用。当非限定动词作为一个结构出现时，它便在深层结构上将主句的主语或其他名词性结构作为自己的"逻辑主语"（logical subject），从而形成主谓结构，也就是非限定性从句。不定式结构可以与形容词搭配，构成形容词词组作主语的补语，还可以与名词搭配作名词的后置修饰语，与某些动词搭配构成动宾关系作动词的宾语。因此，不定式从句可以在句子或话语中作主语和主语补语，作宾语和宾语补语，以及作状语；还可以在名词词组中作修饰语，以及在形容词词组中作补足成分。而且，在意义的传递上，不定式构成的从句可以表示目的、结果、原因等。同样，-ing 分词能够担任的成分也很多，如作主语、宾语、主语补语、宾语补语、状语。-ed 分词则可作前置修饰语、主语补语或宾语补语。另外，有时硕士研究生的话语中也会出现 -ed 作后置修饰语和状语（如时间状语、原因状语、条件状语、让步状语和伴随状语）的情况。总之，硕士研究生所用的复杂结构中，对于非限定性动词的各种用法和不同成分都有所涉及。不过到了发展后期，硕士研究生在口语表达中逐渐降低了复杂结构的使用比例（其中 -ing 分词和 -ed 分词减少得最多）；在第一个时段的最后期，简单结构和复杂结构的使用达到了平衡。在第二个时段中，硕士研究生最先出现的变异现象同第一个时段一样，也是最大变异和波峰，不过都集中在发展前期。硕士研究生快速、大量地使用复杂结构之后，在发展中期达到了简单结构和复杂结构的平衡使用时刻。但是，在发展的最后期，简单结构过度使用、两种结构平衡使用和复杂结构过度使用的现象同时出现了。因此，硕士研究生在发展的最后期也算是达到了两种结构近乎平衡的状态。从两个时段来看，硕士研究生在第一个时段中的波峰和波谷都明显高于第二个时段中的情况：第一个时段波峰大约是 0.95，波谷大约是 0.55；而第二个时段波峰是 0.75，波谷大约是 0.40+。但是，两个时段上的最大变异范围却相差无几，都是在较小的幅度内变化，第一个时段中复杂结构的变异幅度大约是 0.35，第二个时段中是 0.30。这些数据说明，与第二个时段相比，硕士研究生在第一个时段中口语复杂结构的发展情况更为多元化。因此，二语教师可以在硕士研究生入学之初就在口语复杂结构方面安排更多的教学时间和训练内容。

博士研究生在口语复杂结构的使用上也进行过很多尝试，不过两个时段中的发展变异情况是相同的。由于从学段角度来看，博士研究生的英文水平可以算是最高的，因而可以认定在进入博士学习之初，他们对复杂结构的掌控能力就很强，即使在口语表达中也高频出现复杂结构。他们的话语中包括大量的 2 个以上限定性动词的或是非限定性形式的复杂结构，甚至有时还会出现在有 2 个限定性动词的从属表达中，其中一个限定性动词后又接续了一个带有非限定性形式的成分。博士研究生对于复杂结构使用的"执念"使得他们在复杂结构的发展过程中一直处于过度使用的状态，仅是在第一个时段的发展中期出现过几个月的简单结构和复杂结构的平衡使用时刻。在每个时段中，博士研究生都是从发展前期的口语复杂结构的过度使用，到发展中期的复杂结构过度使用与两种结构（接近）平衡使用的几个时刻的共现，再到发展后期复杂结构的超高比例使用。虽然两个阶段的发展后期都是博士研究生口语复杂结构使用的波谷期，但是因为他们仍处于超出复杂结构使用标准的范围，所以此时对两种结构平衡与不平衡使用的研究比对波峰和波谷的划分更有实用意义。针对博士研究生对于复杂结构的过度使用，二语教师一方面要使其深刻认识到在日常交流话语与学术场合话语中，复杂结构在使用上的不同，另一方面也可根据博士研究生今后的就业方向为其调整复杂结构的使用程度。比如，对有意向在教育系统就业并从事科学研究工作的博士研究生而言，他们的话语中复杂结构比例偏高也算是合理行为；但如果毕业后有去大型企业或自主创业的就业期待的博士研究生，就要尽量帮助他们调整复杂结构的使用比例，在学术培训之外为其增加一些接触工作实践的机会，让其在真实的语境中感受到，即使是简单结构也有其适合的使用场景。总之，对于这些来之不易的研究数据和结果，在将其用于服务教学、评价甚至选人用人等方面时，既要尊重客观事实，又要善于从中寻求这些资源的附加价值。如果从博士研究生在两个时段中复杂结构的变异表现来看，无论是波峰、波谷还是最大变异范围都几近相同。博士研究生的波峰在第一个时段中是 0.80，在第二个时段中是 0.85；波谷在第一个时段中是 0.60+，在第二个时段中是 0.65。因此，博士研究生在两个时段中复杂结构的变异幅度都很小（大约是 0.20）。这表明博士研究生虽然也曾试图选择使用简单结构，但是简单结构一直处于正常使用标准范围之内，他们所做的尝试也仅限于几个时刻内的简单结构和复杂结构的均衡使用。也就是说，对于博士研究生来说，或许在口语表达中复杂结构占据绝对优势，即使加入简单结构可以提高他们的口语多样性。

　　从图 5-7 和图 5-8 的多项式趋势线的对比中可以发现，英语二语口语复杂结构在硕士研究生阶段呈下降趋势，而到了博士研究生阶段却提高了一些。不过，如果从口语句法的多样性方面来看，硕士研究生在两个时段中都出现了简单结构和复杂结构的平衡使用期，而博士研究生却一直处于超高使用单一结构期。因此，硕士研究生口语句法的多样性发展情况是要好于博士研究生的。当然，从二语提升的角度来看，要同时考虑多样性和复杂性的综合情况。从学段的连续性来看，英语二语口语句法多样性（复杂结构）的发展没有出现像句法复杂性那样的连续衔接。目前的此类研究中，几乎没有提到过句法的多样性问题，只是把单纯地提高复杂结构的使用比例当作句法复杂性提升的依据。复杂结构使用比例的提高确实可以说明学习者语言复杂程度的提升，但是在真实的本族语者的语言表达中，尤其是口语表达中，简单结构和复杂结构各司其职，各有各的用途，并不是无限提高复杂结构的使用比例就是最佳的语言提升目的。更何况语言发展中任何一个指标提高的程度都是有限的，而且像多样性这样的维度，往往是当其中一个指标提高的时候，一个互补指标的数量必然是下降的。CDST 视角下的研究更要遵循"整体论"的观点，在测量指标的选择上就应顾及这一点。现在能够追溯到的一个研究就是 Cancino、Rosansky 和 Schumann（1978）进行的一项旨在回答二语动词否定结构的发展阶段在第一语言中与在第二语言中的发展顺序是否相同的研究。在为期 10 个月的研究中，Cancino、Rosansky 和 Schumann（1978）发现，2 位青少年学习者最终在 3 种类型的否定结构（don't 结构、aux-neg 结构和 analyzed don't 结构）间达成了某种平衡，可见，让多样化使用符合目标语标准才是终极的习得目标。不过，这项研究并不是在 CDST 视角下进行的，而且研究的主要目的也不是关注变异，而是寻找语言习得中的普遍趋势；但结果却是，研究者发现变异情况高度频发（Verspoor, de Bot, Lowie, 2011）。另外，如前所述，口语句法多样性与词汇多样性的发展，无论是测量方式还是对研究结果的使用，都是不尽相同的。词汇多样性一般是以学习者的词汇量和词汇搭配使用能力为测量基础的，并不存在绝对的词汇间的博弈（也就是意义间的博弈）。但由于句法多样性是在构成形式上做选择，因而虽然不同结构会有细微的意义差别，但比起词汇的表意来说，句法构成形式之间的转换更加容易。因此，句法多样性在不同结构间就构成了一种近似绝对的辩证统一关系。从口语句法复杂结构的整体发展情况来看，从高到低依次是非英语专业学习者（大约提升了 0.20）、博士研究生（大约提高了 0.05）、英语专业学习者（无变化）和硕士研究生（大约下降了 0.20）。从口语复杂结构的初始值来看，从高到低依次为硕士研究生（大约是 0.80）、博士研究生（大约是 0.75）、英语专业学习者（大约是 0.60）和非英语专业学习者（大约是 0.20）。从最后期达到的水平上看，从高到低依次是博士研究生（大约是 0.80）、硕士研究生（大约是 0.60）、英语专业学习者（大约是 0.60）和非英语专业学习者（大约是 0.40），其中非英语专业学习者口语复杂结构的初始值和最后达到的水平都是最低的，但提升的程度却是最高的。

从图 5-7 和图 5-8 的对比中可以发现，在第一个时段中英语专业学习者句法复杂结构的波谷高于同时段的非英语专业学习者，但波峰却低于后者；在第二个时段中情况刚好相反，英语专业学习者复杂结构的波谷低于同时段的非英语专业学习者，但波峰却高于后者。英语专业学习者在两个时段中的最大变异幅度都要远远高于非英语专业学习者。硕士研究生在第一个时段中，口语复杂结构的波谷低于同时段的博士研究生，但波峰却高于后者；在第二个时段中，硕士研究生口语复杂结构的波谷和波峰都低于相应时段的博士研究生。在两个时段中，硕士研究生复杂结构的最大变异幅度都大于博士研究生。从高等教育的全学段来看，本科阶段学习者口语复杂结构的波谷和波峰都要低于研究生阶段的学习者，尤其是波谷值，低的程度更多。从最大变异幅度来看，只有英语专业学习者在口语复杂结构的发展中达到了很大的变异幅度（大约是 0.50），硕士研究生口语复杂结构的变异幅度并不大（大约是 0.35 和 0.30），非英语专业学习者口语复杂结构的变异幅度很小（大约是 0.25），而博士研究生的变异幅度最小（大约是 0.20）。复杂结构的变异幅度表明了学习者对其使用比例受到各种条件影响的程度。从变异的最大值和最小值来看，非英语专业学习者在第二个时段出现了最小值（0.20），硕士研究生在第一个时段出现了最大值（0.95）。这表明，在高等教育阶段，英语二语口语的句法复杂结构的非线性变异发生在 0.20 到 0.95 之间。鉴于句法复杂结构的特殊性，本研究除了从提升程度、最大变异、波峰和波谷等角度解读句法中的复杂结构以外，同时也汇报复杂结构与简单结构间的平衡使用情况。英语专业学习者口语句法多样性的发展情况是：从稍高使用复杂结构到伴随简单结构过量使用，之后达到两种结构间的平衡使用，然后又是复杂结构的过度使用，再到简单结构的过度使用，最后两种结构达到标准的配比使用。非英语专业学习者口语句法多样性的发展情况是：开始是简单结构过度使用，随后复杂结构比例慢慢爬升，某几个时刻达到两种结构接近平衡使用，之后复杂结构开始过度使用，然后又是两种结构平衡使用，但这一平衡状态持续的时间并不长，且直到发展最后期的相当长一段时间内都是简单结构的过度使用时期。硕士研究生口语句法多样性的发展情况是：从开始复杂结构处于过度使用期，到持续了 1 年多以后，两种结构进入平衡使用期，不久又开始简单结构或复杂结构交替的过度使用，最后基本停靠在两种结构平衡使用的水平上，但间或还是伴随着简单结构或复杂结构过度使用情况的出现。博士研究生口语句法多样性的发展情况是：一直处于复杂结构的过度使用期，偶尔会出现几次两种结构的平衡使用时刻。

　　英语二语口语句法复杂结构的发展中，在两个时段中表现出变异情况一致性的是英语专业学习者和博士研究生，表现出不一致性的是非英语专业学习者和硕士研究生。硕士研究生英语口语复杂结构的发展轨迹是：研究生一年级上学期是最大变异期，研究生一年级下学期到研究生二年级上学期达到使用波峰，研究生二年时是其使用的波谷期但同时也是两种结构使用的平衡期，研究生三年级上学期同时出现最大变异和波峰，研究生三年级到刚参加工作时是两种结构使用的平衡期，工作 1 年中是使用的波谷期。博士研究生英语口语复杂结构的发展轨迹是：研究生一年级上学期是波峰期，研究生一年级下学期到研究生二年级上学期进入最大变异期，研究生二年级下学期出现波谷，研究生三年级上学期再次出现波峰，到了下学期又进入最大变异期，最后复杂结构使用的波谷再现，当然此时还是复杂结构的过度使用时期。

# 第6章　英语二语口语的发展变异趋势

　　本章试图探寻本研究构建的三大研究板块中的第二个：分析英语二语口语系统的发展变异趋势。第二板块包括两个方面的研究内容：一是口语词汇发展变异趋势，二是口语句法发展变异趋势。利用时间序列分析法中的极值图法，观测 16 人次受试（其中涉及本科阶段英语专业和非英语专业学习者各 4 人次，研究生阶段硕士和博士各 4 人次）的词汇（LFP）、句法（W/FV）的变异情况的发展趋势。在长达 4 年的研究期内，对各学段 16 人次学习者的 1280 个录音样本中的 1280 个数据点分别进行了最大极值、最小极值和变异范围（带宽）的统计处理。

　　在上一章探查英语二语口语系统 4 年间发展变异轨迹的过程中，本研究发现不论是本科阶段还是研究生阶段的学习者，也不论其词汇或句法的各维度指标的总体发展趋势是上升、下降还是无明显变化，在各种曲度的趋势线中，各种各样的变异现象在整体发展过程中无时不在、无处不在。标志性的变异情况如（测量维度指标）发展的波峰、波谷和最大变异幅度等都呈现出一个非线性的发展画面，同时也表现出变异在随时间推移的进程中在发生着变化。因此，为了能够更深入地探寻口语系统的复杂发展机制，就要对发展过程中出现的变异情况在时间轴线上的行进变化做局部聚焦。时间序列分析法中的极值图法以及由此绘制的极值图，为随时间变化的"变异"的动态过程细节化提供了思路和可视化的支持。此方法以在时间线上连续的数据序列中的最大数据值和最小数据值间的距离计算变异变化程度，这种算法的核心思维能够很好地体现由时间产生的波动的幅度情况，这为探寻发展机制的复杂运作提供了有价值的信息。

# 6.1 词汇发展变异趋势

本研究遵循CDST整体论的思维，在口语词汇的测量指标上选择了与"独特词比例"互补又统一的词频概况，将其作为探寻英语二语口语词汇变异发展趋势的指标。作为SLD实证研究中常见的词汇测量指标LFP（参见王海华、周祥，2012；郑咏滟，2015，2018；李茶、隋铭才，2017；王宇、王雨，2020；安颖，2023），因为其在二语口语词汇发展中变异情况最为明显（安颖，2023），所以笔者选择通过LFP考察口语词汇的发展变异趋势。下面将分别绘制本科阶段（英语专业、非英语专业）和研究生阶段（硕士研究生和博士研究生）从大学一年级或研究生一年级开始的4年间的英语二语口语词汇发展变异趋势。

## 6.1.1 本科阶段学习者

根据以往英语二语发展研究结果，词汇测量指标的发展轨迹均呈现出了同学段内的变异情况具有一致性的现象（虽然本科阶段学习者在口语独特词的发展中表现出性别差异，但是在同学段内变异情况还是一致的），LFP发展情况也不例外。因而，本研究在绘制本科阶段12名受试的口语词汇LFP极值图后，从每个学段的每个时段（其中第一个时段是指从大学一年级到大学二年级，第二个时段是指从大学三年级到大学四年级）中，选择变异范围最大的一位学习者作为本学段全体学习者的代表。在英语专业学习者中第一个时段中选择的是5号学习者[①]，在第二个时段中选择的是4号学习者；在非英语专业学习者中，第一个时段中选择的是3号学习者，第二个时段中选择的是1号学习者。图6-1和图6-2呈现的是本科阶段学习者英语二语口语词汇（LFP）的发展变异趋势。

在4年研究期间，笔者收集的本科阶段学习者口语语料的频率是每人每月3次，在统计意义不受影响的条件下，为了达到可视化效果，本研究以"月份"为单位进行数据统计处理（统计方式参见5.1.1.1小节，下同）。极值图算法的操作是：首先将预操作的数据系列或集合（在本研究中，本科阶段和研究生阶段的学习者各有一个由32个时间点位上的数据

---

[①] 学习者的号码是在绘制其发展轨迹图时随机编号的，无特殊意义，仅为方便呈现可视化结果。下同。

组成的集合）按照时间顺序排列，然后根据每个集合中数据的个数计算出移动窗口的大小。这个移动窗口的设定一般为整个数据集合中数据数量的大约十分之一。根据其常用计算公式"数据点数量 × 移动参数"，其中参数值为 0.25，由于本科阶段英语专业学习者和非英语专业学习者各自的 32 个数据值都来自 2 名学习者，因此本研究中的移动窗口设定为 4 次数据点位。在按照时间排序的 16 个数据集合中，以 4 次数据点位作为一个移动窗口（移动单位），从第一个数据点开始沿着时间轴线每次移动 1 个数据点位（从频率角度来看就是 2 个时间点位），这样就形成了 16 个在时间序列上连续并互叠的时帧（time frame）。每个移动窗口都与前一个移动窗口仅有一个时间差的距离，这样可以达到最大程度上的时间互联性。之后再利用最大值和最小值的算法公式，即 MAX($x1$:$x4$)，MAX($x2$:$x5$)，MAX($x3$:$x6$)，…，MAX($x13$:$x16$)进行计算。这里需要注意的是，根据极值算法和极值图呈现方式的要求，需要对最大值和最小值中的前 2 个数据与第 3 个最大值或最小值做等值处理，对最后 2 个数据与倒数第 3 个最大值或最小值做等值处理，这样可以最大限度地避免抽样误差（sampling error）。极值图呈现的不再是像折线图那样的单一的线形图，而是一个由一条最大值线和一条最小值线构成的空间图形。两条线之间的空间展示的是一个以移动窗口为单位的数据集合，其中最大值和最小值之间的距离被称为"带宽"。因此，通过考察这个带宽随时间变化的各种表现，就可以探寻在最大值和最小值间呈现的变异的动态发展情况。

首先来看英语专业学习者在从大学一年级开始的 4 年间，英语二语口语词汇（LFP）的发展趋势。

图 6-1 中，横向坐标轴上共有 16 个数据点，这与第 5 章发展轨迹图中的时间点位一致，即每个点位代表的就是 2 个月。不过，两条最大值线图和最小值线图并没有完全连接起来，而是出现了一个线条上的断续，这个断开是由于在不同的时段上选择了不同的学习者而造成的。在第一个时段中（横轴上是从数字 1 到 16）选择了 5 号学习者，在第二个时段中（横轴上是从数字 17 到 32）选择了 4 号学习者。因为英语专业学习者同学段内发展变异标志性情况具有一致性，所以这个看起来分开的最大值线图和最小值线图在时间上还是完整接续的。为了能够进行科学而清晰的比较和对比，纵轴上的数据依然做了标准化处理（下同）。

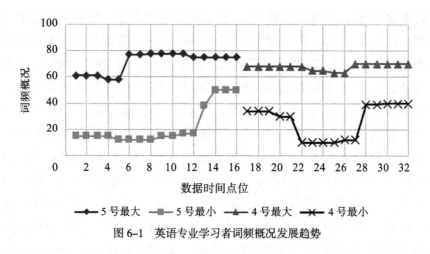

图 6-1　英语专业学习者词频概况发展趋势

从图 6-1 中的最大值线图和最小值线图，分别观察英语专业学习者二语口语词汇（LFP）最大值、最小值的动态发展情况。在第一个时段中，口语词汇（LFP）的最大值在第 1 个月处于中偏高的水平（大约是 60），持续了 5 个月后，提高到了更高的极高水平（接近 80），在这个极高水平上停留了长达 6 个月的时间后，稍微下降了一点，但仍处于高位水平（大约是 75），这个水平也持续了 6 个月的时间。在第二个时段中，口语词汇（LFP）的最大值从第一个月起就在高位水平（接近 70）上持续了 6 个月，从第 7 个月开始上下波动但仍是在高位范围内移动（大约是在 60 到 70 之间），这种情况持续了 4 个月后，又返回第一个月时的高位水平（大约是 75），并在这个高位上停留了 6 个月。因此，口语词汇（LFP）的最大值在两个时段上的表现稍有差别，在第一个时段中是从中高水平升到了极高水平，而在第二个时段中是几乎一直处于高位水平，只是在中高水平和高位水平之间波动了一段时间。本研究中的词频概况（LFP）是根据英国国家口语语料库（Spoken-BNC，2014）中 1—2000 词频范围来确定的。英语专业学习者在第二个时段中对口语词汇中的高频词的使用频次更高，在第一个时段中口语高频词使用的最高值和第二个时段中相差无几，而且持续时间基本等同。因此，在第一个时段中，口语词汇（LFP）最大值在中高水平到极高水平间波动，但在第二个时段中，口语词汇（LFP）的最大值则在中高水平到高位水平间波动。如果从两个时段的统一体来看，第一个时段最后时刻的口语词汇（LFP）最大值和第二个时段最开始的最大值都处于高位水平（大约是 70 → 75），这一方面说明了英语专业学习者口语表达中一直都存在大量使用高频词的情况，另一方面也表明了他们在口语词汇发展中，从大学二年级下学期到大学三年级上学期的过渡期间，在高位水平这个接口上的接续效果很好。总之，在本科阶段的 4 年间，英语专业学习者在口语词汇上出现过能够达到中高到极高水平的表现。

　　在第一个时段中，口语词汇（LFP）的最小值从第 1 个月起处在极低水平（大约是 15），4 个月后又降到了更低的水平（大约是 10）；在这个低位水平上又持续了 4 个月后，再次缓慢升到最开始的极低水平（大约是 15）；4 个月后攀升到了中偏低水平（大约是 40）；在此仅停留了 1 个月的时间，最后 3 个月来到了中位水平（大约是 50）。在第二个时段中，口语词汇（LFP）的最小值从中低水平（大约是 30）出发；5 个月后落到了极低水平（大约是 10）；过了 6 个月后又升到了中偏低水平（大约是 40），并在这个水平上持续了 5 个月。因此，口语词汇（LFP）的最小值在两个时段上呈现出非常不同的状态，在第一个时段中绝大部分时间是在极低水平到低位水平间波动，直到发展末期才上到了中位水平；而在第二个时段中呈现出典型的 U 形发展，即从中低水平到极低水平再到中低水平的发展过程。这说明，英语专业学习者在第二个时段中对口语词汇中高频词的使用效果要更好一些，不过在第一个时段中口语高频词使用的极低值与在第二个时段中是一样的，只是持续时间要更长一些。因此，在第一个时段中，口语词汇（LFP）最小值是在极低到中位间变动，但是在第二个时段中的最小值则仅在极低水平到中低水平间波动。从两个时段的整体角度来看，在第一个时段最后时刻，口语词汇（LFP）最小值处于中位水平（大约是 50），而在第二个时段开始时刻，最小值则在中低水平（大约是 30）。这说明英语专业学习者在两个时段的转换间，存在高频词使用退步的情况。在本研究中，这两个时段的间歇期正值英语专业学习者大学二年级到大学三年级间将近 2 个月的暑期。因此，二语教师可以考虑在这个暑假即将来临时，结合 Spoken-BNC（2014）中的高频词表以及每位学习者在大学一年级和二年级的口语表达中使用过的高频词，形成一份暑期口语高频词操练词表。如果条件允许，还可以在暑期中适当安排检测词表学习效果的巩固性活动。总之，在本科阶段的 4 年间，英语专业学习者口语词汇出现过从极低水平到居中水平的表现。从两个时段上口语词汇（LFP）最大值、最小值的对比来看，可以发现在两个时段上，英语专业学习者口语高频词大量使用的效果和效率几乎一样，但第二个时段比第一个时段高频词使用不足的情况持续时间更长。因此，英语专业学习者口语词汇（LFP）最大值的发展情况是：在中高水平上持续 5 个月后到达了极高水平，并在极高水平上持续了 6 个月；之后稍稍下降到高位水平，持续了 11 个月后再次略降到中高水平；4 个月的停留后又微升到高位水平，在此持续了 6 个月。口语词汇（LFP）最小值的发展情况是：在（极）低水平上持续长达 12 个月后达到了中位水平，经过 3 个月中位水平的停留期后，又降到了中低水平，5 个月后再次下降到极低水平，6 个月后在整个发展的最后期的 5 个月回升到中低水平。

现在再根据图 6-1 中口语词汇（LFP）最大值与最小值在发展过程中形成的极值空间，观测英语专业学习者二语口语词汇变异的动态发展趋势。在第一个时段中，口语词汇（LFP）在发展前期的第 1 个月到第 5 个月，最大值处于大约 60 的中高水平，而最小值则在大约 15 的极低水平上，因此此时的带宽（即变异幅度）大约是 45；口语词汇（LFP）从发展中期到发展后期的第 6 个月到第 12 个月，最大值在接近 80 的极高水平上，而最小值则在大约是 10 的极低水平上，因此此时的变异幅度几乎达到了 70；口语词汇（LFP）在发展最后期的第 13 个月最大值变化不大，但最小值开始升高，到第 14 个月时最大值是在大约 75 的高位水平上，最小值则上升到了大约 50 的中位水平上，因此此时的变异幅度变为 25，这种情况一直持续到第 16 个月。在第二个时段中，口语词汇（LFP）在发展前期的第 1 个月到第 5 个月，最大值大约在 70 的高位水平上，而最小值大约在 30 这个中低水平上，因此此时的变异幅度大约是 40；口语词汇（LFP）发展中期到发展后期的第 6 个月到第 11 个月，最大值大约是 65 的中高程度，而最小值则降到了大约是 10 的极低处，因而变异幅度大约是 55；口语词汇（LFP）发展后期的第 12 个月到第 16 个月，最大值又回到大约 70 的高位水平，同时最小值也升到了大约 40 的中偏低水平，此时变异幅度变为大约 30。因此，在第一个时段中，英语专业学习者口语词汇（LFP）变异的发展趋势是从发展中速期（45）到发展快速期（70）再到发展慢速期（25）；在第二个时段中，英语专业学习者口语词汇（LFP）变异的发展趋势是从发展中速期（40）到发展快速期（55）再到发展中速期（30）。

从图 6-1 在两个时段中变异发展趋势的对比中可以发现，英语专业学习者口语词汇（LFP）在两个时段中都经历了快速、中速和慢速发展期。在两个时段中，各自的发展前期和中期都分别是口语词汇（LFP）发展处于中速和快速的时期，但是在第一个时段的发展后期口语词汇（LFP）进入慢速发展期，而第二个时段却是中速发展期。每个时段上的发展前期都是口语词汇（LFP）的中速发展期，而且变异幅度差距不大（第一个时段中变异幅度大约是45，第二个时段上大约是40）。但是，第一个时段中口语词汇（LFP）的最大值和最小值都要低于第二个时段（第一个时段中最大值大约是60，第二个时段中大约是70；第一个时段中最小值大约是15，第二个时段中大约是30）。这说明英语专业学习者此时口语词汇（LFP）的发展虽然都处于中速发展期，但是在第二个时段中的使用效率更高。每个时段中的发展中期都是词汇高频词步入快速发展期之时，但是不同时段间变异范围相差却不小（第一个时段中变异范围大约是70，第二个时段大约是55）。第一个时段中口语词汇（LFP）的最大值要高于第二个时段（第一个时段中最大值大约是80，第二个时段中大约是65），而两个时段中口语词汇（LFP）的最小值基本相等（大约都是10）。这说明英语专业学习者此时口语词汇虽然都处于快速发展期，但是第一个时段中的发展速度还要更快一些；两个时段中口语词汇高频词使用不足时的表现是一样的，但在能够达到的高度水平上来讲，第一个时段中的表现更好。口语词汇（LFP）在两个时段上的发展后期表现不一致，在第一个时段中英语专业学习者口语词汇（LFP）是慢速发展的，但在第二个时段中口语词汇（LFP）处于中速发展。第一个时段中口语词汇（LFP）的最大值要比第二个时段中高一点（第一个时段中最大值大约是75，第二个时段中大约是70），而第一个时段中口语词汇（LFP）的最小值比第二个时段要高一些（第一个时段中最小值大约是50，第二个时段中大约是40）。这说明英语专业学习者口语词汇在第一个时段中的表现更好一些，但发展速度要慢一些。

综上，英语专业学习者口语词汇（LFP）变异的发展趋势是：从大学一年级上学期开始中速发展了5个月后，从大学一年级下学期到大学二年级上学期进入快速发展期，这个快速发展期持续了7个月后，在大学二年级下学期转入慢速发展期，3个月后在大学三年级上学期再次进入中速发展期，5个月后在大学三年级下学期到大学四年级上学期的6个月间重新到达快速发展期，最后的5个月仍然处于中速发展中。英语专业学习者口语词汇（LFP）变异的发展速度从快到慢依次出现在：从大学一年级下学期到大学二年级上学期（快速发展期）、从大学三年级下学期到大学四年级上学期（较快发展期）、从大学一年级上学期到下学期（中速发展期）、从大学三年级上学期到下学期（中速发展期）、从大学四年级上学期到下学期（中速发展期）和大学二年级下学期（慢速发展期）。英语专业学习者口语词汇（LFP）变异的发展持续期从长到短依次出现在：从大学一年级下学期到大学二年级上学期（持续时长大约是 7 个月）、从大学三年级下学期到大学四年级上学期（持续时长大约是 6 个月）、大学一年级、大学三年级和大学四年级（持续时长都是大约 5 个月），以及大学二年级下学期（持续时长大约是 3 个月）。二语教师在详尽了解这些口语词汇变异的各种发展情况的基础上，可以分别针对英语专业学习者在口语词汇发展中的不同表现，制定个性化的学习计划。如在口语词汇的快速发展期，二语教师可以为学习者增加输入量以提高其正确的输出频次；在口语词汇进入慢速发展期后，可以在语言的句法方面做更多的努力，更重要的是此时要考虑重新配置学习者口语水平测验指标的权重等。另外，口语词汇变异的发展中持续期的时长也是要关注的重点，尤其是要关注时间较长的持续期后的习得效果。

再来看看非英语专业学习者在从大学一年级开始的 4 年间，英语二语口语词汇（LFP）的发展趋势（见图 6-2）。

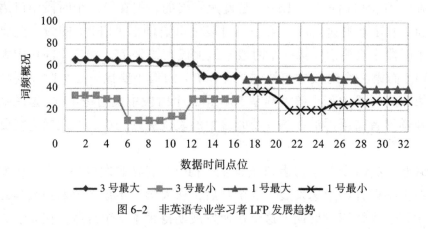

图 6-2　非英语专业学习者 LFP 发展趋势

图 6-2 中，横向坐标轴上数据点代表的是学习者在 32 个月中每月 3 次的数据点统计处理后的情况。两条最大值线图和最小值线图中出现的断开

表示的是非英语专业学习者在不同的时段上选择了不同的学习者。在第一个时段中（横轴上是从数字 1 到 16）选择了 3 号学习者，在第二个时段中（横轴上是从数字 17 到 32）选择了 1 号学习者。为了能够进行科学而清晰的比较和对比，纵轴上的数据依然做了标准化处理。

　　根据图 6-2 中的最大值和最小值线图，分别观察非英语专业学习者二语口语词汇（LFP）最大值、最小值的动态发展情况。在第一个时段中，口语词汇（LFP）的最大值从接近高位的水平（大约是 70）出发，在这个位置上持续了长达 8 个月后，稍稍下降到中高水平（大约是 65），这次持续了 4 个月后，再次下降到了中位水平（大约是 50），这次的持续期是 4 个月。在第二个时段中，口语词汇（LFP）的最大值从中位水平启动（大约是 50），在中位水平上整整停留了 11 个月的时间，直到最后的 5 个月下降到了中偏低水平（大约是 40）。因此，口语词汇（LFP）的最大值在两个时段上的表现还是略有不同的。在第一个时段中是从接近高位水平到中高水平，最后降到了中位水平。在第二个时段中是从中位水平降到了中低水平。这说明，非英语专业学习者在第一个时段中，对于口语词汇中高频词的使用频次，比第二个时段中达到过更高的水平，而且在这个水平上持续了很长时间。第一个时段中口语词汇（LFP）的最大值是在中位水平到接近高位水平间波动，但第二个时段中口语词汇（LFP）的最大值是在中低水平到中位水平间波动。综合两个时段中口语词汇（LFP）最大值的情况来看，第一个时段最后时期的口语词汇（LFP）最大值和第二个时段前期的最大值都处于中位水平，而且是几乎完全等同的（大约都是 50）。这说明非英语专业学习者的口语词汇在不同时段中（低年级和高年级，也就是大学二年级和大学三年级之间）发展的连续性非常好。总之，非英语专业学习者 4 年间的口语词汇能够达到接近高位的水平。

　　在第一个时段中，口语词汇（LFP）的最小值开始时处于中低水平（大约是 30），5 个月的持续期后降到了极低水平（大约是 10），6 个月后又升回到与初始时相同的中低水平（大约是 30），并在此持续了 5 个月的时间。在第二个时段中，口语词汇（LFP）的最小值从接近中偏低水平（大约是 40）开始，3 个月后开始下降到中低水平（大约是 30），2 个月后又降到了很低的水平（大约是 20），在这个水平上停留了 4 个月后开始缓慢回升，最后的 8 个月又回升到了中低水平（大约是 30）。因此，口语词汇

（LFP）的最小值在两个时段中都呈现出较为典型的U形发展类型，即从中（偏）低水平到（极）低再回到中（偏）低水平。这说明非英语专业学习者在两个时段中都出现过口语高频词使用极其不足的情况，而且持续的时间基本一样。但相对而言，第二个时段中比第一个时段中口语词汇的表现要好一些。在第一个时段中，口语词汇（LFP）最小值是在极低到中偏低水平间波动；而在第二个时段中，口语词汇（LFP）的最小值也基本是在低位水平到中偏低的水平间波动。再从前后两个时段的连续性来看，在第一个时段的后期，口语词汇（LFP）的最小值处在中低水平上（大约是30），在第二个时段的前期口语词汇（LFP）的最小值处在接近中偏低水平上（大约是40）。这一方面说明非英语专业学习者在从低年级向高年级的过渡期，口语词汇发展的连续性较好；另一方面也说明他们在此时的口语词汇发展中有从低潮转变为上升的趋势。总之，在本科阶段的4年间，非英语专业学习者的口语词汇出现过从极低到中偏低水平上的情况。从口语词汇（LFP）的最大值、最小值在两个时段中的对比来看，可以发现非英语专业学习者在第一个时段中，大量使用口语高频词的比例更高，而且持续期也很长；但是口语高频词使用比例过低的情况也是在第一个时段中比在第二个时段中更为明显。因此，非英语专业学习者口语词汇（LFP）最大值的发展情况是：在接近高位的水平上持续了长达12个月后，下降到了中位水平，并在此停留了足足15个月的超长时间，最后的5个月降到了中偏低的水平。口语词汇（LFP）最小值的发展情况是：开始在中低水平上停留了5个月的时间，之后降到了极低水平，在此又滞留了6个月后，再次回到与初始水平基本相当的中低水平且又持续了5个月的时间，转而略微上升到了中偏低的水平，3个月之后开始下滑到低位水平并停留了4个月，最后8个月缓慢上升到中低水平。

现在再根据图6-2中口语词汇（LFP）最大值与最小值在发展过程中形成的极值空间，观测非英语专业学习者二语口语词汇变异的动态发展趋势。在第一个时段中，口语词汇（LFP）在发展前期的第1个月到第5个月，最大值大约是在接近70的高位水平上，而最小值则是处在大约30的中低水平上，因此此时的变异幅度大约是40；口语词汇（LFP）在发展前期到发展中期的第6个月到第11个月，最大值大约是在65的中位水平上，而最小值则在大约是10的极低水平上，因此此时的变异幅度大约是

55；口语词汇（LFP）在发展后期的第 12 个月到第 16 个月，最大值来到了大约 50 的中位水平，最小值位于大约 30 的中低水平，因此此时的变异幅度大约是 20。在第二个时段中，口语词汇（LFP）在发展前期的第 1 个月到第 3 个月，最大值在大约 50 的中位水平，而最小值则在大约 40 的中偏低水平，因此此时的变异幅度大约是 10。口语词汇（LFP）在发展前期的第 4 个月最大值几乎没有变化，但最小值开始下降，到第 5 个月时最小值降到了大约 20 的低位水平。口语词汇（LFP）在发展前期到发展中期的第 5 个月到第 8 个月，最大值在位于大约 50 的中位水平上，但最小值已经来到了大约 20 的低位水平，因此此时的变异幅度大约是 30；口语词汇（LFP）在发展中期的第 9 个月开始，从大约 15 的极低水平开始爬升，到发展后期的第 13 个月稳定在了大约 30 的中低水平上，此时的最大值是在大约 40 的中偏低水平，变异幅度是 10。因此，在第一个时段中，非英语专业学习者口语词汇（LFP）变异的发展趋势是从发展中速期（40）到发展快速期（55）再到发展慢速期（20）；在第二个时段中，非英语专业学习者口语词汇（LFP）变异的发展趋势是从发展慢速期（10）到发展中速期（30）再到发展慢速期（10）。

　　从图 6-2 在两个时段中变异发展趋势的对比中发现，非英语专业学习者口语词汇（LFP）在第一个时段中经历了快速、中速和慢速发展期，但在第二个时段中只出现了中速和慢速发展期。在两个时段各自的发展后期都是口语词汇（LFP）的慢速发展时期，但是第一个时段的发展前期和发展中期分别是中速发展期和快速发展期，而第二个时段的发展前期和发展中期却分别是慢速发展期和中速发展期，比第一个时段的发展速度都相应地慢了一个等级。每个时段中的发展后期都是口语词汇的慢速发展期，不过变异范围存在一定的差距（第一个时段中变异幅度大约是 20，第二个时段中大约是 10），而且第二个时段中在发展前期出现的发展慢速期的变异幅度也是小于第一个时段中的（这个发展慢速期的变异幅度大约也是 10）。非英语专业学习者在第二个时段中并没有出现口语词汇（LFP）的快速发展期，而且此时段中速发展期的发展速度也要小于第一个时段中中速发展期的速度（第一个时段中中速发展期的变异幅度大约是 40，第二个时段中中速发展期的变异幅度大约是 30）。第一个时段中口语词汇（LFP）的最大值普遍要高于第二个时段中的最大值（第一个时段中最大值是接近 70，第二个时段中最大值大约是 50），而且第一个时段中最大值出现时是中速发展期，第二个时段中最大值出现时是慢速和中速发展期。这说明非英语专业学习者在第一个时段中比在第二个时段中能够达到的口语词汇习得水平更高，发展速度也更快。第一个时段中口语词汇（LFP）的最小值普遍要低于第二个时段中的最小值（第一个时段中最小值大约是 10，第二个时段中最小值大约是 20），不过第一个时段中的最小值出现时处于快速发展期，而第二个时段中的最小值出现时处于中速发展期。这说明非英语专业学习者在第一个时段中比在第二个时段中在口语词汇发展方面出现过更差的表现，不过发展的速度却更快地进入了高度发展期。口语词汇（LFP）在两个时段上的发展后期表现不完全一致，虽然从发展速度上来看，非英语专业学习者口语词汇都处于慢速发展期，但是第一个时段中口语词汇（LFP）的最大值比第二个时段中高一些（第一个时段中最大值大约是 50，第二个时段中大约是 40），而第一个时段中口语词汇（LFP）的最小值与第二个时段基本等同（均为大约 30）。这说明非英语专业学习者口语词汇在发展后期第一个时段中的表现要稍好一些，而且发展速度也要快一点。

综上，非英语专业学习者口语词汇（LFP）变异的发展趋势是：从大学一年级上学期开始中速发展了 5 个月后，从大学一年级下学期到大学二年级上学期进入快速发展期，这个快速发展期持续了 6 个月后，又转入了长达 8 个月的慢速发展期，之后在大学三年级下学期到大学四年级上学期再次进入中速发展期，7 个月后在大学四年级上学期到下学期又回到了慢速发展期，最后的 5 个月一直处于慢速发展状态。非英语专业学习者口语词汇（LFP）变异的发展速度从快到慢依次出现在：从大学一年级下学期到大学二年级上学期（快速发展期）、从大学一年级上学期到下学期（中速发展期）、从大学三年级下学期到大学四年级上学期（中速发展期）、从大学二年级上学期到下学期（慢速发展期）、大学三年级上学期以及从大学四年级上学期到下学期（慢速发展期）。非英语专业学习者口语词汇（LFP）变异的发展持续期从长到短依次出现在：从大学三年级下学期到大学四年级上学期（持续时长大约是 7 个月）、从大学一年级下学期到大学二年级上学期（持续时长大约是 6 个月）、大学一年级、大学二年级和大学四年级（持续时长大约是 5 个月）以及大学三年级上学期（持续时长大约是 3 个月）。

　　通过图 6-1 和图 6-2 的比较和对比，可以总结一下本科阶段英语学习者口语词汇变异的动态发展趋势。先来看口语词汇发展的高潮期情况。口语词汇发展高潮期达到的水平从高到低依次是：极高水平（出现在英语专业学习者的大学一年级下学期到大学二年级上学期）、高位水平（出现在英语专业学习者的大学二年级上学期到大学四年级下学期，非英语专业学习者的大学一年级）、中高水平（出现在英语专业学习者的大学一年级上学期到下学期，非英语专业学习者的大学二年级上学期）、中位水平（出现在非英语专业学习者的大学二年级下学期到大学四年级上学期）以及中偏低水平（出现在非英语专业学习者的大学四年级下学期）。这说明本科阶段学习者英语二语口语词汇的最佳表现出现在大学一年级下学期到大学二年级上学期，在整个发展高潮期，口语词汇在中偏低水平到极高水平上波动。口语词汇发展高潮期持续的时间从长到短是：21 个月的高位水平（出现在英语专业学习者的大学二年级上学期到大学四年级下学期）、15 个月的中位水平（出现在非英语专业学习者的大学二年级下学期到大学四年级上学期）、8 个月的高位水平（出现在非英语专业学习者的大学一年级）、6 个月的极高水平（出现在英语专业学习者的大学一年级下学期到大学二年级上学期）、5 个月的中高水平（出现在英语专业学习者的大学一年级上学期到下学期）、5 个月的中偏低水平（出现在非英语专业学习者的大学四年级下学期）以及 4 个月的中高水平（出现在非英语专业学习者的大学二年级上学期）。这说明，在本科阶段学习者英语二语口语词汇的发展高潮期中，最长的持续期出现在从大学二年级上学期到大学四年级下学期，持续期大约是 2 年半的时间，并且在此时期达到了词汇的高位水平。从口语词汇高潮期不同水平出现的频次[①] 来看：高位水平出现过 5 次（分别出现在英语专业学习者的大学二年级上学期到大学四年级下学期、非英语专业学习者的大学一年级）、中高水平出现过 2 次（分别出现在英语专业学习者的大学一年级上学期到下学期、非英语专业学习者的大学二年级下学期）、中位水平出现过 2 次（出现在非英语专业学习者的大学二年级下学期到大学四年级上学期）。这样看来，本科阶段学习者在口语词汇发展高潮期中，高位水平出现的时间最长，频次也最多。从口语词汇高潮期的转折点上来看，低年级阶段（即第一个时段，从大学一年级到大学二年级）经历了 2

---

① 　这里列出的是出现频次在1次以上的情况，下同。

次转折，其间历经了从极高水平到中位水平的发展变化。口语词汇高潮发展期中，在从低年级向高年级的过渡期间，变异情况表现出了很好的衔接性，衔接的接口水平或是在高位与高位之间，或是在中位与中位之间。以上这些研究结论可以为二语教师在口语词汇的教学安排和测评设计方面提供一些重要的参考依据。

再看看口语词汇发展的低潮期情况。口语词汇发展低潮期的不佳表现水平从低到高依次是：极低水平（出现在英语专业学习者的大学一年级上学期到大学二年级上学期、大学三年级下学期到大学四年级上学期，非英语专业学习者的大学一年级下学期到大学二年级上学期）、低位水平（出现在非英语专业学习者的大学三年级下学期）、中低水平（出现在英语专业学习者的大学三年级上学期到下学期，非英语专业学习者的大学一年级上学期到下学期、大学二年级上学期到下学期、大学四年级上学期到下学期）、中偏低水平（出现在英语专业学习者的大学二年级下学期、大学四年级上学期到下学期，非英语专业学习者的大学三年级上学期到下学期）以及中位水平（出现在英语专业学习者的大学二年级下学期）。这说明，本科阶段学习者英语二语口语词汇的最差表现出现在大学一年级、大学二年级上学期和大学三年级下学期到大学四年级上学期，在整个发展低潮期，口语词汇在极低水平到中位水平间波动。口语词汇发展低潮期持续的时间从长到短是：12个月的极低水平（出现在英语专业学习者的大学一年级上学期到大学二年级上学期）、8个月的中低水平（出现在非英语专业学习者的大学四年级上学期到下学期）、6个月的极低水平（分别出现在英语专业学习者的大学二年级下学期到大学三年级上学期，非英语专业学习者的大学一年级下学期到大学二年级上学期）、5个月的中低水平（分别出现在英语专业学习者的大学三年级上学期到下学期、非英语专业学习者的大学一年级上学期到下学期、大学二年级上学期到下学期）、5个月的中偏低水平（出现在英语专业学习者的大学四年级下学期）、4个月的低位水平（出现在非英语专业学习者的大学三年级下学期）、3个月的中偏低水平（出现在非英语专业学习者的大学三年级上学期）、3个月的中位水平（出现在英语专业学习者的大学二年级下学期）以及1个月的中偏低水平（出现在英语专业学习者的大学二年级下学期）。这说明本科阶段学习者的英语二语口语词汇处在发展低潮期中，最长的持续期出现在大学一年级上学期到大学二年级上学期，持续期大约 1 年半，并且在此时期降到了词汇的极低水平。从口语词汇低潮期不同水平出现的频次来看，极低水平出现过 5 次（分别出现在英语专业学习者的大学一年级上学期到大学二年级上学期、大学三年级下学期到大学四年级上学期，非英语专业学习者的大学一年级下学期到大学二年级上学期）、中低水平出现过 4 次（分别出现在英语专业学习者的大学三年级上学期到下学期，非英语专业学习者的大学一年级上学期到下学期、大学二年级上学期到下学期、大学四年级）、中偏低水平出现过 3 次（分别出现在英语专业学习者的大学二年级下学期、大学四年级上学期到下学期，非英语专业学习者的大学三年级上学期）。因此，在英语二语口语词汇发展低潮期中，极低水平出现的时间最长，频次也最多。从口语词汇低潮期的转折点上来看，高年级阶段（即第二个时段，从大学三年级到大学四年级）经历了 2 次转折，其间历经了从极低水平到中偏低水平的发展变化。口语词汇低潮发展期中，在从低年级向高年级的过渡期间，变异情况在从中低位水平向中偏低水平转接时表现出较好的衔接性。

综上，本科阶段学习者英语二语口语词汇发展速度出现的频次从高到低是：中速出现过 5 次（分别出现在英语专业学习者的大学一年级上学期到下学期、大学三年级上学期到下学期、大学四年级上学期到下学期，非英语专业学习者的大学一年级上学期到下学期、大学三年级下学期到大学四年级上学期）、慢速出现过 4 次（分别出现在英语专业学习者的大学二年级下学期，非英语专业学习者的大学二年级上学期到下学期、大学三年级上学期、大学四年级上学期到下学期）以及快速出现过 3 次（分别出现在英语专业学习者的大学一年级下学期到大学二年级上学期、大学三年级下学期到大学四年级上学期，非英语专业学习者的大学一年级下学期到大学二年级上学期）。变异速度出现的时间从长到短依次是：7 个月的快速发展期（出现在英语专业学习者的大学一年级下学期到大学二年级上学期）、7 个月的中速发展期（出现在非英语专业学习者的大学三年级下学期到大学四年级上学期）、6 个月的快速发展期（分别出现在英语专业学习者的大学三年级下学期到大学四年级上学期，非英语专业学习者的大学一年级下学期到大学二年级上学期）、5 个月的中速发展期（分别出现在英语专业学习者的大学一年级上学期到下学期、大学三年级上学期到下学期、大学四年级上学期到下学期，非英语专业学习者的大学一年级上学期到下学期）、5 个月的慢速发展期（分别出现在非英语专业学习者的大学二年级上学期到下学期、大学三年级上学期到下学期）和 3 个月的慢速发展期（分别出现在英语专业学习者的大学二年级下学期，非英语专业学习者的大学三年级上学期）。由此可以看出，在本科阶段口语词汇发展中，中速发展期出现最多（5 次），而且持续期也最长（大约是 7 个月）。其中，口语词汇的快速发展期一般出现在大学一年级下学期到大学二年级上学期，中速发展期出现在大学一年级上学期到下学期，而慢速发展期常出现在大学二年级下学期。另外还可发现，本科阶段英语二语口语词汇在低年级阶段呈现出中速—快速—慢速的发展趋势。

## 6.1.2 研究生阶段学习者

虽然在英语二语口语发展的前期研究中，尚未有针对研究生阶段学习者的词汇研究出现，但是本研究发现，研究生阶段学习者的口语发展轨迹与本科阶段学习者一样，都呈现出了同一学段内的变异情况相一致的现象。因而，本研究将研究生阶段 6 名受试的口语词汇（LFP）极值图进行绘制后，从每个学段的每个时段（第一个时段是指从研究生一年级到研究生二年级，第二个时段是指从硕士研究生三年级到参加工作 1 年或从博士研究生三年级到四年级）中选择变异幅度最大的一位学习者作为本学段中本时段全体学习者的代表。在硕士研究生学习者的第一个时段中选择的是 3 号学习者，在第二个时段中选择的是 4 号学习者；在博士研究生学习者的第一个时段中选择的是 2 号学习者，第二个时段中选择的是 1 号学习者。图 6-3 和图 6-4 呈现的是研究生阶段学习者英语二语口语词汇（LFP）的发展变异趋势。

在 4 年研究期间，笔者收集的研究生阶段学习者口语语料的频率是每人每月 2 次。在统计意义不受影响的条件下，为了达到可视化效果，本研究以月份为单位进行数据统计处理（统计方式参见 5.1.1.2 小节，下同）。

首先来看硕士研究生学习者在从研究生一年级开始的 4 年间，英语二语口语词汇（LFP）的发展趋势。其中横坐标和纵坐标所代表的意义和数据的处理方式与本科阶段学习者的图 6-1 和图 6-2 一样，不再赘述。

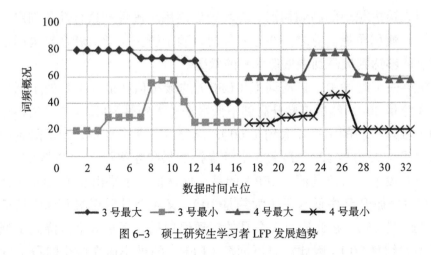

图 6-3　硕士研究生学习者 LFP 发展趋势

　　根据图 6-3 中最大值线条和最小值线条，分别观察硕士研究生学习者二语口语词汇（LFP）最大值、最小值的动态发展情况。在第一个时段中，口语词汇（LFP）的最大值在第 1 个月到第 6 个月先处在极高水平上（大约是 80），然后下降到高位水平（大约是 70），6 个月后再次开始下降，先是下降到中高位水平（大约是 60），最后期的 3 个月直接下降到了一个中偏低水平上（大约是 40）。在第二个时段中，口语词汇（LFP）的最大值从中位水平开始起步（大约是 60），6 个月后上升到了极高水平（大约是 80），4 个月后又回到了起始的中高水平（大约是 60），在此停留了 6 个月直到发展末期。因此，口语词汇（LFP）的最大值在两个时段上的表现非常不同，在第一个时段中是从极高水平降到了中偏低的水平上，而在第二个时段中是从中高水平到极高再回到中高水平的（这是典型的倒 U 形发展曲线）。这说明硕士研究生学习者在两个时段上口语词汇中的高频词使用的最高频次基本一致，但是在第一个时段中最高频次出现的持续时间要更长一些。因此，在第一个时段中，口语词汇（LFP）最大值是在中偏低到极高水平间波动的；但在第二个时段中，口语词汇（LFP）的最大值则在中高水平到极高水平间波动。结合口语词汇（LFP）在两个时段上的表现来看，在第一个时段的最后时刻，口语词汇（LFP）的最大值仅在中偏低的水平上（大约是 40）；而在第二个时段初期，口语词汇（LFP）的最大值处于中高水平（大约是 60）。这说明硕士研究生学习者在从研究生二年级到研究生三年级的过渡期，口语词汇（LFP）的最大值提高了 2 个等级。因而，在硕士研究生三年级开学之初，二语教师可以针对硕士研究生学习者口语表达中频现的高频词汇，为其做出使用正确性和适合性的判定，提高其词汇使用质量。总之，在这 4 年间，硕士研究生学习者在口语词汇上出现过能够达到极高到中偏低水平的状况。

在第一个时段中，口语词汇（LFP）的最小值在前 3 个月处于低位水平（大约是 20），然后略微升高到中低水平（大约是 30），4 个月后再次升高到了接近中高的水平（大约是 60），仅停留了 3 个月后开始下降到中偏低的水平（大约是 40），最后 5 个月维持在低位水平上（大约是 25）。在第二个时段中，口语词汇（LFP）的最小值从低位水平出发（大约是 25），3 个月后微微升到中低水平（大约是 30），又 4 个月后再次升到中偏低水平（大约是 45），在此经过 3 个月的短暂停留后，最后 6 个月降到了低位水平（大约是 20）。因此，口语词汇（LFP）的最小值在两个时段上的表现不尽相同，在第一个时段中绝大部分时间位于中低水平及以下，只是在接近中高的水平时很短暂地停留了一下，不过在最小值的发展中很难看到能够升到中位水平以上的情况。在第二个时段中又呈现了典型的倒 U 形发展曲线，这与此时的最大值发展线形相一致，即经历了从低位水平到中偏低水平再回到低位水平的发展过程。这说明硕士研究生学习者在第一个时段中口语词汇的最小使用量要高一些，但这在两个时段上的持续时间是一样的。因此，在第一个时段中，口语词汇（LFP）最小值是在低位水平到中高水平间波动的，但是在第二个时段中的最小值则仅在低位水平和中偏低水平间波动。将两个时段作为时间连续体来看，第一个时段末期的口语词汇（LFP）最小值和第二个时段的初期最小值都处于低位水平（大约是 25）。这一方面说明了硕士研究生学习者口语表达中出现过口语词汇中高频词使用不足的情况，另一方面也表明了他们这种不佳的表现从研究生二年级下学期一直延续到了研究生三年级上学期。总之，在研究生阶段，硕士研究生学习者的口语词汇出现过从低位水平到中高水平上的表现。从两个时段上口语词汇（LFP）最大值、最小值的对比来看，可以发现硕士研究生学习者在两个时段上，口语词汇表现出的最高水平和最低水平相一致，但是在第一个时段中能够达到的最高水平的持续期要更长一些。因此，硕士研究生学习者口语词汇（LFP）最大值的发展情况是：起始点在极高水平上，6 个月持续期后微降到了高位水平，这次在高位水平的持续期仍然是 6 个月，之后又降到了中高水平，1 个月后来到中偏低水平，并在此仅停留了 3 个月，再次回升到中高水平，又是 6 个月的持续发展后，继续上升到与最初相同的极高水平，4 个月后在最后的 6 个月重回中高位水平。口语词汇（LFP）最小值的发展情况是：在低位水平上停留了短暂的 3 个月后，略升到中低水平，4 个月后升高到了中高水平，此时短暂地停留了 3 个月后，下降到中偏低水平上 1 个月，之后又回到低位水平并持续了 8 个月，再次微升到中低水平，4 个月后继续上升到中偏低水平，但也只停留了 3 个月，最后期的 6 个月一直处于低位水平，这与发展最初期的水平相当。

　　现在再根据图 6-3 中口语词汇（LFP）最大值与最小值在发展过程中形成的极值空间，观测硕士研究生学习者二语口语词汇变异的动态发展趋势。在第一个时段中，口语词汇（LFP）在发展前期的第 1 个月到第 6 个月，最大值处于大约 80 的极高水平，而最小值则处于 20 → 30 的（中）低水平，因此此时的变异范围大约是 50—60；口语词汇（LFP）在发展中期的第 8 个月到第 10 个月，最大值是在大约 75 的高位水平上，而最小值此时也来到了大约 60 的中高水平，因此此时的变异范围大约是 15；口语词汇（LFP）在发展最后期的第 14 个月到第 16 个月，最大值和最小值双双下降，前者下降到了大约 40 的中偏低水平，后者下降到了大约 25 的低位水平，因此此时的变异范围与上一个时期比较，是没有变化的，仍然是大约 15，这种情况一直持续到发展的最后期的第 16 个月。在第二个时段中，口语词汇（LFP）从发展前期到发展中期的第 1 个月到第 7 个月，最大值是在大约 60 的中高水平上，而最小值是在 20 → 30 的这个（中）低水平上，因此此时的变异范围是 30—35；口语词汇（LFP）在发展中期的第 8 个月和第 9 个月，最大值和最小值双双上升到大约 80 的极高水平和大约 45 的中偏低水平，因而此时的变异幅度依然保持在了 35；口语词汇（LFP）发展后期的第 12 个月到第 16 个月，最大值又降回到大约 60 的中高水平，同时最小值也降到了大约 20 的低位水平，此时的变异幅度变为大约 40。因此，在第一个时段中，硕士研究生学习者口语词汇（LFP）变异的发展趋势是从发展快速期（50 → 60）到发展快慢期（15）；在第二个时段中，硕士研究生学习者口语词汇（LFP）变异的发展趋势是从发展中速期（30 → 35）到发展中高速期（40）。

　　从图 6-3 在两个时段中变异发展趋势的对比中可以发现，硕士研究生学习者的口语词汇（LFP）在两个时段上经历的发展期完全不同。在第一个时段中的发展前期是口语词汇（LFP）的快速发展期，而发展中期和发展后期则一直处于口语词汇（LFP）的发展慢速期。在第二个时段中，口语词汇在整个发展期内始终处于发展中速期，不过最后期的发展速度要快于发展前期和发展中期。因此，在两个时段中，都未曾出现口语词汇变异的发展速度相同的情况，这与本科阶段学习者的情况不一样。不过，每个时段中的发展中期几乎都是各自时段中发展最慢的时期（第一个时段中发展中期的变异幅度大约是 15，第二个时段中大约是 35）。这说明在每个发展时段的发展中期，硕士研究生的口语词汇（LFP）发展进入低速发展期。第二个时段的发展中期与第一个时段的发展前期都曾到达过口语词汇（LFP）发展中的最大值（两个时段上的最大值大约都是 80），但是第一个时段中比第二个时段中的最小值要低得多（第一个时段中最小值是 20→30，第二个时段中最小值是 45）。这说明硕士研究生学习者虽然在两个时段中都到达了几乎相同的口语词汇发展最高水平，但是在第一个时段中曾表现出了比第二个时段中更差的习得效果。在第一个时段中，硕士研究生学习者的口语词汇出现了快速和慢速发展期，而到了第二个时段却只出现了中（高）速发展期。这说明，硕士研究生学习者在口语词汇发展中，由于发展前期受到学业目标和要求的影响，发展后期又受到语言使用场所（学校与职场）和使用目的转换的影响，因此呈现出极端的变异表现。在第一个时段中是跨越式发展（从快速发展直接到慢速发展），而在第二个时段中是缓和式发展（几乎一直都是中速发展）。口语词汇（LFP）在两个时段中的发展后期表现也不一致，在第一个时段中硕士研究生学习者的口语词汇（LFP）处于慢速发展期，但在第二个时段中口语词汇（LFP）却处于中速发展期。第一个时段中口语词汇（LFP）的最大值要比第二个时段中低得多（第一个时段中最大值大约是 40，第二个时段中大约是 60），而第一个时段中与第二个时段中口语词汇（LFP）的最小值却相差不大（第一个时段中最小值大约是 25，第二个时段中大约是 20）。这说明英语专业学习者口语词汇在第二个时段中的表现要更好一些，而且发展速度也要更快一些。

综上，硕士研究生学习者口语词汇（LFP）变异的发展趋势是：从研究生一年级开始持续了 7 个月的快速发展期后，在研究生二年级上学期进入慢速发展期，这种情况一直持续到研究生二年级下学期结束，在研究生三年级转入中速发展期，一直到其工作 1 年后仍然处于中速发展期。硕士研究生学习者口语词汇（LFP）变异的发展速度从快到慢依次出现在：研究生一年级（快速发展期）、参加工作半年后（中高速发展期）、从研究生三年级到参加工作的前半年（中速发展期）、研究生三年级（中速发展期）以及从研究生二年级上学期到下学期（慢速发展期）。硕士研究生学习者口语词汇（LFP）变异的发展持续期从长到短依次出现在：从研究生三年级到参加工作的前半年（持续时长大约是 10 个月）、研究生一年级（持续时间大约是 7 个月）、研究生二年级（持续时间大约是 6 个月）和参加工作的前半年到后半年的部分时间（持续时间大约是 6 个月）。

再来看看博士研究生学习者在从研究生一年级开始的 4 年间，英语二语口语词汇（LFP）的发展趋势。

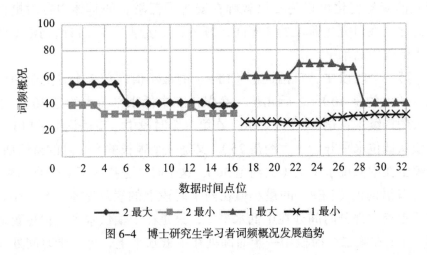

图 6-4 博士研究生学习者词频概况发展趋势

根据图 6-4 中的最大值线条和最小值线条，分别观察博士研究生学习者二语口语词汇（LFP）最大值、最小值的动态发展情况。在第一个时段中，口语词汇（LFP）的最大值在第 1 个月到第 5 个月处于中位水平（大约是 55），然后下降到中偏低水平（大约是 40），长达 8 个月的持续期后，再次略降到中低水平（大约是 35）。在第二个时段中，口语词汇（LFP）的最大值从中高水平起步（大约是 60），5 个月后继续升到高位水平（大约是 70），最后期的 5 个月又降到了中偏低水平（大约是 40）。因此，口语词汇（LFP）的最大值在两个时段上的表现有很大差别，在第一个时段中是从中位水平到中（偏）低水平，但在第二个时段中是从中高水平到高位水平再到中偏低水平的过程。这说明博士研究生学习者在第二个时段中口语词汇中的高频词使用的最高频次要高于第一个时段，但是在各自两个时段中最高频次出现的持续时间却基本一致。因此，在第一个时段中，口语词汇（LFP）最大值是从中偏低水平到中位水平间波动；但在第二个时段中，口语词汇（LFP）的最大值则是从中偏低水平到高位水平间波动。结合口语词汇（LFP）在两个时段中的表现来看，在第一个时段的发展后期，口语词汇（LFP）的最大值仅在中偏低的水平上（大约是 40），而在第二个时段初期，口语词汇（LFP）的最大值处于中高水平（大约是 60）。这种情况与硕士研究生口语词汇（LFP）的最大值情况完全一致。这说明博士研究生学习者与硕士研究生学习者一样，在其从研究生二年级到研究生三年级的过渡期中，口语词汇（LFP）的最大值提高了 2 个等级。这种跨越式的变异变化可以为二语教师在安排词汇教学的具体内容时提供参考。总之，在研究生阶段的 4 年间，博士研究生学习者在口语词汇上能够达到中低到中高水平。

在第一个时段中，口语词汇（LFP）的最小值在前 3 个月处于中偏低的水平（大约是 40），之后几乎一直保持在中低水平（大约是 30），这个时期大约持续了长达 13 个月之久。在第二个时段中，口语词汇（LFP）的最小值从低位水平开始（大约是 25），又是一个很长的 8 个月的持续期后，最后停留在中低位水平上（大约是 30），这个时期也持续了 8 个月的时间。因此，口语词汇（LFP）的最小值在两个时段上的表现基本一致：在第一个时段中绝大部分时间处在中低水平上，只是在中偏低水平上很短暂地停留了一下；在第二个时段中一半时间处在中低水平上，另一半时间处在低位水平上。这说明，博士研究生学习者在两个时段上口语词汇的最小使用量基本相同，但在第一个时段中持续时间要更长一些。因此，在第一个时段中，口语词汇（LFP）的最小值是在中低到中偏低波动的；在第二个时段中，最小值是在低位水平到中低水平波动的。从两个时段形成的时间连续体上来看，第一个时段末期的口语词汇（LFP）最小值和第二个时段的初期最小值基本处于（中）低位水平（大约是 25 → 30），这一方面说明了博士研究生学习者从研究生二年级到研究生三年级的过渡期间，在口语词汇的不佳表现上呈现出稳定的状态，另一方面也说明博士研究生学习者口语词汇的发展始终表现不佳。总之，在研究生阶段的 4 年间，博士研究生学习者口语词汇出现过从低位水平到中偏低水平的表现。从两个时段上口语词汇（LFP）最大值、最小值的对比来看，可以发现博士研究生学习者在两个时段上，口语词汇呈现的最低水平基本一致，但是在第二个时段中能够达到的最高水平比第一个时段中的更高一些，不过持续期是一样长的。因此，博士研究生学习者口语词汇（LFP）最大值的发展情况是：初始值在中位水平上，5 个月的停留期后下降到了中（偏）低的水平，在此足足持续了 11 个月之久，之后又升到了中高水平，5 个月后再继续上升到高位水平，再过了 6 个月后，最后降到了中偏低水平并持续了 5 个月。口语词汇（LFP）的最小值的发展情况是：在中偏低水平上停留了短暂的 3 个月后，进入了长达 13 个月的中低水平，然后微降到低位水平，6 个月后又回到中低水平，在此也持续了 6 个月的时间。

现在再根据图 6-4 中口语词汇（LFP）的最大值与最小值在发展过程中形成的极值空间，观测博士研究生学习者二语口语词汇变异的动态发展趋势。在第一个时段中，口语词汇（LFP）在发展前期的第 1 个月到第 3 个月，最大值处于大约 55 的中位水平，而最小值则处于大约 40 的中偏低水平，因此此时的变异幅度大约是 15；口语词汇（LFP）从发展中期到发展后期的第 6 个月到第 13 个月，最大值降到了大约 40 的中偏低水平，而最小值此时也降到了大约 30 的中低水平，因此此时的变异幅度大约是 10；口语词汇（LFP）在发展后期的第 14 个月到第 16 个月，最大值稍降到了大约 35 的中低水平，而最小值还是在大约 30 的中低水平上，因此此时的变异幅度大约是 5。在第二个时段中，口语词汇（LFP）在发展前期的第 1 个月到第 5 个月，最大值处于大约 60 的中高水平，而最小值则处于大约 25 的低位水平，因此此时的变异幅度大约是 35；口语词汇（LFP）从发展中期到发展后期的第 6 个月到第 11 个月，最大值升到了大约 70 的高位水平，而最小值基本还保持在 25 到 30 的（中）低水平，因此此时的变异幅度是 40—45；口语词汇（LFP）在发展后期的第 12 个月到第 16 个月，最大值又降到了大约 40 的中偏低水平，而最小值还是保持在 30 的中低水平，因此此时的变异幅度大约是 10。可见，在第一个时段中，博士研究生学习者口语词汇（LFP）变异的发展趋势是一直处于发展慢速期，而且是越来越慢（变异幅度分别是 15、10 和 5）；在第二个时段中，博士研究生学习者口语词汇（LFP）变异的发展趋势是从发展中速期（35 → 45）到发展慢速期（10）。

从图 6-4 在两个时段上变异发展趋势的比较和对比中可以发现，博士研究生学习者口语词汇（LFP）在两个时段上经历的发展期不完全相同。在两个时段上各自的发展后期都是口语词汇（LFP）的发展慢速期，但是第一个时段中的发展前期和中期是口语词汇（LFP）的慢速发展期，而第二个时段中的发展前期和中期却是中速发展期。每个时段上的发展后期都是口语词汇（LEP）的中速发展期，变异幅度差距不大（第一个时段中变异幅度大约是 5，第二个时段上大约是 10）。而且，此时的最大值相差也不多（第一个时段中最大值是大约 35，第二个时段中是大约 40），最小值基本等同（最小值大约都是 30）。这说明博士研究生学习者此时口语词汇（LFP）的变异情况基本一致。博士研究生学习者在两个时段中都未曾出现过口语词汇（LFP）的快速发展期，而且其中的慢速发展期在两个时段上都出现过，尤其是在第一个时段中，自始至终都是处于慢速发展期。这说明博士研究生学习者在口语词汇（LFP）的发展上已经进入了瓶颈期，可能的原因有二：一是博士研究生由于口语词汇（LFP）的发展水平已经很高了（这由他们曾达到的最大值曾出现在高位水平上的表现可知），再继续发展的空间变小；二是博士研究生学习者在口语水平的提高上，不再主要依赖于词汇的提升，而是更加关注于句法方面（这从上一章如复杂结构的发展情况中可知）。不过，在第二个时段中的发展前期和发展中期，博士研究生学习者也曾进入过口语词汇（LFP）的中速发展期，而且同时还出现了整个博士研究生阶段口语词汇（LFP）发展的最大值。这表明博士研究生学习者也曾试图加快口语词汇（LFP）的发展速度，并由此达到了口语词汇（LFP）的最高发展水平。当然，在判定语言发展中的变异情况时，无论是快速、中速还是慢速发展，都还不足以确认此时的变异程度是否达到了能够推动系统产生"质的"发展的动力，所以在下一章中笔者将对此进行统计推断和判定。

综上，博士研究生学习者口语词汇（LFP）变异的发展趋势是：从研究生一年级上学期开始到研究生二年级下学期的两年间，始终处于慢速发展期，而且整体呈现的是愈加缓慢的趋势；从研究生三年级上学期到研究生四年级下学期的部分时间，进入了中速发展期，但是在研究生四年级上学期到下学期的部分时间里又回到了慢速发展期。博士研究生学习者口语词汇（LFP）变异的发展速度从快到慢依次出现在：从研究生三年级下学期到研究生四年级（中速发展期）、从研究生三年级上学期到下学期（中速发展期）、研究生一年级（慢速发展期）、从研究生一年级下学期到研究生二年级上学期（慢速发展期）、从研究生四年级上学期到下学期（慢速发展期）以及从研究生二年级上学期到下学期（慢速发展期）。博士研究生学习者口语词汇（LFP）变异的发展持续期从长到短依次出现在：从研究生三年级上学期到研究生四年级下学期（持续时间大约是 11 个月）和从研究生四年级上学期到下学期（持续时间大约是 5 个月）。

　　通过图 6-3 和图 6-4 的比较和对比，可以总结出研究生阶段英语学习者口语词汇（LFP）变异的动态发展趋势。先来看口语词汇（LFP）发展的高潮期情况。口语词汇发展高潮期达到的水平从高到低依次是：极高水平（出现在硕士研究生学习者的研究生一年级上学期到下学期、研究生三年级到工作前半年）、高位水平（出现在硕士研究生学习者的研究生一年级下学期到研究生二年级上学期、博士研究生学习者的研究生三年级下学期到研究生四年级上学期）、中高水平（硕士研究生学习者的研究生二年级下学期、研究生三年级上学期到下学期、参加工作期间，博士研究生学习者的研究生三年级上学期到下学期）、中位水平（博士研究生学习者的研究生一年级上学期到下学期）、中偏低水平（硕士研究生学习者的研究生二年级下学期，博士研究生学习者的研究生一年级下学期到二年级下学期、研究生四年级上学期到下学期）以及中低水平（博士研究生学习者的研究生二年级下学期）。这说明研究生阶段学习者英语二语口语词汇（LFP）的最佳表现，出现在研究生一年级和三年级，在整个发展高潮期口语词汇（LFP）在从中低水平到极高水平间波动。这与本科阶段学习者的情况略有不同。首先，本科阶段学习者口语词汇（LFP）习得效果最好的时期只是出现在低年级（大学一年级和二年级）时，但是研究生阶段学习者则出现在入学后的第一年和即将毕业的最后一年中。其次，两个阶段学习者口语词汇（LFP）能够达到的最高水平都是极高水平，但是本科阶段学习者在口语词汇（LFP）高潮发展期中的最低水平值要高于研究生阶段学习者（前者是位于中偏低水平，而后者是在中低水平上）。口语词汇（LFP）发展高潮期持续的时间从长到短是：8 个月的中偏低水平（出现在博士研究生学习者的研究生一年级下学期到研究生二年级下学期）、6 个月的高位水平（分别出现在硕士研究生学习者的研究生一年级下学期到研究生二年级上学期，博士研究生学习者的研究生三年级下学期到研究生四年级上学期）、6 个月的中高水平（出现在硕士研究生学习者的研究生三年级上学期到下学期、参加工作期间）、6 个月的极高水平（出现在硕士研究生学习者的研究生一年级上学期到下学期）、5 个月的中高水平（出现在博士研究生学习者的研究生三年级上学期到下学期）、5 个月的中位水平（出现在博士研究生学习者的研究生一年级上学期到下学期）、5 个月的中偏低水平（出现在博士研究生学习者的研究生四年级上学期到下学期）、4 个月的极高水平（出现在硕士研究生学习者的研究生三年级到参加工作前半年）、3 个月的中偏低水平（出现在硕士研究生学习者的研究生二年级下学期）、3 个月的中低水平（出现在博士研究生学习者的研究生二年级下学期）以及 1 个月的中高水平（出现在硕士研究生学习者的研究生二年级下学期）。这说明在研究生阶段学习者英语二语口语词汇（LFP）发展高潮期中，最长的持续期出现在研究生一年级下学期到研究生二年级下学期，大约持续 1 年半的时间，但是此时期仅达到了口语词汇（LFP）的中偏低水平。这与本科阶段学习者的情况大有不同。首先，本科阶段学习者口语词汇（LFP）发展的最长高潮期持续期比研究生阶段学习者要更长一些，前者持续期长达大约 2 年半（从大学二年级上学期到大学四年级下学期），而后者持续期是大约 1 年（从研究生一年级下学期到研究生二年级下学期）；不过前者的最长持续期是从入学 1 年后才开始的，后者却是在入学后大约半年的时间就开始了。其次，本科阶段学习者在最长高潮期内达到了高位水平（大约是 70），而研究生阶段学习者仅停留在中偏低水平上（大约是 40），这表明前者比后者在口语词汇发展过程中，最长持续时间位于更高的水平上。从口语词汇高潮期不同水平出现的频次来看，从多到少排序如下：中高水平出现过 4 次（分别出现在硕士研究生学习者的研究生二年级下学期、研究生三年级上学期到下学期、参加工作期间，博士研究生学习者的研究生三年级上学期到下学期），中偏低水平出现过 3 次（分别出现在硕士研究生学习者的研究生二年级下学期，博士研究生学习者的研究生一年级下学期到研究生二年级下学期、研究生四年级上学期到下学期），极高水平出现过 2 次（分别出现在硕士研究生学习者的研究生一年级上学期到下学期、研究生三年级下学期到工作前半年），高位水平出现过 2 次（分别出现在硕士研究生学习者的研究生一年级下学期到研究生二年级上学期，博士研究生学习者的研究生三年级下学期到研究生四年级上学期）。因此，在研究生阶段学习者口语词汇（LFP）发展高潮期中，中高水平出现的频次最多，而持续时间最长的中偏低水平出现的频次次之。由此可以发现，学习者在两个阶段上的口语词汇（LFP）发展中都达到了极高水平，同时也在两个阶段上都持续了 6 个月的时间。但是，本科阶段学习者口语词汇（LFP）的极高水平仅出现过 1 次，研究生阶段学习者却出现过 2 次。在本科阶段学习者口语词汇（LFP）的发展中，高位水平出现的频次最多（5 次）、时间最长（21 个月）；但在研究生阶段学习者口语词汇（LFP）的发展中，出现频次最多的是中高水平（4 次），持续期为 6 个月，但并未达到最长持续期，最长持续期出现的是中偏低水平（8 个月）。从口语词汇（LFP）高潮期的转折点上来看，研究生阶段学习者在研究期间的后 2 年（这里指的是硕士研究生学习者的研究生三年级上学期到参加工作 1 年后，博士研究生学习者的研究生三年级上学期到研究生四年级下学期）经历了 2 次转折，其间历经了从极高水平到中偏低水平的发展变化。这与本科阶段学习者的情况不太一样，后者是在研究期间的前 2 年（低年级）经历了 2 次转折，而且是从极高水平到中位水平的发展变化。在研究生阶段学习者口语词汇（LFP）高潮的发展期中，在两个时段的过渡期间，变异情况或是从中偏低水平或是从中低水平向中高水平发展，这表现出某种程度上的断续性发展情况。这与本科阶段学习者的情况也不一样，后者在中位与中位、高位与高位之间呈现出很好的发展连续性。

再看看口语词汇（LFP）发展的低潮期情况。口语词汇（LFP）发展低潮期的不佳表现水平从低到高依次是：低位水平（出现在硕士研究生学习者的研究生一年级上学期、研究生二年级上学期到下学期、研究生三年级上学期、参加工作期间，博士研究生学习者的研究生三年级上学期到下学期）、中低水平（出现在硕士研究生学习者的研究生一年级上学期到下学期、研究生三年级上学期到下学期，博士研究生学习者的研究生一年级上学期到研究生二年级下学期、研究生四年级上学期到下学期）、中偏低水平（出现在硕士研究生学习者的研究生二年级上学期、研究生三年级到工作前半年，博士研究生学习者的研究生一年级上学期）以及中高水平（出现在硕士研究生学习者的研究生一年级下学期到研究生二年级上学期）。这说明，研究生阶段学习者英语二语口语词汇（LFP）的最差表现在研究生一年级上学期、研究生二年级、研究生三年级和参加工作期间都出现过，在整个发展低潮期口语词汇（LFP）在从低位水平到中高位水平间波动。这与本科阶段学习者的情况有相同点也有不同点。相同点是：两个阶段的学习者在整个 4 年研究期内，几乎每个时期都出现过口语词汇（LFP）的最差表现。不同点是：本科阶段学习者在口语词汇（LFP）低潮发展期中的最低水平值要低于研究生阶段学习者（前者是位于极低水平，而后者位于低位水平）。口语词汇（LFP）发展低潮期持续的时间从长到短是：13 个月的中低水平（出现在博士研究生学习者的研究生一年级上学期到研究生二年级下学期）、8 个月的低位水平（分别出现在硕士研究生学习者的研究生二年级上学期到研究生三年级上学期，博士研究生学习者的研究生三年级上学期到下学期）、8 个月的中低水平（出现在博士研究生学习者的研究生四年级上学期到下学期）、6 个月的低位水平（出现在硕士研究生学习者的参加工作期间）、4 个月的中低水平（出现在硕士研究生学习者的研究生一年级上学期到下学期、研究生三年级上学期到下学期）、3 个月低位水平（出现在硕士研究生学习者的研究生三年级上学期）、3 个月中高水平（出现在硕士研究生学习者的研究生一年级下学期到研究生二年级上学期）、3 个月中偏低水平（分别出现在硕士研究生学习者的研究生三年级到参加工作的前半年，博士研究生学习者的研究生一年级上学期）以及 1 个月中偏低水平（出现在硕士研究生学习者的研究生二年级上学期）。这说明，在研究生阶段学习者英语二语口语词汇（LFP）发展的低潮期中，最长的持续期出现在研究生一年级上学期到研究生二年级下学期，大约持续 2 年的时间，此时降到了口语词汇的中低水平。这与本科阶段学习者的情况不太相同。首先，本科阶段学习者在最长低潮期内达到了极低水平（大约是 10），而研究生阶段学习者则处在中低水平上（大约是 30），这表明，在口语词汇（LFP）发展过程中，前者比后者在最长持续期内位于更低水平。其次，本科阶段学习者口语词汇（LFP）发展的最长低潮期持续时间与研究生阶段学习者相差不多（前者持续时间大约是 12 个月，后者大约是 13 个月），而且两个阶段的学习者的最长持续期都是从入学后第一学年上学期就开始的。从口语词汇（LFP）低潮期不同水平出现的频次来看，从多到少排序如下：低位水平出现过 5 次（分别出现在硕士研究生学习者的研究生一年级上学期、研究生二年级上学期到下学期、研究生三年级上学期、参加工作期间，博士研究生学习者的研究生三年级上学期到下学期）、中低水平出现过 4 次（分别出现在硕士研究生学习者的研究生一年级上学期到下学期、研究生三年级上学期到下学期，博士研究生学习者的研究生一年级上学期到研究生二年级下学期、研究生四年级上学期到下学期）、中偏低水平出现过 3 次（分别出现在硕士研究生学习者的研究生二年级上学期、研究生三年级下学期到工作前半年，博士研究生学习者的研究生一年级上学期）。因此，在研究生阶段学习者口语词汇（LFP）发展的低潮期中，低位水平出现的频次最多，而持续时间最长的中低位水平出现的频次次之。由此可以发现，在本科阶段学习者口语词汇发展中出现的最低水平以及时间最长（12 个月）和出现频次最多（5 次）的极低水平，在研究生阶段学习者中却并未出现过。在研究生阶段学习者口语词汇（LFP）发展中，出现的最低水平是低位水平，同时它也是出现频次最多（5次）的水平，不过持续期最长（13 个月）的是中低水平，而低位水平出现时间（8 个月）次之。从口语词汇（LFP）低潮期的转折点上来看，硕士研究生学习者在每个时段上都经历了 3—4 次的转折，其间历经了从低位水平到中高水平的发展变化；而博士研究生学习者在每个时段上都仅有 1 次转折，其间历经的是从低位水平到中偏低水平的发展变化。这与本科阶段学习者口语词汇（LFP）低潮期发展中的情况完全不同，他们经历了 2 次转折，而且是从极低水平到中偏低水平的发展变化。口语词汇低潮发展期中，在两个时段的过渡期间，研究生阶段学习者的变异情况表现出了不错的衔接性，衔接的接口水平或是在低位与低位之间，或是在中低位与低位之间，而本科阶段学习者的发展连续性是在中低水平与中偏低水平转接之间。

综上，研究生阶段学习者英语二语口语词汇（LFP）发展速度出现的频次从高到低是：慢速出现过 6 次（分别出现在硕士研究生学习者的研究生二年级上学期到下学期，博士研究生学习者的研究生一年级上学期到研究生二年级下学期、研究生四年级上学期到下学期）、中速出现过 5 次（分别出现在硕士研究生学习者的研究生三年级到参加工作期间，博士研究生学习者的研究生三年级上学期到研究生四年级上学期）、快速出现过 1 次

（仅出现在硕士研究生学习者的研究生一年级）。变异速度出现的时间从长到短依次是：16 个月的慢速发展期（出现在博士研究生学习者的研究生一年级上学期到研究生二年级下学期）、16 个月的中速发展期（出现在硕士研究生学习者的研究生三年级上学期到参加工作期间）、11 个月的中速发展期（出现在博士研究生学习者的研究生三年级上学期到研究生四年级上学期）、7 个月的快速发展期（出现在硕士研究生学习者的研究生一年级上学期到下学期）、6 个月的慢速发展期（出现在硕士研究生学习者的研究生二年级上学期到下学期）和 5 个月的慢速发展期（出现在博士研究生学习者的研究生四年级上学期到下学期）。由此可见，在研究生阶段的口语词汇（LFP）发展中，慢速发展期出现最多（6 次），而且持续期也最长（高达 16 个月）。其中，口语词汇（LFP）的慢速发展期一般出现在研究生二年级上学期到下学期，中速发展期出现在研究生三年级上学期到下学期。另外，还发现研究生阶段英语二语口语词汇（LFP）在研究期的前两年中以慢速发展期为主，而在研究期的后两年以中速发展期为主的发展趋势。

## 6.2　句法发展变异趋势

在口语句法的测量指标上，以 CDST 整体论为指导思想选择了与"长度"互补又统一的"深度"指标 W/FV 作为探寻英语二语口语句法变异发展趋势的指标。在以往的 SLD 实证研究中，W/FV 也是常见的用于考察句法的测量指标之一（参见王海华、周祥，2012；郑咏滟、冯予力，2017；李茶、隋铭才，2017；郑咏滟，2018；安颖，2023；侯俊霞、陈钻钻，2019）。W/FV 的算法与其他 3 个句法测量指标都有密切的关联，尤其与简单结构和复杂结构是交叉在一起计算的，因此本研究通过 W/FV 深入探寻口语句法的发展变异趋势。下面将分别绘制本科阶段（英语专业、非英语专业）和研究生阶段（硕士研究生和博士研究生）在从大学一年或研究生一年级开始的 4 年间的英语二语口语句法发展变异趋势。

### 6.2.1　本科阶段学习者

根据以往英语二语发展的研究结果，句法测量指标的发展轨迹均呈现出了同学段内的变异情况一致的现象，当然这也包括 W/FV。因而，本研究在绘制本科阶段 12 名受试的口语句法（W/FV）极值图后，从每个学段的每个时段（第一个时段是指从大学一年级到大学二年级，第二个时段是指从大学三年级到大学四年级）中选择变异范围最大的一位学习者作为本学段本时段全体学习者的代表。在英语专业学习者中第一个时段中选择的是 1 号学习者，第二个时段中选择的是 2 号学习者；在非英语专业学习者中第二个时段中选择的是 4 号学习者，第二个时段中选择的是 6 号学习者。图 6-5 和图 6-6 呈现的是本科阶段学习者英语二语口语句法（W/FV）的发展变异趋势。基本流程、操作技术、统计算法等与口语词汇（LFP）发展变异趋势部分相同。

首先来看英语专业学习者在从大学一年级开始的 4 年间，英语二语口语句法 W/FV 的发展趋势。

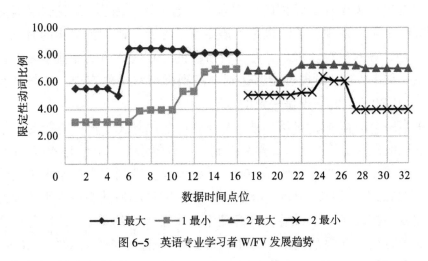

图 6-5 英语专业学习者 W/FV 发展趋势

从图 6-5 中分别观察英语专业学习者二语口语句法（W/FV）最大值、最小值的动态发展情况。在第一个时段中，口语句法（W/FV）的最大值从第 1 个月到第 5 个月处于中位水平（50 → 55），然后快速上升到极高水平（大约是 85），6 个月后微降了一点但仍居于极高水平（大约是 80）。在第二个时段中，口语句法（W/FV）的最大值从高位水平（大约是 70）开始，短暂的 3 个月停留期后，降到了中高水平（大约是 60），但是在此仅停留了 1 个月，又上升回高位水平（大约是 70）。因此，口语句法（W/FV）的最大值在两个时段上的表现非常不同，在第一个时段中是从中位水平骤升到了极高水平，而在第二个时段中是几乎一直处于高位水平，只是在中高水平和高位水平之间波动了一下。这说明英语专业学习者在第一个时段中对于口语句法中动词的使用频次更高，但是两个时段上动词使用最高水平出现的持续时长基本等同。因此，在第一个时段中，口语句法（W/FV）的最大值是从中位水平到极高水平间波动的，但在第二个时段中，口语句法（W/FV）的最大值则是从中高水平到高位水平间波动的。从口语句法（W/FV）最大值在两个时段上的表现来看，在第一个时段的最后时刻，口语句法（W/FV）的最大值已经升到了极高的水平（大约是80），而在第二个时段初始时刻，口语句法（W/FV）的最大值处于高位水平（大约是70）。这一方面说明英语专业学习者在从低年级向高年级的过渡期中，口语句法发展的连续性较好；另一方面也说明，他们此时在口语句法高潮发展期中也出现了下降的趋势。这个过渡期正值暑假期间，二语教师可以为学习者提供关于英语动词的分类学习计划和练习内容；而且，根据前文的研究结果可以发现，此时也是英语专业学习者口语词汇退步的时刻，因而要引起足够的重视。总之，在本科阶段的4年间，英语专业学习者在口语句法（W/FV）上出现过能够达到中高到极高水平的表现，这与其在口语词汇（LFP）上的表现是一致的。

在第一个时段中，口语句法（W/FV）的最小值首先在中低的水平上（大约是30）持续了6个月，然后升到了中偏低水平（大约是40），4个月后又升到了中位水平（大约是50），之后继续上升到了高位水平（大约是70）。在第二个时段中，口语句法（W/FV）的最小值从中位水平（大约是50）出发，持续了7个月后，升高到中高水平（大约是60），在此短暂停留了3个月后，在最后的6个月中又降到了中偏低水平（大约是40）。因此，口语句法（W/FV）的最小值在两个时段上呈现了非常不同的表现：在第一个时段中一直处于上升趋势，从中低水平到中偏低水平再到中位水平，最后达到了高位水平，口语句法（W/FV）的最小值能够达到高位水平说明此时话语中动词的使用数量保持在了一个很高的频次上；第二个时段中呈现的是一个近似倒U形的发展，即从中位水平到中高水平再到中偏低水平的过程，不过停留在位于趋势图两侧的中位水平和中低水平上的持续的时间比位于中间位的中位水平要长得多。两个时段上的情况说明，在第一个时段中，英语专业学习者的口语句法（W/FV）中，动词使用数量的极低值比第二个时段中还要低一些，但是第一个时段中口语中动词的使用数量也出现了高位水平的状态。因此，在第一个时段中，口语句法（W/FV）最小值是在低位水平到高位水平间波动，但是在第二个时段中的最小值则仅在中偏低水平到中高水平间波动。从两个时段的发展连续性来看，在第一个时段的最后时刻，口语句法（W/FV）最小值处于高位水平（大约是70）；而在第二个时段前期，最小值则处于中位水平（大约是50）。这说明，虽然在低年级的末期口语中英语专业学习者动词的使用数量升到了高位水平（这个水平程度在最大值中常见，但在最小值中是罕见的），但是在进入高年级后动词的使用数量减少了2个等级。结合上一章中关于口语句法发展轨迹的研究结果，可以看出这是英语专业学习者在动词的不同种类上进行尝试的结果。总之，在本科阶段的4年间，英语专业学习者的口语词汇（LFP）出现过从中低到高位水平转变的状态。从两个时段上口语句法（W/FV）的最大值、最小值的对比来看，可以发现英语专业学习者在第一个时段中，口语词汇呈现出的最高水平比第二个时段中要高一些，但是最低水平却比第二个时段中还要低一些。不过，两个时段上最高水平和最低水平的持续期基本一致。因此，英语专业学习者口语句法（W/FV）的最大值的发展情况是：在中位水平上持续了5个月后，陡然升到了极高水平上，在此持续了长达11个月后，略微降到了高位水平，3个月后再次下降到了中高水平，仅1个月后开始回升到高位水平，在此有漫长的11个月的持续期。口语句法（W/FV）的最小值的发展情况是：在中低水平上持续了6个月后，升高一个等级到了中偏低水平，4个月后又升高一个等级，到了中位水平，2个月的短暂停留后，再次升高到了高位水平并持续了4个月，之后下降到中位水平，7个月后来到中高水平，3个月后下降到中偏低水平，并在此持续了6个月。

现在再根据图6-5中口语句法（W/FV）最大值与最小值在发展过程中形成的极值空间，观测英语专业学习者二语口语句法变异的动态发展趋势。在第一个时段中，口语句法（W/FV）在发展前期的第1个月到第4个月，最大值处于大约55的中位水平，而最小值则在大约30的中低水平上，因此此时的变异幅度大约是25；口语句法（W/FV）在发展中期的第7个月到第10个月，最大值上升到了大约85的极高水平，而最小值也升到了大约40的中偏低水平，因此此时的变异幅度大约是45；口语句法（W/FV）在发展后期的第 13 个月到第 16 个月，最大值处于大约 80 的极高水平，而最小值则继续上升到大约 70 的高位水平，因此此时的变异幅度大约是 10。在第二个时段中，口语句法（W/FV）从发展前期到发展中期的第 1 个月到第 7 个月，最大值处于大约 70 的高位水平，而最小值则在大约 50 的中位水平，因此此时的变异范围大约是 20；口语句法（W/FV）在发展中期的第 8 个月到第 10 个月，最大值几乎没有变化，还是保持在大约 70 的高位水平，而最小值则略升到了大约 60 的中高水平，因此此时的变异幅度大约是 10；口语句法（W/FV）在发展后期的第 11 个月到第 16 个月，最大值依然没有任何变化，还是在大约 70 的高位水平上，但最小值则降到了大约 40 的中偏低水平，此时的变异幅度大约是 30。因此，在第一个时段中，英语专业学习者口语句法（W/FV）变异的发展趋势是从发展慢速期（25）到发展快速期（45）再到发展慢速期（10）；在第二个时段中，英语专业学习者口语句法（W/FV）变异的发展趋势是从发展慢速期（20）到发展慢速期（10）再到发展中速期（30）。

从图 6-5 在两个时段上变异发展趋势的对比中发现，英语专业学习者口语句法（W/FV）在两个时段上经历了快速、中速和慢速发展期。在两个时段各自的发展前期都是口语句法（W/FV）的慢速发展期，但是第一个时段的发展中期和后期分别是快速和慢速发展期，而在第二个时段中却是慢速和中速发展期。每个时段上的发展前期都是口语句法（W/FV）的慢速发展期，而且变异幅度差距也很小（第一个时段中变异幅度大约是 25，第二个时段上大约是 20）。但是第一个时段中口语句法（W/FV）的最大值和最小值都要低于第二个时段（第一个时段中最大值大约是 55，第二个时段中大约是 70；第一个时段中最小值大约是 30，第二个时段中大约是 50）。这说明了英语专业学习者口语句法（W/FV）的发展，虽然在第二个时段中比第一个时段中还要慢一点，但是在第二个时段中发展情况更好。在第一个时段中未曾出现过口语句法（W/FV）的中速发展期，在第二个时段中没有出现过快速发展期。但是两个时段中都出现了慢速发展期，其中第一个时段中的慢速发展期是断续出现的，而第二个时段中的慢速发展期却是连续出现的。这说明英语专业学习者在第一个时段中口语句法动词的慢速发展主要是由学习者对其掌握数量或水平不够造成的，而在第二个时段中连续出现的慢速发展则是学习者开始尝试使用非限定动词形式引起的。4个慢速发展期的情况也不尽相同,第一个时段中的发展后期是4个慢速发展期中速度最慢的一个(大约是10),但是此时却达到了口语句法(W/FV)的最高水平(大约是80的极高水平)。而与之相反的是第一个时段中的发展前期中出现的慢速发展期,它是4个慢速发展期中最快的一个(大约是25),但是此时口语句法(W/FV)的最大值和最小值都位于每个时期中的最低值。口语句法(W/FV)在两个时段上的发展后期表现也完全不同:在第一个时段中英语专业学习者的口语句法(W/FV)处于慢速发展期,但在第二个时段中口语句法却是中速发展期。第一个时段中口语句法(W/FV)的最大值要比第二个时段中高一些(第一个时段中最大值大约是80,第二个时段中大约是70);第一个时段中与第二个时段中口语句法(W/FV)的最小值却要高出很多(第一个时段中最小值大约是70,第二个时段中大约是40),此时第一个时段中口语句法的最小值与第二个时段中的最大值是等同的。这说明英语专业学习者的口语句法在发展后期的第二个时段中减少了一些限定性动词的使用,不过仍可以维持在高位水平,并且发展速度也要更快一些。

综上,英语专业学习者口语句法(W/FV)变异的发展趋势是:从大学一年级上学期开始后的4个月处于慢速发展期,在大学一年级下学期到大学二年级上学期的4个月进入快速发展期,大学二年级下学期的4个月又回到了慢速发展期,之后从大学三年级上学期开始一直到大学四年级上学期始终处于慢速发展期(长达9个月之久),最后从大学四年级上学期到下学期提速到中速发展期,在此停留了最后的6个月时间。英语专业学习者口语句法(W/FV)变异的发展速度从快到慢依次出现在:从大学一年级下学期到大学二年级上学期(快速发展期)、从大学四年级上学期到下学期(中速发展期)、大学一年级上学期(慢速发展期)、从大学三年级上学期到下学期(慢速发展期)、大学二年级下学期(慢速发展期)和大学四年级上学期(慢速发展期)。英语专业学习者口语句法(W/FV)变异的发展持续期从长到短依次出现在:从大学三年级上学期到下学期(持续时长大约是7个月)、从大学四年级上学期到下学期(持续时间大约是6个月)、大学一年级上学期、从大学一年级下学期到大学二年级上学期、大学二年级下学期(持续时间都大约是4个月)以及从大学四年级上学期到下学期(持续时间大约是2个月)。二语教师可以参照上述中国英语学习者口语句法（W/FV）发展中的变异趋势，结合自身教学的实际情况，制定符合中国学习者的口语训练的长期目标与短期计划。

再来看看非英语专业学习者在从大学一年级开始的 4 年间，英语二语口语句法（W/FV）的发展趋势。

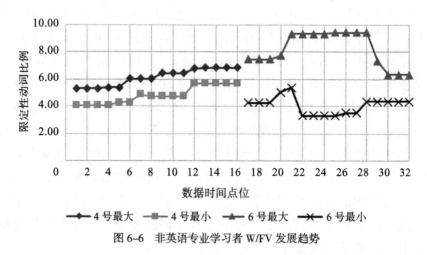

图 6-6　非英语专业学习者 W/FV 发展趋势

从图 6-6 分别观察英语专业学习者二语口语句法（W/FV）最大值、最小值的动态发展情况。在第一个时段中，口语句法（W/FV）的最大值从第 1 个月到第 5 个月处在中位水平上（大约是 50），然后升到中高水平（60 → 65），6 个月后再次略微升高到了高位水平（大约是 70）。在第二个时段中，口语句法（W/FV）的最大值是从高位水平开始的（大约是 75），4 个月之后直接升到了极高水平（大约是 90），在这个极高水平上持续了长达 8 个月之久，转而在第 13 个月下降到了高位水平（大约是 70），然后仅在高位水平上停留 1 个月，到了最后的 3 个月又降到了中高水平（大约是 60）。因此，口语句法（W/FV）的最大值在两个时段上呈现了非常不同的表现，在第一个时段中是从中位水平开始逐渐上升的，先升到了中高水平，再升到高位水平；而在第二个时段中呈现的又是一个较为典型的倒 U 形发展曲线，即从高位水平到极高水平再降回到中高水平的发展过程。而且在这个倒 U 形发展曲线中，位于曲线中部的极高水平的持续时间是最长的，占据了整个第二个时段的一半时间。这说明非英语专业学习者在第二个时段中对于口语句法中动词的使用频次非常高，而且绝大部分时间里甚至都高于第一个时段中高潮发展期中的最高水平。因此，在第一个时段中，口语句法（W/FV）的最大值在中位水平到高位水平波动；但在第二个时段中，口语句法（W/FV）的最大值则在中高水平到极高水平波动。从口语句法（W/FV）最大值在两个时段上的表现来看，在第一个时段中的发展后期与第二个时段中的发展前期，口语句法（W/FV）的最大值都处在高位水平上（第一个时段中大约是70，第二个时段中大约是75）。这一方面说明非英语专业学习者在从低年级向高年级的过渡期中，口语句法（W/FV）发展的连续性很好；另一方面也说明了他们在口语句法（W/FV）高潮的发展中，即从低年级向高年级的过渡时期，还有上升的趋势。对于非英语专业学习者来说，由于口语表达中非限定性动词出现得并不多，因而动词使用数量的升高说明他们完成了更多的完整话语的表达。总之，在本科阶段的4年间，非英语专业学习者在口语句法（W/FV）上能够达到中位水平到极高水平的表现，这与英语专业学习者在口语句法（W/FV）上能够达到的最高水平是基本等同的。

在第一个时段中，口语句法（W/FV）的最小值从第1个月到第6个月处在中偏低的水平上（大约是40），然后略升到中位水平（大约是50），5个月后再次上升到中高水平（大约是60），在此持续了5个月。非英语专业学习者口语句法（W/FV）的最小值在第一个时段中的发展趋向与其在最大值上的非常相像。在第二个时段中，口语句法（W/FV）的最小值在前3个月处在中偏低的水平上（大约是40），然后升到中位水平附近（大约是50）并停留了2个月，再下降到中低水平（大约是30），6个月后上升回最初的中偏低水平（大约是40），在这个水平的持续期是5个月。因此，口语句法（W/FV）的最小值在两个时段上呈现了非常不同的表现，在第一个时段中一直处于上升趋势，从中偏低水平升到了中位水平，再升到了中高水平；而在第二个时段中呈现的又是一个比较典型的U形发展曲线，即从中偏低水平降到中低水平再升回到中偏低水平的发展过程。而且在这个U形发展曲线中，位于曲线中部的中低水平的持续时间还是最长的，占据了整个第二个时段约三分之一的时间。虽然口语句法（W/FV）的最小值在两个时段上的表现差别很大，但是纵观同时段的最大值和最小值，可以发现两者之间的某些相似特征。在第一个时段中，最大值和最小值都呈现逐步上升的趋势，而且上升的幅度和时间都是基本接近的。此时最大值是从中位水平经过中高水平，并上升到高位水平的（大约是 50 → 60 → 70），最小值是从中偏低水平途经中位水平后，上升到了中位水平（大约是 40 → 50 → 60）。在第二个时段中，最大值和最小值呈现的都是 U 形发展曲线，只不过前者是倒 U 形曲线，而后者是正 U 形曲线。此时最大值是从高位水平上到极高水平，再回落到中高水平（大约是 75 → 90 → 60）的；而最小值是从中偏低到中低水平，最后又回到了中偏低水平（大约是 40 → 30 → 40）的。而且，最大值和最小值在持续时间上也呈现出中间（稍）长、两侧短的趋向。因此，此时的最大值和最小值形成了一个近乎镜像的对应关系。在第一个时段中，口语句法（W/FV）最小值是在中偏低水平到中位水平间波动的；但在第二个时段中，口语句法（W/FV）的最小值则是在中低水平到中偏低水平间波动的。从两个时段上的发展连续性来看，在第一个时段中的发展后期，口语句法（W/FV）最小值位于中高水平（大约是 60）；而在第二个时段中，初始时期的最小值在中偏低水平（大约是 40）。这一方面说明非英语专业学习者在从低年级向高年级的过渡期中，口语句法发展的连续性不太好；另一方面也说明了他们的口语句法在低潮发展期间仍有下降的趋势。总之，在本科阶段的 4 年间，非英语专业学习者口语句法出现过从中低水平到中位水平转变的状况。从两个时段上口语句法（W/FV）最大值、最小值的对比来看，在第一个时段中，非英语专业学习者的口语句法呈现出的最高水平比第二个时段中要低一些，但是最低水平却比第二个时段中高一些。两个时段上最低水平的持续期基本相同，不过在最高水平的持续期方面，第二个时段比第一个时段要长一些。因此，非英语专业学习者口语句法（W/FV）最大值的发展情况是：在中位水平上持续了 5 个月后，略升到中高水平，再经过 6 个月后，再次升高到高位水平，9 个月后陡然升到了极高水平，并在此持续了长达 8 个月之久，最后经过 1 个月的高位水平停留后，降到了中高水平，并在此持续了 3 个月的时间。口语句法（W/FV）最小值的发展情况是：在中偏低水平上停留了 6 个月后，微升到中位水平，5 个月后再次升到中高水平，又 5 个月后下降回中偏低水平，经过短暂的 3 个月停留期后，在中位水平上波动了 2 个月，随后降到了中低水平，6 个月后又升回到中偏低水平，这种情况一直持续到最后的 5 个月。

现在再根据图 6-6 中口语句法（W/FV）最大值与最小值在发展过程中形成的极值空间，观测非英语专业学习者二语口语句法变异的动态发展趋势。在第一个时段中，口语句法（W/FV）在发展前期到发展中期的第1个月到第6个月，最大值处于大约50的中位水平上，而最小值则在大约40的中偏低水平上，因此此时的变异幅度大约是10；口语句法（W/FV）在发展中期到发展后期的第7个月到第11个月，最大值升到了60→65的中高位水平，而最小值也同时升到了大约50的中位水平，因此此时的变异范围是10→15；口语句法（W/FV）在发展后期的第12个月到第16个月，最大值继续上升到了大约70的高位水平，最小值也继续升高到了大约60的中高水平，因此此时的变异幅度大约是10。在第二个时段中，口语句法（W/FV）在发展前期的第1个月到第3个月，最大值处于大约75的高位水平，而最小值则在大约40的中偏低水平上，因此此时的变异幅度大约是35；口语句法（W/FV）在发展中期到发展后期的第6个月到第11个月，最大值迅速上升到大约90的极高水平，而最小值却下降到了大约30的中低水平，因此此时的变异幅度大约是60；口语句法（W/FV）在发展后期的第14个月到第16个月，最大值又降到了大约60的中高水平，而最小值则上升到了大约40的中偏低水平，因此此时的变异幅度大约是20。可见，在第一个时段中，非英语专业学习者口语句法（W/FV）变异的发展趋势是从发展慢速期（10）到下一发展慢速期（10→15）再到另一个发展慢速期（10）；在第二个时段中，非英语专业学习者口语句法（W/FV）变异的发展趋势是从发展中速期（35）到发展快速期（60）再到发展慢速期（20）。

从图6-6中两个时段中变异发展趋势的对比中发现，非英语专业学习者口语句法（W/FV）在第二个时段中经历了快速、中速和慢速发展期，但在第一个时段中却仅出现了慢速发展期。每个时段上的发展后期都是口语句法（W/FV）的慢速发展期，不过变异幅度之间存在一定的差距（第一个时段中变异幅度大约是10，第二个时段中大约是20）。但是第一个时段中口语句法（W/FV）的最大值和最小值都要高于第二个时段（第一个时段中最大值大约是70，第二个时段中大约是60；第一个时段中最小值大约是60，第二个时段中大约是40）。这说明了非英语专业学习者口语句法（W/FV）的发展情况：虽然此时第一个时段中比第二个时段中要慢一些，但是第一个时段中的发展情况要更好一些。这个情况与英语专业学习者口语句法（W/FV）的变异发展趋势正好相反。非英语专业学习者在第一个时段中口语句法（W/FV）一直处于慢速发展期，这再次说明了他们在低年级阶段口语表达中限定性动词提升速度受限，主要是因为此时他们掌握的词汇总量不多。再加上其主要的输入方式是书面用语，因此从书面语转成口头表达给他们造成了一定程度的词汇使用损耗，这最终也体现在了非英语专业学习者的口语表达特点中。另外，与英语专业学习者一样，非英语专业学习者也在口语句法（W/FV）发展中出现了 4 个慢速发展期，并分布在两个不同的时段上。第一个时段中的 3 个慢速发展期的发展速度基本一致（10→15），但是第二个时段中唯一的 1 个慢速发展期的速度却是 4 个慢速发展期中最快的一个（大约是 20）。不过，第二个时段中的口语句法（W/FV）慢速发展期中的最大值与第一个时段中的发展中期基本等同，而最小值却与第一个时段中的发展前期一致。这说明非英语专业学习者在发展最后期（也就是大学四年级下学期），口语句法（W/FV）的变异动态发展情况与其在发展最前期（也就是大学一年级上学期）十分相似。

综上，非英语专业学习者口语句法（W/FV）变异的发展趋势是：从大学一年级上学期开始后的 5 个月处于慢速发展期，从大学一年级下学期到大学二年级上学期的 5 个月还是在慢速发展期，到了大学二年级下学期又在慢速发展期停留了 5 个月，之后在大学三年级上学期进入中速发展期，5 个月后在大学三年级下学期到大学四年级上学期的 6 个月内加速到了快速发展期，在大学四年级下学期的最后 3 个月内回落到慢速发展期。非英语专业学习者口语句法（W/FV）变异的发展速度从快到慢依次出现在：从大学三年级下学期到大学四年级上学期（快速发展期）、大学三年级上学期（中速发展期）、大学四年级下学期（慢速发展期）、大学二年级上学期（慢速发展期）以及从大学一年级上学期到下学期和大学二年级下学期（慢速发展期）。非英语专业学习者口语句法（W/FV）变异的发展持续期从长到短依次出现在：从大学一年级上学期到大学二年级下学期（持续时间大约是 15 个月）、从大学三年级下学期到大学四年级上学期（持续时间大约是 6 个月）、大学三年级上学期（持续时间大约是 3 个月）以及大学四年级下学期（持续时间大约是 3 个月）。

通过图 6-5 和图 6-6 的比较和对比，可以总结本科阶段英语学习者口语句法（W/FV）变异的动态发展趋势。先来看口语句法（W/FV）发展的高潮期情况。口语句法（W/FV）发展高潮期达到的水平从高到低依次是：

极高水平（出现在英语专业学习者的大学一年级下学期到大学二年级下学期，非英语专业学习者的大学三年级下学期到大学四年级上学期）、高位水平（出现在英语专业学习者的大学三年级上学期、大学三年级下学期到大学四年级下学期，非英语专业学习者的大学二年级上学期到下学期、大学三年级上学期、大学四年级下学期）、中高水平（出现在英语专业学习者的大学三年级上学期，非英语专业学习者的大学一年级下学期到大学二年级上学期、大学四年级下学期）以及中位水平（出现在英语专业学习者的大学一年级上学期到下学期，非英语专业学习者的大学一年级上学期到下学期）。这说明，本科阶段学习者英语二语口语句法（W/FV）的最佳状态出现在英语专业学习者的低年级阶段和非英语专业学习者的高年级阶段，在整个发展高潮期口语句法（W/FV）在中位水平到极高水平间波动。这与本科阶段学习者的口语词汇发展趋势的相通之处在于：本科阶段英语专业学习者口语词汇与句法的最佳表现，都曾在大学一年级下学期到大学二年级上学期这段时期出现过。口语句法（W/FV）发展高潮期持续的时间从长到短是：12个月的高位水平（出现在英语专业学习者的大学三年级下学期到大学四年级下学期）、11个月的极高水平（出现在英语专业学习者的大学一年级下学期到大学二年级下学期）、9个月的高位水平（出现在非英语专业学习者的大学二年级上学期到大学三年级上学期）、8个月的极高水平（出现在非英语专业学习者的大学三年级下学期到大学四年级下学期）、6个月的中高水平（出现在非英语专业学习者的大学一年级下学期到大学二年级上学期）、5个月的中位水平（出现在英语专业学习者的大学一年级上学期到下学期，非英语专业学习者的大学一年级上学期到下学期）、3个月的高位水平（出现在英语专业学习者的大学三年级上学期）、3个月的中高水平（出现在非英语专业学习者的大学四年级下学期）、1个月的中高水平（出现在英语专业学习者的大学三年级上学期）以及1个月的高位水平（出现在非英语专业学习者的大学四年级下学期）。这说明，在本科阶段学习者英语二语口语句法（W/FV）发展的高潮期中，最长的持续期出现在大学三年级下学期到大学四年级下学期，持续期大约是1年半的时间，并且此时期达到了句法的高位水平。这与本科阶段学习者的口语词汇发展趋势的相通之处在于：本科阶段学习者口语词汇与句法发展高潮期的最长持续期都曾在大学三年级下学期到大学四年级下学期这段时间出现过，而且同样都达到了高位水平。从口语句法（W/FV）高潮期不同水平出现的频次从多到少来看，高位水平出现过 5 次（分别出现在英语专业学习者的大学三年级上学期、大学三年级下学期到大学四年级下学期，非英语专业学习者的大学二年级上学期到大学三年级上学期、大学四年级下学期）、极高水平出现过 3 次（分别出现在英语专业学习者的大学一年级下学期到大学二年级下学期，非英语专业学习者的大学三年级下学期到大学四年级上学期）、中高水平出现过 3 次（分别出现在英语专业学习者的大学三年级上学期，非英语专业学习者的大学一年级下学期到大学二年级上学期、大学四年级下学期）和中位水平出现过 2 次（分别出现在英语专业学习者的大学一年级上学期到下学期，非英语专业学习者的大学一年级上学期到下学期）。因此，在本科阶段学习者口语句法（W/FV）发展高潮期中，高位水平出现的频次最多，而且持续的时间也最长，这与本科阶段学习者的口语词汇发展情况一致。由此发现，在本科阶段的学习者口语句法（W/FV）发展中达到的极高水平，每次出现都持续了 8 个月（及以上），跨越了 2 个学期（及以上）。从口语句法高潮期的转折点上来看，低年级阶段经历了 2 次转折，其间历经了从极高水平到中位水平的发展变化，这与本科阶段学习者的口语词汇发展情况完全一样。口语句法（W/FV）高潮发展期中，在从低年级向高年级的过渡期间，变异情况表现出了较好的衔接性，衔接的接口或在极高与高位之间，或在高位与高位之间。本科阶段学习者口语词汇在此时也表现出了很好的发展连续性，只是接口水平与其句法的情况不同。

再看看口语句法（W/FV）发展的低潮期情况。口语句法（W/FV）发展低潮期的不佳表现水平从低到高依次是：中低水平（出现在英语专业学习者的大学一年级上学期到下学期，非英语专业学习者的大学三年级下学期到大学四年级上学期）、中偏低水平（出现在英语专业学习者的大学一年级下学期到大学二年级上学期、大学四年级上学期到下学期，非英语专业学习者的大学一年级上学期到下学期、大学三年级上学期、大学四年级上学期到下学期）、中位水平（出现在英语专业学习者的大学二年级上学期、大学三年级上学期到下学期，非英语专业学习者的大学一年级下学期到大学二年级上学期、大学三年级上学期到下学期）、中高水平（出现在英语专业学习者的大学三年级下学期到大学四年级上学期、非英语专业学习者的大学二年级上学期到下学期）以及高位水平（出现在英语专业学习者的大学二年级下学期）。这说明，本科阶段学习者英语二语口语句法（W/FV）的最差表现出现在大学一年级、大学三年级下学期到大学四年级上学期，在整个发展低潮期口语句法（W/FV）从中低水平到高位水平间波动。这与本科阶段学习者口语词汇发展趋势的相通之处在于：本科阶段学习者口语词汇与句法发展低潮期的最长持续期，都曾在大学一年级、大学三年级下学期到大学四年级上学期这段时间出现过。口语句法发展低潮期持续的时间从长到短是：7个月的中位水平（出现在英语专业学习者的大学三年级上学期到下学期）、6个月的中偏低水平（出现在英语专业学习者的大学四年级上学期到下学期，非英语专业学习者的大学一年级上学期到下学期）、6个月的中低水平（出现在英语专业学习者的大学一年级上学期到下学期，非英语专业学习者的大学三年级下学期到四年级上学期）、5个月的中位水平（出现在非英语专业学习者的大学一年级下学期到大学二年级上学期）、5个月的中高水平（出现在非英语专业学习者的大学二年级上学期到下学期）、5个月的中偏低水平（出现在非英语专业学习者的大学四年级上学期到下学期）、4个月的中偏低水平（出现在英语专业学习者的大学一年级下学期到大学二年级上学期）、4个月的高位水平（出现在英语专业学习者的大学二年级下学期）、3个月的中高水平（出现在英语专业学习者的大学三年级下学期到大学四年级上学期）、3个月的中偏低水平（出现在非英语专业学习者的大学三年级上学期）、2个月的中位水平（出现在英语专业学习者的大学二年级上学期）以及2个月的中位水平（出现在英语专业学习者的大学二年级上学期）。这说明，在本科阶段学习者英语二语口语句法（W/FV）发展低潮期中，最长的持续期出现在大学三年级，持续期大约为1年，并且在此时期句法水平降到了中位水平。从口语句法（W/FV）低潮期不同水平出现的频次从多到少来看，中偏低水平出现过5次（分别出现在英语专业学习者的大学一年级下学期到大学二年级上学期、大学四年级上学期到下学期，非英语专业学习者的大学一年级上学期到下学期、大学三年级上学期、大学四年级上学期到下学期）、中位水平出现过4次（分别出现在英语专业学习者的大学二年级上学期、大学三年级上学期到下学期，非英语专业学习者的大学一年级下学期到大学二年级上学期、大学三年级上学期到下学期）、中低水平出现过2次（分别出现在英语专业学习者的大学一年级上学期到下学期，非英语专业学习者的大学三年级下学期到大学四年级上学期）、中高水平出现过 2 次（分别出现在英语专业学习者的大学三年级下学期到大学四年级上学期，非英语专业学习者的大学二年级上学期到下学期）。因此，英语二语口语句法发展低潮期中，中偏低水平出现的频次最多，而持续时间最长的中位水平出现的频次次之。从口语句法（W/FV）低潮期的转折点上来看，在低年级阶段英语专业学习者经历了 3 次转折，而非英语专业学习者经历了 2 次转折；在高年级阶段英语专业学习者经历了 2 次转折（这与其在口语词汇上的发展情况一致），而非英语专业学习者经历了 3 次转折。口语句法低潮发展期中，在从低年级向高年级的过渡期间，变异情况都是骤降了两个等级，或是从高位到中位，或是从中高到中偏低，这表现出了不太理想的发展接续性。

综上，本科阶段学习者英语二语口语句法（W/FV）发展速度出现的频次从高到低是：慢速出现过 8 次（分别出现在英语专业学习者的大学一年级上学期、大学二年级下学期、大学三年级上学期到大学三年级下学期，非英语专业学习者的大学一年级上学期到大学二年级下学期、大学四年级下学期），中速出现过 2 次（分别出现在英语专业学习者的大学四年级上学期到下学期，非英语专业学习者的大学三年级上学期），快速出现过 2 次（分别出现在英语专业学习者的大学一年级下学期到大学二年级上学期，非英语专业学习者的大学三年级下学期到大学四年级上学期）。从变异速度出现的时间从长到短依次是：15 个月的慢速发展期（出现在非英语专业学习者的大学一年级上学期到大学二年级下学期）、9 个月的慢速发展期（出现在英语专业学习者的大学三年级上学期到大学四年级上学期）、6 个月的中速发展期（出现在英语专业学习者的大学四年级上学期到下学期）、6 个月的快速发展期（出现在非英语专业学习者的大学三年级下学期到大学四年级上学期）、4 个月的慢速发展期（出现在英语专业学习者的大学一年级上学期）、4 个月的快速发展期（出现在英语专业学习者的大学一年级下学期到二年级上学期）、4 个月的慢速发展期（出现在英语专业学习者的大学二年级下学期）、3 个月的中速发展期（出现在非英语专业学习者的大学一年级上学期到下学期）和 3 个月的慢速发展期（出现在非英语专业学习者的大学四年级下学期）。由此可以看出，本科阶段口语句法（W/FV）发展中，慢速发展期出现最多（8 次），而且持续时间也最长（长达 15 个月，占据了整个研究发展期的将近二分之一）。其中，口语句法（W/FV）的慢速发展期一般出现在大学一年级上学期和大学二年级下学期。此外，还发现本科阶段英语二语口语句法，在低年级阶段以慢速发展期为主，在高年级阶段虽然慢速发展期仍是最主要的发展表现趋势，但是其中还伴随着中速发展期和快速发展期。

### 6.2.2 研究生阶段学习者

在以往英语二语口语发展研究中，尚未出现研究生阶段学习者的句法研究，不过在本研究中发现口语的发展轨迹与本科阶段学习者一样，呈现出在同一个学段内即使是不同的个体间变异情况也相似的现象。这可能是由于本研究的持续时间较长，达到了以往研究极少达到的 4 年之久；也可能是由于本研究中的受试均来自中国高等教育阶段的学习者（无论原因如何，都值得在今后的研究设计中做各种有益的尝试）。因而，本研究在绘制研究生阶段 6 名受试的口语句法（W/FV）极值图后，从每个学段的每个时段（第一个时段是指从研究生一年级到研究生二年级，第二个时段是指从研究生三年级到参加工作 1 年或从研究生三年级到研究生四年级）中选择变异范围最大的一位学习者作为本学段本时段全体学习者的代表。在硕士研究生学习者中第一个时段中选择的是 2 号学习者，在第二个时段中选择的是 1 号学习者；在博士研究生学习者中第一个时段中选择的是 1 号学习者，在第二个时段中选择的是 1 号学习者。图 6-7 和图 6-8 呈现的是研究生阶段学习者英语二语口语句法（W/FV）的发展变异趋势。

首先来看硕士研究生学习者在从研究生一年级开始的 4 年间，英语二语口语句法（W/FV）的发展趋势。

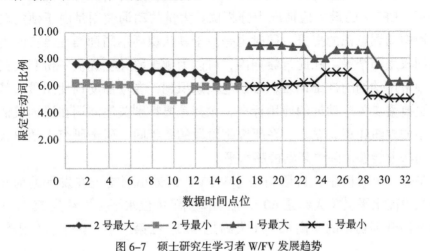

图6-7 硕士研究生学习者 W/FV 发展趋势

从图 6-7 中分别观察硕士研究生学习者二语口语句法（W/FV）最大值、最小值的动态发展情况。在第一个时段中，口语句（W/FV）的最大值从第 1 个到第 6 个月处于接近极高水平上（大约是 80），然后稍微下降了一点，不过仍处在高位水平（大约是 70），6 个月后再次微降到中高水平（大约是 65）。在第二个时段中，口语句法（W/FV）的最大值从极高水平（大约是 90）出发，6 个月后略降，但还是处在极高水平上（大约是 80），2 个月的短暂停留后，又升回到了极高水平（大约是 90），4 个月后下降到高位水平（大约是 75），1 个月后再次下降到中高水平（大约是 60），最后的 3 个月一直处于这个中高水平上。因此，口语句法（W/FV）的最大值在两个时段上的发展趋势几乎是完全一致的，在第一个时段中是从极高水平降到高位水平，再降到了中高水平；在第二个时段中也是从极高水平开始的，但降到了高位水平，再降到了中高水平。这说明硕士研究生学习者在两个时段上口语句法（W/FV）的最大值都是呈下降趋势的，只不过在第二个时段中，下降的程度更大一点，但是两个时段中动词使用的最高频次出现的持续时间基本等同。因此，在两个时段中，口语句法（W/FV）的最大值都是在中高水平到极高水平间波动的。从口语句法（W/FV）最大值在两个时段中的表现来看，在第一个时段的最后期，口语句法（W/FV）的最大值处于高位水平上（大约是 75），而在第二个时段的初期口语句法（W/FV）的最大值上升到了极高水平（大约是 90）。这说明，在从研究生二年级到研究生三年级的过渡期中，硕士研究生学习者口语表达中的动词的使用量的最大值提高了 1 个等级。这种情况与研究生阶段口语词汇（LFP）的最大值情况十分相像。大量的动词使用是由于他们对语言使用中动词意识的提升，同时也是由于其认识到不同词类在语言使用中有不同权重的结果。在此过渡期内，可以为硕士研究生提供一份有关英语口语中常用动词的详细词表，帮助他们意识到，在增加动词使用量的基础上，更要重点关注动词的使用标准，尤其是要特别关注动词在连词成话语过程中的枢纽作用。总之，在研究生阶段的 4 年间，硕士研究生学习者在口语句法上能够达到中高到极高水平。

在第一个时段中，口语句法（W/FV）的最小值首先在发展的前 6 个月处在中高水平上（大约是 60），然后降到了中位水平（大约是 50），5 个月后又回升到初始的中高水平（大约是 60）。在第二个时段中，口语句法

（W/FV）的最小值继续从中高水平出发（大约是 60），长达 7 个月的持续期后，升到了高位水平（大约是 70），3 个月后降到了中高水平（大约是 60），仅 1 个月后再次下降到中位水平（大约是 50）。因此，口语句法（W/FV）的最小值在两个时段上大体呈现出了一个反向对应的发展趋势：第一个时段中呈现的是一个典型的 U 形发展曲线，即从中高水平到中位水平再回到中高水平的过程；第二个时段中呈现的是一个较为典型的倒 U 形曲线，即从中高水平到高位水平再回落到中位水平的过程。两个时段中，口语句法（W/FV）的最小值基本上是沿着中高水平线（大约是 60）发展的，形成一个在每个时段的发展中期向下或向上延展了 1 个等级位置的空间。因而，在第一个时段的发展中期最小值从中高位水平向下延展到了中位水平，在第二个时段中的发展中期则从中高水平向上延展到了高位水平。在第一个时段中，口语句法（W/FV）的最低值水平与第二个时段中是一样的，而且持续的时间也是等同的；但是第一个时段中能够达到的最高值水平却比第二个时段中低一些，不过持续期要长得多。因此，在第一个时段中，口语句法（W/FV）的最小值是在中位水平到中高水平间波动的；但在第二个时段中，口语句法（W/FV）的最小值是在中位水平到高位水平间波动的。如果将两个时段作为一个时间连续体来看，不难发现硕士研究生学习者的口语句法（W/FV）最小值发展犹如一条横向的 S 形线型：从中高水平降到中位水平，又升回中高水平，再上到高位水平，最后落到中位水平（大约是 60 → 50 → 60/70 → 50）。因此，在第一个时段末期的口语句法（W/FV）最小值和第二个时段初期的最小值，基本处于中高水平上（大约都是 60），极好的发展连续性形成了平滑的 S 形曲线。这说明，在硕士研究生学习者从研究生二年级到三年级的过渡期间，在口语句法中动词的使用上呈现出较为稳定的变异情况。总之，在研究生阶段的 4 年间，硕士研究生学习者的口语句法出现过从中低位水平到高位水平转变的状态。从两个时段上口语句法（W/FV）的最大值、最小值的对比来看，可以发现在第一个时段中，硕士研究生学习者的口语句法（W/FV）呈现出的最高水平比第二个时段中要低一些，但是最低水平却与在第二个时段中的基本相同。不过，在第二个时段中最高水平的持续期比在第一个时段中的要长一些，两个时段上的最低水平的持续期却基本一致。因此，硕士研究生学习者口语句法（W/FV）最大值的发展情况是：在接近极高水平上持续了 6

个月后，微降到高位水平并又持续了 6 个月，然后再下降到中高水平，存留了 4 个月后，急剧上升到极高水平，长达 12 个月后开始下降，先是降到了高位水平，暂停在此 1 个月后继续下降到中高水平，并在此停留到最后的 3 个月。口语句法（W/FV）最小值的发展情况是：首先在中高位水平上持续 6 个月，之后下降到中位水平，5 个月后再回到中高水平，在中高水平上整整持续了 12 个月后，上升到高位水平，3 个月后开始下降，先是下降到中高水平，仅 1 个月后最终下降到了中位水平，在此停留到最后的 5 个月。

现在再根据图 6-7 中口语句法（W/FV）最大值与最小值在发展过程中形成的极值空间，观测硕士研究生学习者二语口语句法变异的动态发展趋势。在第一个时段中，口语句法（W/FV）在发展前期到发展中期的第 1 个月到第 6 个月，最大值位于大约 80 的极高水平，而最小值则位于大约 60 的中高水平，因此此时的变异幅度大约是 20；口语句法（W/FV）在发展中期到发展后期的第 7 个月到第 11 个月，最大值略微下降到了大约 70 的高位水平，最小值也降到了大约 50 的中位水平，因此此时的变异幅度大约是 10；口语句法（W/FV）在发展后期的第 12 个月到第 16 个月，最大值基本保持未变，大约处在 65/70 的高位水平上，而最小值则回升到大约 60 的中高水平，因此此时的变异幅度是 5 到 10。在第二个时段中，口语句法（W/FV）在发展前期到发展中期的第 1 个月到第 6 个月，最大值高升到了大约 90 的极高水平，而最小值则在大约 60 的中高水平上，因此此时的变异幅度大约是 30；口语句法（W/FV）在发展中期的第 7 个月到第 10 个月，最大值出现了微降的趋向，不过仍处于大约 80/90 的极高水平上，而最小值则出现了微升的迹象，大约是在 60/70 的中高 / 高位水平上，因此此时的变异幅度大约是 10/20；口语句法（W/FV）在发展后期的第 11 个月到第 12 个月，最大值回到大约 90 的极高水平，而最小值则略降到了大约 50/60 的中位 / 中高水平，因此此时的变异范围大约是 30/40；口语句法（W/FV）在发展最后期的第 13 个月到第 16 个月，最大值下降到了大约 60/75 的中高 / 高位水平，而最小值则保持不变，还在大约 50 的中位水平上，因此此时的变异范围大约是 10/25。可见，在第一个时段中，硕士研究生学习者口语句法（W/FV）变异的发展趋势是从发展慢速期（20）到下一个发展慢速期（20）再到另一个发展慢速期（5/10）；在第二个时段中，硕士研究生学习者口语句法（W/FV）变异的发展趋势是从发展中速期（30）到发展慢速期（10/20），再到发展中速期（30/40），最后是发展慢速期（10/25）。

从图6-7在两个时段上变异发展趋势的对比中发现，硕士研究生学习者口语句法（W/FV）在两个时段上经历的发展期是不完全相同的。在第一个时段中，口语句法（W/FV）始终处于慢速发展期，而在第二个时段中却是慢速发展期和中速发展期，并且出现了从中速发展期到慢速发展期的2次循环。具体来看，在第一个时段中，硕士研究生学习者口语句法（W/FV）发展中出现的3个慢速发展期中，前2个慢速发展期比第3个的发展速度要快一点（前2个的变异幅度大约是20，第3个的变异幅度大约是5/10）。而且如果从持续时间来看，则第3个慢速发展期的持续期基本占到了三分之一。这说明始终处于慢速发展的口语句法（W/FV）在第一个时段的最后期发展更加缓慢了，硕士研究生学习者在口语表达中，使用的动词数量基本没有了任何实质性增长的态势。对照第二个时段中的2个慢速发展期，其中第1次出现的慢速发展期的情况与第一个时段中更为相似（第一个时段中慢速发展期的最大值和最小值分别是在大约70/80和50—60，而第二个时段中慢速发展期的最大值和最小值分别是在大约80/90和60/70）。第二个时段中的第2个慢速发展期的最大值和最小值都要低于本时段上的第1个慢速发展期（前者最大值和最小值分别是大约60/75和50）。不过，第二个时段中的2个慢速发展期的持续时间却基本等同，并且都比第一个时段中的3个慢速发展期的持续期要短一些。这里要特别提到的一点是，与其他所有的变异发展情况不同的是，硕士研究生学习者的口语句法（W/FV）在第二个时段中，经历了4个变异发展期，即经过了3次的变异速度转换，而且最终形成了一个从中速发展期到慢速发展期的往复式过程。在两个时段上的发展后期，口语句法（W/FV）在相近的表现中也存在些许不同，硕士研究生的口语句法（W/FV）在两个时段中都处于慢速发展期，两个时段中的最大值也基本相同，但是第一个时段中的最小值比第二个时段中的要高一些。这说明硕士研究生学习者的口语句法在每个时段的发展后期，变异情况基本一致，仅是第一个时段中的最低值要高一点，持续期要长一点。

综上，硕士研究生学习者的口语句法（W/FV）变异的发展趋势是：从研究生一年级上学期到研究生二年级下学期的整整2年间都处于慢速发展期，从研究生三年级上学期到下学期的 6 个月间进入了中速发展期，不过从研究生三年级下学期到刚刚参加工作的 4 个月期间，又开始了慢速发展期，之后在参加工作的前半年里再次进入中速发展期，短暂的 2 个月后，在参加工作半年后的最后 4 个月中又进入一个慢速发展期。硕士研究生学习者口语句法（W/FV）变异的发展速度从快到慢依次出现在：参加工作的前半年（中速发展期）、研究生三年级上学期到下学期（中速发展期）、参加工作的后半年（慢速发展期）、研究生一年级上学期到二年级上学期（慢速发展期）、研究生三年级下学期到参加工作的前半年（慢速发展期）以及研究生二年级上学期到下学期。硕士研究生学习者口语句法（W/FV）变异的发展持续期从长到短依次出现在：研究生一年级上学期到研究生二年级下学期（持续时间大约是 16 个月）、研究生三年级上学期到下学期（持续时间大约是 6 个月）、研究生三年级下学期到参加工作的前半年（持续时间大约是 4 个月）、参加工作的后半年（持续时间大约是 4 个月）以及参加工作的前半年（持续时间大约是 2 个月）。

再来看博士研究生学习者从研究生一年级开始的 4 年间，英语二语口语句法（W/FV）的发展趋势。由于博士研究生组中的 1 号学习者在两个时段上，口语句法（W/FV）的发展变异情况都比 2 号学习者更为明显，因此在两个时段上笔者都选择了 1 号学习者。在图 6-8 中，最大值和最小值的线图是连成一条线的，不过在下面的分析中，依然与其他学段的学习者一样，按照两个不同时段进行（在横坐标上第一个时段是指从 1 到 16，第二个时段是指从 17 到 32）。

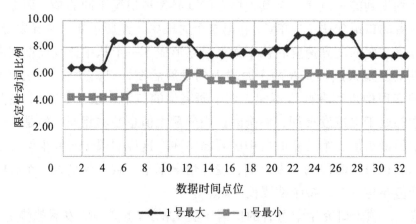

图 6-8　博士研究生学习者 W/FV 发展趋势

从图 6-8 中分别观察博士研究生学习者二语口语句法（W/FV）最大值、最小值的动态发展情况。在第一个时段中，口语句（W/FV）的最大值在前 4 个月都处于中高水平上（大约是 65），然后升到了极高水平（大约是 85），在极高水平上持续了 8 个月后，降到了高位水平（大约是 75）并持续了 4 个月。在第二个时段中，口语句法（W/FV）的最大值从第 1 个月到第 3 个月处在高位水平上（大约是 75），之后微升到极高水平（大约是 80），2 个月后再次上升到更高的水平（大约是 90），6 个月后开始下降，最后的 5 个月下降到了高位水平（大约是 75）。因此，口语句法（W/FV）的最大值在两个时段中的发展表现是非常相似的，都呈现了一个典型的倒 U 形发展趋势曲线。在第一个时段中是从中高水平升到极高水平再回落到高位水平，在第二个时段中是从极高水平升到更高再回落到高位水平。这说明博士研究生学习者在两个时段上口语句法（W/FV）的最大值都是在各时段的发展中期升到最高水平，而且两个时段中的最高水平值基本等同，不过第一个时段中的最高水平持续期要更长一点。因此，在第一个时段中，口语句法（W/FV）的最大值是在中位水平到极高位水平间波动的；但在第二个时段中，口语句法（W/FV）的最大值则是在中高水平到极高水平间波动的。从口语句法（W/FV）最大值在两个时段中的表现来看，在第一个时段的发展后期与第二个时段的发展前期，口语句法（W/FV）的最大值相差很小（第一个时段中大约是 75，第二个时段中大约是 80）。这一方面说明博士研究生学习者在不同时段的过渡期，口语句法的发展连续性很好；另一方面也说明了他们即使在口语句法高潮发展中的过渡期，仍有上升的趋势。由于博士研究生学习者口语表达中动词的非限定形式出现频次的增多，因而动词使用数量的升高说明了他们此时做得更多的是在口语中纳入更多的动词以便利用其不同的类型。总之，在研究生阶段的 4 年间，博士研究生学习者在口语句法上出现过能够达到中高到极高水平的表现。

在第一个时段中，口语句法（W/FV）的最小值在发展前期的 6 个月处于中偏低的水平上（大约是 40），而后升到了中位水平（大约是 50），5 个月后再次升高到了中高水平（大约是 60），2 个月的短暂停留后又降到了中位水平（大约是 55）。在第二个时段中，口语句法（W/FV）的最小值继续从中位水平开始（大约是 50），6 个月后升到了中高水平，并在此持续了长达 10 个月之久。因此，口语句法（W/FV）的最小值在两个时段上的表现基本一致，在第一个时段中呈现出从中偏低水平向中高水平上升的趋势，在第二个时段中呈现出从中位水平向中高水平上升的趋势。两个时段上的最高值基本等同（两个时段上都是大约 60），但是第二个时段比第一个时段中的最高值持续期要长得多。不过，第一个时段比第二个时段中的最低值要低一些（第一个时段中最低值大约是 40，第二个时段中大约是 50），持续时间基本一样。因此，在第一个时段中，口语句法（W/FV）的最小值是在中偏低水平到中高水平间波动的；但在第二个时段中，口语句法（W/FV）的最小值则是在中位水平到中高水平间波动的。从两个时段形成的时间连续体上来看，博士研究生学习者的口语句法（W/FV）大致形成了一条台阶式上升的曲线，从中偏低水平开始升到中位水平，再升到中高水平，稍降到中位水平后又上升到中高水平上。因此，口语句法（W/FV）的最小值在第一个时段末期和第二个时段初期基本处于中位水平上（大约是 50/55），较为平整的线形表明了很好的发展接续性。这说明博士研究生学习者在研究生二年级到三年级的过渡期间，在口语句法（W/FV）发展变异中表现出某种程度上的稳定性。这与硕士研究生学习者在口语句法（W/FV）发展低潮期的表现是一样的。总之，在研究生阶段的 4 年间，博士研究生学习者的口语句法（W/FV）出现过从中偏低上升到中高位水平的状况。从两个时段中口语句法（W/FV）最大值、最小值的对比来看，博士研究生学习者在两个时段上呈现出的最高水平是一致的，而且持续时间也基本相同；但是在最低水平上，第一个时段比第二个时段要低一些，不过持续时间也是基本相同的。因此，博士研究生学习者口语句法（W/FV）最大值的发展情况是：在中高水平上持续了 4 个月后，直线上升到了极高水平，在此停留了 8 个月后，又稍稍回落到了一个高位水平，7 个月后再次升高到更高水平，2 个月后升到了极高水平，在极高水平上持续 6 个月后，定格在高位水平上并在此停留了 5 个月。口语句法（W/FV）最小值的发展情况是：从中偏低水平出发，6 个月后上升到中位水平，5 个月的停留期后，再次上升到中高水平，2 个月后开始下降到中位水平，在中位水平上持续了 9 个月后，微升到中高水平，并在最后的 10 个月中一直持续。

现在再根据图 6-8 中口语句法（W/FV）最大值与最小值在发展过程中

形成的极值空间，观测博士研究生学习者二语口语句法变异的动态发展趋势。在第一个时段中，口语句法（W/FV）在发展前期的第 1 个月到第 4 个月，最大值处在大约 65 的中高水平上，而最小值则处在大约 40 的中偏低水平上，因此此时的变异幅度大约是 25；口语句法（W/FV）在发展前期到发展后期的第 5 个月到第 11 个月，最大值升高到了大约 85 的极高水平，而最小值则变化不大，在大约 40/50 的中偏低 / 中位水平上，因此此时的变异幅度大约是 35/45；口语句法（W/FV）在发展后期的第 12 个月到第 16 个月，最大值微降到大约 75/80 的高位 / 极高水平，而最小值则微升到大约 55/60 的中位 / 中高水平，因此此时的变异幅度大约是 15/20/25。在第二个时段中，口语句法（W/FV）在发展前期的第 1 个月到第 5 个月，最大值位于大约 80 的极高水平上，而最小值则位于大约 50 的中位水平上，因此此时的变异幅度大约是 30；口语句法（W/FV）在发展中期到发展后期的第 6 个月到第 11 个月，最大值上升到大约 90 的极高水平，最小值也升高到了大约 50/60 的中位 / 中高水平，因此此时的变异幅度大约是 30/40；口语句法（W/FV）在发展后期的第 12 个月到第 16 个月，最大值下降到大约 75 的高位水平，而最小值则几乎没有变化，在大约 60 的中高水平上，因此此时的变异幅度大约是 15。可见，在第一个时段中，博士研究生学习者口语句法（W/FV）变异的发展趋势是从发展慢速期（25）到发展中速期（35/45）再到发展慢速期（15/20/25）；在第二个时段中，博士研究生学习者口语句法（W/FV）变异的发展趋势是从发展中速期（30）到下一个发展中速期（30/40）再到发展慢速期（15）。

从图 6-8 在两个时段上变异发展趋势的比较和对比中可以发现，博士研究生学习者的口语句法（W/FV）在两个时段中经历的发展期不完全相同。在两个时段中，各自的发展中期都是口语句法（W/FV）的发展中速期，发展后期都是发展慢速期。但是，第一个时段中的发展前期是句法（W/FV）的慢速发展期，而第二个时段中的发展前期却是中速发展期。在每个时段中，发展中期都是口语句法（W/FV）的中速发展期，此时的变异幅度、最大值和最小值都很相近，仅存在些微差别。具体情况是：第一个时段中的变异幅度大约是 35/45，第二个时段中大约是 30/40；两个时段中的最大值处于极高水平（第一个时段中的最大值大约是 85，第二个时段中大约是 90），最小值在中位水平左右（第一个时段中的最小值大约是

40/50，第二个时段中大约是 50/60）。博士研究生学习者的口语句法（W/FV）发展中未曾出现快速发展的情况，这与其在口语词汇发展中的表现是一样的。但是，口语句法（W/FV）比口语词汇的发展过程多了一个中速发展期，少了一个慢速发展期。尤其是 3 个中速发展期，不但是分布在 2 个不同的时段上，而且有 2 个中速发展期出现在研究生阶段的后面 2 年中。这说明了博士研究生学习者一直将句法的发展作为提高的主要内容和目标，同时也再次验证了前文提到的"博士研究生学习者在口语水平的提高上，不再主要依赖于词汇的提升，而是更加关注于句法方面"。博士研究生学习者呈现的这个"与众不同"的发展特点和趋势，可以作为为其安排提升英语二语口语的内容时需要考虑的关键点（之一）。每个时段的发展后期都是口语句法的慢速发展期，而且两个时段上的持续时间是一样的，只不过第一个时段中的变异幅度出现过比第二个时段中的变异幅度稍大一点的情况（第一个时段中的变异幅度大约是 15/20/25，第二个时段中的变异幅度是 15）；第一个时段与第二个时段中的最大值是基本等同的（两个时段中的最大值大约都是 75），而第一个时段中比第二个时段中的最小值要低一点（第一个时段中最小值大约是 55，第二个时段中最小值大约是 60）。出现在第一个时段的发展前期的慢速发展期，是 3 个慢速发展期中相对速度较快的一个时期（这个时期的变异范围大约是 25），不过持续的时间要比其他 2 个短一点。这个时期的最大值和最小值也都要低于另外 2 个慢速发展期（这个时期的最大值和最小值分别是 65 和 40）。第一个时段中的发展中期以及第二个时段中的发展前期和发展中期这 3 个中速发展期，呈现出了基本一致的变异情况：变异幅度相差无几（第一个时段中发展中期的变异幅度大约是 35/45；第二个时段中发展前期的变异幅度大约是 30，发展中期的变异幅度大约是 30/40）；最大值也相差不大（第一个时段中发展中期的最大值大约是 85，第二个时段中发展前期的最大值大约是 80，发展中期的最大值大约是 90）；最小值的差距也不大（第一个时段中发展中期的最小值大约是 40/50；第二个时段中发展前期的最小值大约是 50，发展中期的最小值大约是 50/60）。不过，第一个时段中发展中期出现的中速发展期，持续期要比其他两个长一点。

综上，博士研究生学习者口语句法（W/FV）变异的发展趋势是：在研究生一年级上学期的 4 个月间处于慢速发展期，然后从研究生一年级下学期到研究生二年级上学期的 7 个月时间里进入中速发展期，之后从研究生二年级上学期到下学期的 5 个月间再次回到慢速发展期，而从研究生三年级上学期开始直到研究生四年级下学期的长达 11 个月间，再次进入中速发展期，最后在研究生四年级上学期的 5 个月间又回到了慢速发展期。博士研究生学习者口语句法（W/FV）变异的发展速度从快到慢依次出现在：从研究生一年级下学期到研究生二年级上学期（中速发展期）、从研究生三年级下学期到研究生四年级上学期（中速发展期）、从研究生三年级上学期到下学期（中速发展期）、研究生一年级上学期（慢速发展期）、从研究生二年级上学期到下学期（慢速发展期）以及从研究生四年级上学期到下学期（慢速发展期）。博士研究生学习者口语句法（W/FV）变异的发展持续期从长到短依次出现在：从研究生三年级下学期到研究生四年级上学期（持续时间大约是 11 个月）、从研究生一年级下学期到研究生二年级上学期（持续时间大约是 7 个月）、研究生二年级上学期（持续时间大约是 5 个月）、从研究生三年级上学期到下学期（持续时间大约是 5 个月）以及研究生一年级上学期（持续时间大约是 4 个月）。

通过图 6-7 和图 6-8 的比较和对比，总结一下研究生阶段英语学习者口语句法（W/FV）变异的动态发展趋势。先来看口语句法（W/FV）发展的高潮期情况。口语句法（W/FV）发展高潮期达到的水平从高到低依次是：极高水平（出现在硕士研究生学习者的研究生三年级上学期到参加工作的前半年，博士研究生学习者的研究生一年级下学期到研究生二年级上学期、研究生三年级上学期到研究生四年级上学期）、高位水平（出现在硕士研究生学习者的研究生一年级上学期到研究生二年级上学期、参加工作的后半年）以及中高水平（出现在硕士研究生学习者的研究生二年级下学期、参加工作的后半年，博士研究生学习者研究生的一年级上学期、研究生四年级上学期到下学期）。这说明研究生阶段学习者英语二语口语句法（W/FV）的最佳表现，出现在研究生三年级上学期到下学期 / 参加工作的前半年，在整个发展高潮期口语句法（W/FV）在从中高水平到极高水平上波动。这与研究生阶段学习者口语词汇发展趋势的相通之处在于：研究生阶段词汇与句法的最佳表现都曾在研究生三年级出现过，达到的最高值也都是极高水平。不过，这与本科阶段学习者的情况大有不同。首先，在本科阶段学习者口语句法（W/FV）习得效果最好的时期方面，英语专业学习者与非英语专业学习者之间存在着完全相反的情况（前者在低年级，后者在高年级）；但是研究生阶段的硕士和博士学习者之间却可以找到共通之处，如果与本科阶段的时间定位相比较，相当于发生在"高年级"阶段。这样的结果似乎与学习者所在的学科专业有关，因为在本研究中除了英语专业学习者之外，其他所有的学习者均来自非英语专业。其次，在两个阶段上，学习者口语句法（W/FV）能够达到的最高水平都是极高水平，但是本科阶段学习者在口语词汇（W/FV）高潮发展期中，最低水平值要低于研究生阶段学习者（前者是位于中位水平，而后者是在中高水平上）。口语句法（W/FV）发展高潮期持续的时间从长到短是：12个月的极高水平（出现在硕士研究生学习者的研究生三年级上学期到参加工作的前半年）、12个月的高位水平（出现在硕士研究生学习者的研究生一年级上学期到研究生二年级上学期）、11个月的极高水平（出现在博士研究生学习者的研究生三年级上学期到研究生四年级上学期）、8个月的极高水平（出现在博士研究生学习者的研究生一年级下学期到研究生二年级上学期）、5个月的中高水平（出现在博士研究生学习者的研究生四年级下学期）、4个月的中高水平（分别出现在硕士研究生学习者的研究生二年级下学期，博士研究生学习者的研究生一年级上学期）、4个月的高位水平（出现在博士研究生学习者的研究生二年级下学期）、3个月的中高水平（出现在硕士研究生学习者参加工作的后半年）以及1个月的高位水平（出现在参加工作的后半年）。这说明研究生阶段学习者英语二语口语句法（W/FV）发展的高潮期中，最长的持续期出现在研究生一年级上学期到研究生二年级上学期、研究生三年级上学期到研究生四年级上学期/参加工作的前半年，每次持续期大约是1年半的时间，并且在此时期句法达到了极高/高位水平。这与研究生阶段学习者口语词汇发展趋势的相通之处在于：研究生阶段学习者口语词汇与句法发展高潮期的最长持续期，都曾在研究生一年级下学期到研究生二年级上学期这段时间出现过。但是，这与本科阶段学习者的情况非常不同。首先，本科阶段学习者口语句法（W/FV）发展的最长高潮出现持续期，比研究生阶段学习者要更少一些。前者只出现了一个最长持续期（从大学三年级下学期到大学四年级下学期），而后者却出现了两段的最长持续期（从研究生一年级上学期到研究生二年级上学期、研究生三年级上学期到研究生四年级上学期/参加工作的前半年）。不过，两个阶段的学习者口语句法（W/FV）的最长高潮期的持续时间基本是一致的，都是大约1年半的时间。这个时间周期比研究生阶段学习者在口语词汇的最长持续期还要长（口语词汇的最长持续期大约是1年），这又一次印证了研究生阶段学习者浓厚的"句法意识"。其次，本科阶段学习者在最长高潮期内达到了高位水平（大约是70），而研究生阶段学习者则是在高位水平和极高水平上（大约是75/80/90），这表明后者比前者在口语句法发展过程中，最长时间内是位于更高的水平上的。从口语句法（W/FV）高潮期不同水平出现的频次从多到少来看，极高水平出现过6次（分别出现在硕士研究生学习者的研究生三年级上学期到参加工作的前半年，博士研究生学习者的研究生一年级下学期到研究生二年级上学期、研究生三年级上学期到研究生四年级上学期），中高水平出现过4次（分别出现在硕士研究生学习者的研究生二年级下学期、参加工作的后半年，博士研究生学习者的研究生一年级上学期、研究生四年级上学期到下学期），高位水平出现过3次（分别出现在硕士研究生学习者从研究生一年级上学期到研究生二年级上学期，博士研究生学习者研究生二年级下学期）。因此，在研究生阶段学习者口语句法（W/FV）发展高潮期中，极高水平出现的频次最多，而且持续的时间也最长，高位水平出现频次和持续时间都次之。但是，在本科阶段学习者中口语句法（W/FV）发展中出现频次最多、持续时间最长的则是高位水平。在研究生阶段的学习者口语句法（W/FV）发展中达到的极高水平，每次出现都持续了8个月（及以上），跨越了2个学期（及以上）。这种情况与本科阶段学习者是一致的。在两个阶段学习者口语句法（W/FV）的发展中，持续时间最长的都是极高水平和中高水平。不同的是，在本科阶段学习者的口语句法发展中，持续时间的排序中，首先是高位水平（12个月），其次是极高水平（11个月）；在研究生阶段学习者中，排序刚好相反，首先是极高水平（12个月），其次是高位水平（11个月）。从口语句法（W/FV）高潮期的转折点上来看，研究期的前2年经历了2次转折，其间出现了从极高水平到中高水平的发展变化。本科阶段学习者也是在研究期的前2年（低年级）经历了2次转折，但这是从极高水平到中位水平的发展变化。口语词汇高潮发展期中，在两个时段的过渡期间，变异情况在高位与极高之间表现出了不错的衔接性。而本科阶段的学习者在过渡期的发展连贯性是在极高与高位之间，或在高位与高位之间。

　　再看看口语句法发展的低潮期情况。口语句法（W/FV）发展低潮期的不佳表现水平从低到高依次是：中偏低水平（出现在博士研究生学习者的研究生一年级上学期到下学期）、中位水平（出现在硕士研究生学习者的研究生一年级下学期到研究生二年级上学期、参加工作期间，博士研究生学习者的研究生一年级下学期到研究生二年级上学期、研究生二年级下学期到研究生三年级下学期）、中高水平（出现在硕士研究生学习者的研究生一年级上学期到下学期、研究生二年级上学期到下学期、研究生三年级上学期到下学期、参加工作的前半年，博士研究生学习者的研究生二年级上学期到下学期、研究生三年级下学期到研究生四年级下学期）以及高位水平（出现在硕士研究生学习者的研究生三年级下学期到参加工作的前半年）。这说明，研究生阶段学习者的英语二语口语句法（W/FV）的最差表现出现在研究生一年级，在整个发展低潮期口语句法（W/FV）在中偏低水平到高位水平间波动。这与研究生阶段学习者口语词汇发展趋势的相通之处在于：研究生阶段学习者口语词汇与句法的最差表现在研究生一年级上学期都曾出现过。不过，这与本科阶段学习者口语句法（W/FV）情况不完全一样。两个阶段学习者口语句法（W/FV）的不佳表现在研究期的第 1 年都集中出现了（本科阶段学习者出现在大学一年级，研究生阶段学习者出现在研究生一年级），但是本科阶段学习者在研究期的最后 2 年中还出现过一次。两个阶段的学习者口语句法（W/FV）的低潮发展中，都曾达到过高位水平，不过本科阶段学习者比研究生学习者的最低水平值还要低一个等级（本科阶段学习者是中低水平，研究生阶段学习者是中偏低水平）。口语句法（W/FV）发展低潮期持续的时间从长到短是：12 个月的中高水平（出现在硕士研究生学习者的研究生二年级上学期到研究生三年级下学期）、10 个月的中高水平（出现在博士研究生学习者的研究生三年级下学期到研究生四年级下学期）、9 个月的中位水平（出现在博士研究生学习者的研究生二年级下学期到研究生三年级下学期）、6 个月的中高水平（出现在硕士研究生学习者的研究生一年级上学期到下学期）、6 个月的中偏低水平（出现在博士研究生学习者的研究生一年级上学期到下学期）、5 个月的中位水平（分别出现在硕士研究生学习者的研究生一年级下学期到研究生二年级上学期、参加工作期间，博士研究生学习者的研究生一年级下学期到研究生二年级上学期）、3个月的高位水平（出现在硕士研究生学习者的研究生三年级下学期到参加工作的前半年）、2个月的中高水平（出现在博士研究生学习者的研究生二年级上学期到下学期）以及1个月的中高水平（出现在硕士研究生学习者参加工作的前半年）。这说明研究生阶段学习者英语二语口语句法发展低潮期中，最长的持续期出现在研究生二年级上学期到研究生三年级下学期，持续期大约是1年半的时间，并且此时期位于句法的中高水平。这与研究生阶段学习者口语词汇发展趋势相通之处在于：研究生阶段学习者口语词汇与句法发展低潮期的最长持续期，都曾在研究生二年级上学期出现过。不过，这与本科阶段学习者的情况不太相同。本科阶段学习者在口语句法（W/FV）发展低潮期中，最长的持续期比研究生阶段学习者要短（出现在大学三年级，大约是1年），并且此时期的句法水平也要低一些（位于中位水平）。本科阶段学习者口语句法（W/FV）发展的最长低潮期持续时长，比研究生阶段学习者要短很多（前者持续时长大约是7个月，后者大约是12个月），但是进入最长持续期的时间要晚一些（前者是在大学三年级上学期，后者是在研究生二年级上学期）。从口语句法（W/FV）低潮期不同水平出现的频次从多到少来看，中高水平出现过6次（分别出现在硕士研究生学习者的研究生一年级上学期到下学期、研究生二年级上学期到下学期、研究生三年级上学期到下学期、参加工作的前半年，博士研究生学习者的研究生二年级上学期到下学期、研究生三年级上学期到下学期）和中位水平出现过5次（分别出现在硕士研究生学习者的研究生一年级下学期到研究生二年级上学期、参加工作期间，博士研究生学习者的研究生一年级下学期到研究生二年级上学期、研究生二年级下学期到研究生三年级下学期）。因此，研究生阶段学习者口语句法（W/FV）发展低潮期中，中高水平出现的频次最多、持续时间最长。由此发现，在本科阶段学习者口语句法（W/FV）低潮期发展中，出现频次最多和持续时间最长的水平都要低于研究生阶段的学习者（本科阶段学习者出现频次最多的是中偏低水平、出现时间最长的是中位水平）。从口语句法（W/FV）低潮期的转折点上来看，硕士研究生学习者在研究期的前2年经历了3次转折，后2年经历了2次转折；这与本科阶段的英语专业学习者口语句法（W/FV）的表现一致。口语句法（W/FV）低潮发展期中，在两个时段的过渡期间，研究生阶段学习者的变异情况表现出了非常好的发展连续性，衔接的接口水平或是在中高与中高之间，或在中位与中位之间，而且研究生阶段口语词汇也表现出了较好的连续性过渡，但是本科阶段学习者在此过渡期都处于下降式的断续发展趋势中。

综上，研究生阶段学习者英语二语口语句法（W/FV）发展速度出现的频次从高到低是：慢速出现过 8 次（分别出现在硕士研究生学习者的研究生一年级上学期到研究生二年级下学期、研究生三年级下学期到参加工作的前半年、参加工作的后半年，博士研究生学习者的研究生一年级上学期、研究生二年级上学期到下学期、参加工作期间），中速出现过 4 次（分别出现在硕士研究生学习者的研究生三年级上学期到下学期、参加工作的前半年，博士研究生学习者的研究生一年级下学期到研究生二年级上学期、研究生三年级上学期到参加工作的前半年）。与本科阶段学习者情况一致的是，慢速的发展情况都出现的频次都是最多的，而且出现的次数也都是 8 次；不过，与本科阶段学习者情况不一致的是，研究生阶段学习者并未出现过口语句法的快速发展情况。因此，两个阶段的学习者的口语句法（W/FV）都是以慢速发展为主的。另外，研究生阶段学习者的口语词汇的发展中出现频次最多的也是慢速发展情况。变异速度出现的时间从长到短依次是：16 个月的慢速发展期（出现在硕士研究生学习者的研究生一年级上学期到研究生二年级下学期）、11 个月的中速发展期（出现在博士研究生学习者的研究生三年级上学期到研究生四年级）、7 个月的中速发展期（出现在博士研究生学习者的研究生一年级下学期到研究生二年级上学期）、6 个月的中速发展期（出现在硕士研究生学习者的研究生三年级上学期到下学期）、5 个月的慢速发展期（出现在博士研究生学习者的研究生二年级上学期到下学期、研究生四年级上学期到下学期）、4 个月的慢速发展期（分别出现在硕士研究生学习者的研究生三年级下学期到参加工作的前半年、参加工作的后半年，博士研究生学习者的研究生一年级上学期）和 2 个月的中速发展期（出现在硕士研究生学习者参加工作的前半年）。由此可以看出，研究生阶段口语句法（W/FV）发展中出现次数最多的慢速发展期（8 次），其持续时间也是最长的（长达 16 个月，占据了整个研究发展期的二分之一）。这与本科阶段学习者的情况几乎是一样的。其中，口语句法（W/FV）的慢速发展期一般出现在研究生二年级上学期到下学期，中速发展期一般出现在研究生三年级上学期到下学期，相同的情况也出现在研究生阶段学习者口语词汇的发展趋势中。因此，两个阶段的学习者口语句法（W/FV）的慢速发展期都曾在研究期的第二年出现（本科阶段学习者曾出现在大学二年级下学期，研究生阶段学习者也曾在研究生二年级下学期出现过）。此外，笔者还发现，与本科阶段学习者的口语句法（W/FV）情况基本一致，研究生阶段学习者的口语句法（W/FV）在研究期前2年也是以慢速发展期为主的。不过，本科阶段在研究期的后2年中，是以慢速发展期为核心的，辅以中速发展期和快速发展期；而研究生阶段在研究期的后2年中，呈现的是中速发展期为主、慢速发展期为辅的发展趋势。笔者在研究生阶段学习者的口语词汇发展中发现了同样的发展趋势。

# 第 7 章　英语二语口语的发展变异规律

本章试图探究本研究构建的三大研究板块中的第三个：发现英语二语口语系统的发展变异规律。第三板块包括两个方面的研究内容：一是口语（词汇、句法）发展变异类型，二是口语（词汇、句法）发展变异周期。本章首先运用时间序列分析法（TSA）中的再抽样技术和蒙特卡罗模拟法，确定全部 18 名受试（本科阶段英语专业 6 人、非英语专业 6 人，研究生阶段硕士 4 人和博士 2 人）的词汇（LFP）、句法（W/FV）的发展变异类型。然后根据变异的发展情况和变异类型，界定变异发展模式，定位变异发展周期，发现变异发展规律。在长达 4 年的研究期内，对各学段学习者（本科阶段、研究生阶段）在各时段 / 学期的 1536 个录音样本中的 3072 个数据点进行了移动平均数、变异概率水平以及变异范围持续期等方面的统计处理。

由英语二语口语变异的动态发展趋势可知（参见上一章），每个学段的学习者都表现出了随时间变化的各种各样的（词汇、句法）变异模式。变异发生时出现了多种水平高度（从极低到极高）、不同持续时间（从 1 个月到 21 个月）、不等的出现频次（从 1 次到 6 次）、各种转折（从 1 次到 4 次）和过渡方式（有连续也有断续），以及最终导致的各种样式的变异发展期。在动态发展中展现出的这些变异细节的现象背后，无疑蕴藏着一个有待挖掘的复杂发展规律。因此，为了能够从这样的研究结果中得出可靠性的结论，就需要在时间的维度中进行统计学（或然率 / 概率）的检验。时间序列分析法中的再抽样技术和蒙特卡罗模拟法可以用于检验以"时间"为自变量的变异出现的概率情况，以此确定变异不同的类型（Efron & Tibshirani, 1993；Good, 1999；van Geert & van Dijk, 2002）。另外，需要对于整个研究中发展最后时期的变异发展速度和变异发展持续期进行定量检验，因为定位变异的发展周期也是发现发展变异规律中不可或缺的部分。

# 7.1 口语发展变异类型

从 CDST 的观点来看，变异与系统发展的全过程同在，不过变异的程度会有所不同。当系统在经历重组时，变异的程度要相对高一些，而在一个相对稳定的时刻，系统中变异程度明显要低一些（Larsen-Freeman，2005；Verspoor, Lowie & van Dijk；Spoelman & Verspoor，2010；安颖，2017）。也就是说，变异发生的不同程度预示着系统此刻的发展状态。再抽样技术和蒙特卡罗模拟法可以用来区分程度较低的随机性变异和程度较高的显著性变异，前者叫作自由变异（free variability），后者叫作发展中的变异（Ellis，1994；Verspoor, de Bot & Lowie，2011）。

自由变异目前不能归因于任何可知的理论解释，也没有一种统计工具或技术可以对其进行处理和分析，它是混沌的、与系统发展无关联的（Ellis，2008；van Geert，2008）。因此，自由变异的行进路径无法辨认，也不可能预测，我们更加不能由此推断出发展的规律。不过，自由变异在第二语言的发展中也是经常出现的。Ellis（1994）引用 Cancino、Rosansky 和 Schumann（1978）的研究时提到，自由变异有时会出现在发展的混乱期，也会随着学习者第二语言系统进入更加有序的、有组织的持续状态而消失（Ellis，1994）。这样的观察与 Thelen 和 Smith（1994）的研究发现是一致的。他们也认为，无论是何种类型的变异，都是系统发展中稳定性的度量，是系统产生变化的预兆，学习者需要变异来进行探索和选择。例如，只有当学习者有效使用大量的多样化形式时，他们才有能力选择那些有助于他们发展的某种形式。所以，他们能够选择的不同形式越多，发展越可能发生。因而，这些在发展过程中由于选择而产出的随机的自由变异行为，依然对系统的发展起到了某种推动作用，只是还没有达到像系统发展中的自变异那样，可以促进系统产生质变的程度。

再抽样技术和蒙特卡罗模拟法底层算法的逻辑是：先基于原始样本确定检验变异类型的标准，再通过再抽样技术从原始样本数据中随机抽样重组并扩充原始样本数量，这样就构成了一个再抽样的检验标准，然后在原始数据检验标准与再抽样数据检验标准间建立虚无假设，最后运用蒙特卡罗模拟法经过几千次（本研究中是 5000 次）循环模拟，验证原始检验标准与再抽样检验标准间关系的概率水平。当两者相似度的概率在设定参数

（如 0.05）水平之下时，可以排除随机的自由变异出现的可能性，此时预示着一种真正的新秩序、新样态的出现，这是能够推动系统产生质变、影响提升路径的发展中的变异（安颖，2023）。

### 7.1.1　口语词汇发展变异类型

按照 Larsen-Freeman（2009）提出的在 SLD 中寻找系统自变异（即发展中的变异）的重要性，下面对二语口语词汇（LFP）的变异情况进行概率水平定量检验，以此确定口语词汇的发展变异类型。先通过再抽样技术把原始数据和随机抽样重组数据在时间相邻数据测量点上的移动平均数，进行从 2 个到 6 个时间距离差的计算，并把每个新的数据组合中的最大正数距离（即最大变异值）作为检验标准和再抽样标准。再运行蒙特卡罗模拟法，经过 5000 次循环后，得出的 $p$ 值分别为 0.0100、0.0206、0.0068、0.0218，均小于 0.05。这说明在 5000 次模拟中产生的再抽样数据与原始检验数据的相似概率位于设定的 5% 的概率水平之下，排除了自由变异的可能，从而确定了词汇的变异类型是系统发展中的自变异，这种类型的变异是确定发展真正发生的可靠证据，是有规律可循的（Larsen-Freeman，2006）。

本研究在 4 年研究期间，收集口语语料样本合计 1536 个（其中本科阶段学习者的样本数是 1152 个，研究生阶段学习者的样本数是 384 个）。在进行英语二语口语词汇发展变异研究时，是通过词汇变异特征最为突出的词频概况（LFP）进行操作的。这样就针对 1152 个词汇数据点（LFP）进行再抽样和蒙特卡罗模拟法统计处理，确定变异的不同类型。操作步骤大体分三大步：

第一步是找到口语词汇变异的检验标准。正如前文所发现的，口语词汇发展轨迹中的波峰（参见第 5 章）和口语词汇发展趋势中的变异范围（参见第 6 章）都是清晰可见的，但是这种定性的观察还不足以确定此时的变异类型，还需要定量地检验其出现的概率水平。本研究将在时间进程中并非偶发的、一次性的、孤立的跳跃或波动作为检验"真正变异"（即发展中的变异）的工作定义（working definition），这样与其理念一致的算法就是以时间窗口为移动单位来计算两个相邻数据点位的平均数的。由于这里的工作定义遵照的逻辑是至少要在超过一个时间点位上发现变异出现的情况，因此本研究设定的随时间移动的操作窗口是2个。另外，由于本科阶段的英语专业学习者和研究生阶段的硕士研究生学习者在口语词汇（LFP）发展中呈现出了总体上升的趋势，因而本研究对其原始数据还做了去趋势化（detrending）的处理。去趋势化是在原始数据点中去除（减去）由总体发展趋势带来的变化而形成的斜率（slope），经过处理后所剩的余数（residual）即为纯粹的变异程度了。本科非英语专业学习者和博士研究生学习者的口语词汇（LFP）发展因为并未出现明显的上升趋向，因此不需要进行原始数据的去趋势化处理。在每位学习者的2个移动窗口的平均值间，计算动态数据点之间的最大距离，这个最大距离体现的是随时间的推移，变异情况持续出现的强度。从相邻的两个移动平均数的数据点开始计算，一直计算到相距6个数据点位的移动平均数间的差值（距离），即第1个平均数数据和第2个平均数数据之差、第2个平均数数据和第3个平均数数据之差……第31个平均数数据和第32个平均数数据之差；第1个平均数数据和第3个平均数数据之差、第2个平均数数据和第4个平均数数据之差……第30个平均数数据和第32个平均数数据之差。以此类推，直到第1个平均数数据和第6个平均数数据之差、第2个平均数数据和第7个平均数数据之差……第27个平均数数据和第32个平均数数据之差。本研究将从2步到6步的移动平均数的时间距离差中的最大正数作为口语词汇变异的检验标准。

第二步是建立口语词汇变异的再抽样检验标准。利用再抽样技术对口语词汇（LFP）原始数据进行随机抽样，并将其重新组合成新的数据集合，这意味着在每次随机重组中都会随机产生一套新的数据集，它是随机地来自第一步中的平均数差值中的最大距离的数据组合。这个由新的重新随机抽样的方式组成的数据集合将成为口语词汇变异的再抽样检验标准。

第三步是检验口语词汇变异出现的概率水平。运行蒙特卡罗模拟程序，对口语词汇变异的检验标准和再抽样标准进行5000次的模拟，评估两者之间关系的稳定性，用于检验虚无假设，以确定变异的不同类型。下面通过从计算两个时间相邻数据点的平均数，到得出的时间相邻的平均数在2步距离到6步距离中，取平均数中的最大差值等算法，最终得到中国英语二语口语学习者（包括本科阶段和研究生阶段学习者）在从大学一年级或研究生一年级开始的4年间，二语口语词汇（LFP）变异概率水平的检验结果（见表 7-1）。

表 7-1　英语二语口语词汇（LFP）变异概率水平检验结果

| 学段 | 第1—4学期（大一、大二） | | | | | |
|---|---|---|---|---|---|---|
| 编号 | 男1号 | 男2号 | 女1号 | 女2号 | 女3号 | 女4号 |
| 英专 | 0.0137* | 0.0269* | 0.0159* | 0.0092** | 0.0083** | 0.0216* |
| 非英 | 0.0661 | 0.0585 | 0.0090** | 0.0124* | 0.0101* | 0.0205* |
| 硕士 | 第1—4学期（研一、研二） | | | | | |
| | 男1号 | 男2号 | 女1号 | 女2号 | | |
| | 0.0039** | 0.0042** | 0.0016** | 0.0112* | / | / |
| 博士 | 第1—4学期（研一、研二） | | | | | |
| | 男1号 | 女1号 | | | | |
| | 0.0781 | 0.0568 | / | / | / | / |
| 学段 | 第5—8学期（大三、大四） | | | | | |
| 编号 | 男1号 | 男2号 | 女1号 | 女2号 | 女3号 | 女4号 |
| 英专 | 0.0064** | 0.0052** | 0.0091** | 0.0028** | 0.0036** | 0.0072** |
| 非英 | 0.0136* | 0.0309* | 0.0496* | 0.0535 | 0.0645 | 0.0603 |
| 硕士 | 第5—6学期（研三、工作1年） | | | | | |
| | 男1号 | 男2号 | 女1号 | 女2号 | | |
| | 0.0252* | 0.0317* | 0.0331* | 0.0182* | / | / |
| 博士 | 第5—8学期（研三、研四） | | | | | |
| | 男1号 | 女1号 | | | | |
| | 0.0196* | 0.0202* | / | / | / | / |

注：** 指 $p<0.01$，* 指 $p<0.05$。

表 7-1 中，按照本科阶段的英语专业学习者和非英语专业学习者、研究生阶段的硕士研究生学习者和博士研究生学习者（共 18 人）的顺序，依次展示每位学习者 4 年间，口语词汇（LFP）变异出现的概率检验结果。其中本科阶段的英语专业学习者 6 人（男性学习者 2 人、女性学习者 4 人），非英语专业学习者 6 人（男性学习者 2 人、女性学习者 4 人）、硕士研究生学习者 4 人（男性学习者 2 人、女性学习者 2 人）和博士研究生学习者 2 人（男性学习者 1 人、女性学习者 1 人）。与第 6 章中学习者的编号方式相同，在每组中分别将其命名为男性 1 号学习者（以下简称男 1

号）、男性2号学习者（以下简称男2号）、女性1号学习者（以下简称女1号）、女性2号学习者（以下简称女2号）、女性3号学习者（以下简称女3号）、女性4号学习者（以下简称女4号）。

先来看看表7-1中本科阶段英语专业学习者的情况。本科阶段英语专业学习者在大学一年级到大学二年级期间，口语词汇变异 $p$ 值从男1号、男2号到女1号、女2号、女3号和女4号依次为0.0137、0.0269、0.0159、0.0092、0.0083和0.0216。这说明经过蒙特卡罗模拟5000次数据循环后，在所有模拟产生的再抽样数据中分别有1.37%、2.69%、1.59%、0.92%、0.83%和2.16%的概率与原始数据的检验数据相似。这个概率水平低于设定的5%（甚至有些低于1%）的参数值，因此虚无假设不成立，从而确定此时发生的变异类型是发展中的系统自变异。本科阶段英语专业学习者在大学三年级到大学四年级期间，口语词汇变异 $p$ 值从男1号、男2号到女1号、女2号、女3号和女4号学习者依次为0.0064、0.0052、0.0091、0.0028、0.0036和0.0072。这意味着所有模拟数据证实仅有不到1%的概率来自原始检验数据与再抽样数据的一致性，因此此时的变异并非偶发的波动，从而可确定此时的变异类型仍然是发展中的变异。综上，本科阶段英语专业学习者在从大学一年级开始的4年高等教育期间，英语二语口语词汇的变异类型是发展中的变异。具体来看，在大学一年级到大学二年级期间，有2位学习者是 $p < 0.01$（女2号和女3号），其他4位学习者是 $p < 0.05$；在大学三年级到大学四年级期间，所有6位学习者是 $p < 0.01$。这一方面说明本科阶段英语专业学习者口语词汇在发展过程中变异程度非常高，在12人次当中有8人次是 $p < 0.01$（这占到了总量的三分之二）；另一方面也表明从大学三年级到大学四年级（高年级阶段）比从大学一年级到大学二年级（低年级阶段），他们的口语词汇的变异水平变化更为明显（高年级阶段 $p < 0.01$ 的有6人，低年级阶段 $p < 0.01$ 的仅有2人）。其中，女2号在低年级和高年级两个阶段上，口语词汇的变异都达到了 $p < 0.01$ 的程度，表现得最为突出。从学习者的性别角度来看，不同性别的英语专业学习者的口语词汇发展变异表现既有相同点也有不同点。首先，无论是男性学习者还是女性学习者，都是在从大学三年级到大学四年级这个学段上，口语词汇的变异情况表现得更为显著（此时的 $p$ 值都达到了小于0.01的标准），当然在从大学一年级到大学二年级期间，

他们也处于口语词汇系统发生质变的阶段。其次，英语专业的不同男性学习者之间，低年级阶段比高年级阶段在口语词汇变异程度上表现出了更大的差距；而女性学习者之间，却是在高年级阶段比在低年级阶段上表现出了更大的差距。再次，在高年级阶段，英语专业女性学习者口语词汇的发展变异比男性学习者体现出更多的个体化差异（不过并不能排除这可能是由于本研究中受试数量的差异，即男性学习者的数量要比女性学习者少一些）。因此，在本科阶段的 4 年间，英语专业学习者口语词汇发生的变异类型是发展中的系统自变异，在高年级阶段口语词汇的变异程度更加明显，而且并未表现出性别差异。所以，根据本科阶段英语专业学习者口语词汇的变异特点，二语教师在低年级时需要关注的是不同的男性学习者在词汇发展中的个体差异，在高年级阶段时的关注焦点则可以转移到女性学习者身上。

再来看看表 7-1 中本科阶段非英语专业学习者的情况。本科阶段非英语专业学习者在大学一年级到大学二年级期间，口语词汇变异 $p$ 值从男 1 号、男 2 号到女 1 号、女 2 号、女 3 号和女 4 号依次为 0.0661、0.0585、0.0090、0.0124、0.0101 和 0.0205。这说明在经过蒙特卡罗模拟的 5000 次循环后，发现男性学习者的再抽样检验数据中分别有 6.61% 和 5.85% 的概率是与其原始的检验变异数据同源的。这高于设定的 5% 的概率水平，虚无假设成立，因而男性学习者此时口语词汇中出现的是偶发的自由变异。女性学习者却有不同的表现，她们的 $p$ 值均小于 0.05 或 0.01，说明经蒙特卡罗模拟检验，变异的原始检验标准与再抽样标准间关系的一致性概率都低于设定的参数值。因此，女性学习者口语词汇发展的变异类型是发展中的变异。本科阶段非英语专业学习者在大学三年级到大学四年级期间，口语词汇变异 $p$ 值从男 1 号、男 2 号到女 1 号、女 2 号、女 3 号和女 4 号学习者依次为 0.0136、0.0309、0.0496、0.0535、0.0645 和 0.0603。这表明，此时男性学习者与女性学习者在口语词汇的变异类型上，与低年级阶段基本出现了倒置的情况。其中，男性学习者的模拟结果（$p < 0.01$）推翻了虚无假设，因此他们此时的口语句法的变异成为发展中的变异，这表明他们直到高年级阶段口语词汇的发展才开启一个新阶段。而绝大多数女性学习者的模拟结果（$p > 0.05$）证明有超过 5% 的相似概率产生，因而虚无假设支持了自由变异的出现。虽然还有一位女性学习者的 $p$ 值也是小于设定标准 0.05 的，不过从具体数据中可以发现，这个 $p$ 值也是极其接近 0.05 的（$p=0.0496$），即非常接近自由变异。虽然目前本研究中还无法对此做出更大范围的普遍性推论，但是一方面这个结果证实了口语系统发展中存在个体间的显著差异，另一方面这也是未来研究可以在更长的时间维度中继续探索的研究内容之一。综上，本科阶段非英语专业学习者在从大学一年级开始的 4 年高等教育期间，英语二语口语词汇的变异类型在低年级阶段中，男性学习者是自由变异，女性学习者是发展中的变异；在高年级阶段中，男性学习者是发展中的变异，女性学习者基本上是自由变异（有 1 人例外）。具体来看，在低年级阶段，2 位男性学习者是 $p > 0.05$，3 位女性学习者是 $p < 0.05$，1 位女学习者是 $p < 0.01$（女 1 号）；在高年级阶段，2 位男性学习者是 $p < 0.05$，3 位女性学习者是 $p > 0.05$，1 位女学习者是 $p < 0.05$（女 1 号）。这一方面说明本科阶段非英语专业学习者的口语词汇在发展过程中，变异的类型会受到发展阶段和学习者性别的影响；即男性学习者在低年级阶段是自由变异，而到了高年级阶段转成了发展中的变异，女性学习者则先是出现发展中的变异，但在高年级阶段却基本变成了自由变异；另一方面也表明了女性学习者在低年级阶段口语词汇变异情况更为显著，而男性学习者在高年级阶段变异程度更明显。本科阶段非英语专业学习者的口语词汇发展中，变异情况的差异还体现在同性别的不同个体间的变异程度的差距上。非英语专业学习者在低年级阶段，女性学习者之间比男性学习者之间，口语词汇的发展变异更具个性化特点；而男性学习者之间比女性学习者之间，口语词汇的发展变异更为凸显个体差异的情况，则是出现在高年级阶段。而且，不论是男性学习者还是女性学习者，同性别学习者之间表现出的更为明显的口语词汇变异程度的差距，也都是在高年级阶段。因此，在本科阶段的 4 年间，非英语专业学习者口语词汇发生的变异类型既有发展中的变异也有自由变异，其中男性学习者是从自由变异到发展中的变异，女性学习者则是从发展中的变异到自由变异。口语词汇发展的变异差异不仅体现在变异类型上，还体现在变异程度的细微差别上，从这两个方面都可以看到不同性别间的分化。所以，根据本科阶段非英语专业学习者口语词汇的变异特点，二语教师在进行外语教学分班时，可以考虑将性别因素纳入其中，尤其是低年级的女性学习者和高年级的男性学习者，相对来讲是更需要关注他们的口语词汇的

精细发展情况的。

现在来看看表 7-1 中硕士研究生学习者的情况。硕士研究生学习者在研究生一年级到研究生二年级期间，口语词汇变异 $p$ 值从男 1 号、男 2 号到女 1 号、女 2 号依次为 0.0039、0.0042、0.0016 和 0.0112。这说明，在运行 5000 次蒙特卡罗模拟数据后，可以发现其中 3 位学习者（男 1 号、男 2 号和女 1 号）的再抽样模拟数据与原始的变异检验标准分别有 0.39%、0.42% 和 0.16% 的概率来自同一组无差别数据集，这种概率水平远远低于 5% 的检验虚无假设的参数标准。另一位学习者（女 2 号）变异概率水平的检验结果是 1.12%，虽然略高于 1% 的水平标准范围，但依然是低于设定的 5% 的标准的。因此，硕士研究生学习者此时口语词汇的变异类型是发展中的变异。硕士研究生学习者在研究生三年级到参加工作的 1 年期间，口语词汇变异 $p$ 值从男 1 号、男 2 号到女 1 号、女 2 号学习者依次为 0.0252、0.0317、0.0331 和 0.0182。这表明，此时所有学习者的 $p$ 值都小于 0.05 的设定标准，因而此时硕士研究生学习者口语词汇的变异类型依然是发展中的变异。综上，硕士研究生学习者在从研究生一年级开始的 3 年高等教育和 1 年参加工作期间，英语二语口语词汇的变异类型始终是处于发展中的变异。具体来看，在研究生一年级到研究生二年级期间，有 3 位学习者是 $p < 0.01$（男 1 号、男 2 号和女 1 号），1 位学习者是 $p < 0.05$（女 2 号）；在研究生三年级到参加工作的 1 年期间，所有 4 位学习者是 $p < 0.05$。这一方面说明硕士研究生学习者的口语词汇在发展过程中变异程度很高，在 8 人次当中有 3 人次是 $p < 0.01$；另一方面也表明了从研究生一年级到研究生二年级比从研究生三年级到参加工作的 1 年间，他们口语词汇的变异水平变化更为明显（研究期前两年 $p < 0.01$ 的有 3 人、$p < 0.05$ 的有 1 人，研究期后两年 $p < 0.05$ 的有 4 人，但无人 $p < 0.01$）。其中在研究期前两年，男 1 号达到了 $p < 0.01$ 并且支持虚无假设成立的概率水平是最低的，研究期后两年女 2 号在 $p < 0.05$ 中概率水平最低。从学习者性别的角度来看，硕士研究生同性别学习者的口语词汇变异显著性和差距性具有时间一致性，而不同性别学习者的口语词汇变异显著性和差距性都有异质性特征。无论是男性学习者还是女性学习者，口语词汇变异显著性尤为明显的情况，都出现在从研究生一年级到研究生二年级期间。同时，两性学习者在各自的同性别个体间，口语词汇变异的差

异更大的情况，都出现在从研究生三年级到参加工作的 1 年期间。硕士研究生中的男性学习者比女性学习者表现出更加突出的变异情况，同样出现在从研究生一年级到研究生二年级的阶段，但是后者比前者变异情况的更突出表现期，是在从研究生三年级到参加工作的 1 年期间。硕士研究生中的女性学习者比男性学习者口语词汇变异出现个体间差异更大的情况，是在从研究生一年级到研究生二年级；而后者比前者呈现出更大的个体间差异的时间，是在从研究生三年级到参加工作 1 年时。因此，在研究生阶段的 4 年间，硕士研究生学习者口语词汇发生的变异类型是发展中的变异，这种高度变异表现出极强的稳定性，持续了整个研究期。硕士研究生学习者在研究生一年级到研究生二年级期间，比其在研究生三年级到参加工作的 1 年间，口语词汇变异的显著性更加突出，而男性学习者比女性学习者变异情况更为明显；不过在从研究生三年级到参加工作的 1 年间，女性学习者比男性学习者表现出了更高的变异程度。根据这个特点，二语教师首先需要特别关注学习者在硕士研究生阶段口语词汇的发展变异情况，因为这个阶段的变异都是能够促进英语水平提升的系统自变异。其次还需要照顾到不同时段上不同性别学习者的飞速变化，尤其是从研究生一年级到研究生二年级的男性学习者、从研究生三年级到参加工作的 1 年间女性学习者的变化过程。如果可以按照性别来分班教学的话，则在从研究生一年级到研究生二年级期间，还需要考虑到班级中女性不同个体间的差异情况（其实这也暗示着在口语词汇发展中，起码在这个时段上，还存在影响发展变异情况的其他因素），对于男性学习者的教学班则可以更多关注其在研究生三年级到参加工作的 1 年期间的情况。

最后来看看表 7-1 中博士研究生学习者的情况。博士研究生学习者在研究生一年级到研究生二年级期间，口语词汇变异 $p$ 值男 1 号和女 1 号依次为 0.0781 和 0.0568。这说明，经过蒙特卡罗模拟的 5000 次数据循环后，可以发现变异的原始检验标准与再抽样的标准间出现重合的概率达到了 7.81% 和 5.68%，这高于设定参数参照标准 5%，因此，博士研究生学习者此时口语词汇的变异类型是自由发展。博士研究生学习者在研究生三年级到研究生四年级期间，男 1 号和女 1 号的口语词汇变异 $p$ 值依次为 0.0196 和 0.0202。这表明，在进入博士研究生学习阶段的 2 年后，再经蒙特卡罗模拟检验，变异就不再是偶发的、随机的，而是跨越某个临界阈值时产生了突变，发生了相移（phase shift）的变异（Larsen-Freeman & Cameron，2008），这种发展不连续性的出现推翻了虚无假设，这种变异类型是发展中的变异，它表明一个真正的发展新阶段的到来（Fischer & Yan，2002）。具体来看，在研究生一年级到研究生二年级期间，2位学习者的 $p > 0.05$；在研究生三年级到研究生四年级期间，2位学习者的 $p < 0.05$。这一方面说明这一阶段博士研究生学习者的口语词汇在发展过程中变异程度相对来说要低一点，因为并没有 $p < 0.01$ 的情况出现；另一方面也说明了在从研究生三年级到研究生四年级比从研究生一年级到研究生二年级的1年期间，他们口语词汇的变异程度更为显著（研究期前两年 $p > 0.05$，研究期后两年 $p < 0.05$）。另外，博士研究生学习者的口语词汇变异程度是不受性别影响的。不过，在研究生一年级到研究生二年级的时段，男性学习者比女性学习者表现出更多的同性别间的变异程度差异性。因此，在研究生阶段的4年间，博士研究生学习者口语词汇发生的变异类型在研究生一年级到研究生二年级期间是自由变异，在研究生三年级到研究生四年级期间是发展中的变异。博士研究生是高等教育中的最高等级也是最后一环，二语教师需要意识到即使到了最后阶段，仍然存在帮助他们提升口语词汇的空间，因为在研究生三年级到研究生四年级，他们在口语词汇的发展中的变化体现了其继续提升的意愿。

综上，本研究在4年研究期间发现英语二语口语词汇变异类型中既出现过发展中的变异，也发生过自由变异。本科阶段英语专业学习者和研究生阶段硕士研究生学习者在4年间，口语词汇一直处于发展中的变异。另外，还曾出现过口语词汇发展中的变异类型的情况是，非英语专业女性学习者在大学一年级到大学二年级期间、男性学习者在大学三年级到大学四年级期间以及博士研究生在研究生三年级到研究生四年级期间。自由变异类型出现在非英语专业男性学习者在大学一年级到大学二年级期间、女性学习者在大学三年级到大学四年级间以及博士研究生学习者在研究生一年级到研究生二年级期间。相对来说，口语词汇系统的发展中自变异出现的情况更多些，而且在每个学段的学习者中都出现过。这说明在这4年间，英语二语口语的词汇基本上处于高度发展之中，各学段的学习者似乎从未放弃对于词汇的使用和提升。在始终保持口语词汇发展中变异类型的英语专业学习者和硕士研究生学习者中，前者变异概率检验达到 $p < 0.05$ 的有

8 人次（占到总人次的三分之二），$p < 0.01$ 的有 4 人次（占到总人次的三分之一）；后者则是 $p < 0.05$ 的有 5 人次（占到总人次的三分之二强），$p < 0.01$ 的有 3 人次（占到总人次的三分之一弱）。这表明英语专业学习者和硕士研究生学习者在 4 年间，在口语词汇的发展过程中表现出高度的一致性。因此，如果在某些学习者中存在从本科阶段英语专业向研究生阶段继续学业的情况，以上数据可以成为两个学段的二语教师（尤其是研究生阶段的教师）的教学参考。此外，在口语词汇发展过程中，自由变异和发展中的变异交替出现在非英语专业学习者和博士研究生学习者中，似乎也出现了类似于英语专业学习者与硕士研究生学习者的情况。前者变异概率检验达到 $p < 0.05$ 的有 6 人次（占到总人次的二分之一），$p < 0.01$ 仅有 1 人次；后者则是 $p < 0.05$ 的有 2 人次（占到总人次的二分之一），无人达到 $p < 0.01$。所以，按照口语词汇 4 年间出现的变异类型，本科阶段的英语专业学习者和研究生阶段的硕士研究生学习者并未受到不同学期、不同学习者性别等因素的显著影响。但是，在博士研究生学习者中，口语词汇的发展受到了不同时段的影响，而非英语专业学习者不但受到时段影响，还受到性别的影响。

另外，无论是何种类型的变异，在变异程度上几乎都会受到时间条件、学习者性别，甚至是两者同时的影响，以致存在变异的细微差别。第一，非英语专业学习者和硕士研究生学习者在研究期的前两年中，口语词汇变异表现得比后两年更明显；而英语专业学习者和博士研究生学习者则是研究期的后两年表现更明显。第二，本科阶段英语专业学习者、硕士研究生学习者和博士研究生学习者表现出无性别差异化的变异程度，只是定位的时期不同（英语专业学习者和博士研究生学习者位于研究期后两年，硕士研究生学习者位于研究期前两年）。非英语专业学习者和硕士研究生学习者在口语词汇的变异差距上也表现出了同性别一致性，而且都出现在研究期的后两年。第三，不同性别学习者的比较情况如下：首先，口语词汇的变异程度明显度表现方面。在研究期前两年，非英语专业女性学习者比男性学习者更明显，硕士研究生男性学习者比女性学习者更明显；在研究期后两年，非英语专业男性学习者比女性学习者更明显，硕士研究生女性学习者比男性学习者更明显。其次，口语词汇的变异差距表现方面。在研究期前两年，非英语专业学习者、硕士研究生学习者和博士研究生学习者中，前面两者是女性学习者比男性学习者变异差距大，后者是男性学习者比女性学习者变异差距大；在研究期后两年，非英语专业和硕士研究生的男性学习者比女性学习者的变异差距更大些。

### 7.1.2 口语句法发展变异类型

本研究在 4 年研究期间，收集口语语料样本合计 1536 个（其中本科阶段学习者的样本数是 1152 个，研究生阶段学习者的样本数是 384 个）。在英语二语口语句法发展的变异研究中，选取了与句法测量指标中其他 3 个都有紧密关系的"限定性动词的比例"（W/FV）。因此，与 7.1.1 "口语词汇发展变异研究"一样，通过再抽样技术和蒙特卡罗模拟对 1152 个句法（W/FV）数据点进行统计分析，最终确定口语句法的不同变异类型。数据统计过程和处理方式与 7.1.1 "口语词汇发展变异研究"相同，此处不再赘述。

表 7-2 中展示的是英语二语口语句法（W/FV）的变异概率水平检验结果，其中学习者学段、人数、编号等情况也与 7.1.1 "口语词汇发展变异研究"部分一致。

表 7-2　英语二语口语句法（W/FV）变异概率水平检验结果

| 学段 | 第 1—4 学期（大一、大二） | | | | | |
|---|---|---|---|---|---|---|
| 编号 | 男 1 号 | 男 2 号 | 女 1 号 | 女 2 号 | 女 3 号 | 女 4 号 |
| 英专 | 0.0046** | 0.0079** | 0.0138* | 0.0224* | 0.0232* | 0.0109* |
| 非英 | 0.4651 | 0.3991 | 0.1213 | 0.0876 | 0.2752 | 0.3145 |
| 硕士 | 第 1—4 学期（研一、研二） | | | | | |
| | 男 1 号 | 男 2 号 | 女 1 号 | 女 2 号 | | |
| | 0.0914 | 0.0832 | 0.0865 | 0.152 | / | / |
| 博士 | 第 1—4 学期（研一、研二） | | | | | |
| | 男 1 号 | 女 1 号 | | | | |
| | 0.0166* | 0.0194* | / | / | / | / |
| 学段 | 第 5—8 学期（大三、大四） | | | | | |
| 编号 | 男 1 号 | 男 2 号 | 女 1 号 | 女 2 号 | 女 3 号 | 女 4 号 |
| 英专 | 0.0251* | 0.0192* | 0.0314* | 0.0271* | 0.0218* | 0.0309* |
| 非英 | 0.0502 | 0.0687 | 0.0432* | 0.0296* | 0.0313* | 0.0198* |

续　表

| 硕士 | 第5—6学期（研三、工作1年） | | | | | |
|---|---|---|---|---|---|---|
| | 男1号 | 男2号 | 女1号 | 女2号 | | |
| | 0.0136* | 0.0197* | 0.0216* | 0.0145* | / | / |
| 博士 | 第5—8学期（研三、研四） | | | | | |
| | 男1号 | 女1号 | | | | |
| | 0.0205* | 0.0264* | / | / | / | / |

注：** 指 $p<0.01$，* 指 $p<0.05$。

先来看看表7-2中本科阶段英语专业学习者的情况。本科阶段英语专业学习者在大学一年级到大学二年级期间，口语句法变异 $p$ 值从男1号、男2号到女1号、女2号、女3号和女4依次为0.0046、0.0079、0.0138、0.0224、0.0232和0.0109。这说明，在蒙特卡罗模拟原始检验标准与再抽样标准间进行5000次模拟数据后，发现男性学习者的 $p$ 值都小于0.01，女性学习者的 $p$ 值都小于0.05。这个低于设定参数值的结果否定了虚无假设，因此此时口语句法的变异类型是发展中的变异。本科阶段英语专业学习者在大学三年级到大学四年级期间，口语句法变异 $p$ 值从男1号、男2号到女1号、女2号、女3号和女4号依次为0.0251、0.0192、0.0314、0.0271、0.0218和0.0309。这意味着经过蒙特卡罗5000次模拟发现，原始检验标准与再抽样标准的同源率依然都低于5%的设定参照，因此此时口语句法的变异类型还是发展中的变异。综上，本科阶段英语专业学习者在从大学一年级开始的4年高等教育期间，英语二语口语句法的变异类型是发展中的变异，这与其口语词汇的变异情况完全一致。具体来看，在大学一年级到大学二年级期间，有2位学习者是 $p < 0.01$（男1号和男2号），其他4位学习者是 $p < 0.05$；在大学三年级到大学四年级期间，所有6位学习者都是 $p < 0.05$。这一方面说明本科阶段英语专业学习者口语句法在发展过程中变异程度很高，在12人次当中有2人次是 $p < 0.01$（这占到总人次的六分之一）；另一方面也表明，从大学一年级到大学二年级（低年级阶段）比从大学三年级到大学四年级（高年级阶段），他们口语句法的变异水平变化更为明显（低年级阶段 $p < 0.01$ 有2人，高年级阶段没有）。这与其口语词汇的变异情况不太相同：本科阶段英语专业学习者的口语句法不像口语词汇的变异那样明显（口语句法表现中 $p < 0.01$ 的有2

人，口语词汇 $p < 0.01$ 的有 8 人，其余学习者都是 $p < 0.05$）。虽然英语专业学习者的口语词汇与句法都是发展中的变异类型，但是从变异程度上来看，他们的口语词汇更高的变异程度出现在高年级阶段，而口语句法则出现在低年级阶段。而且在口语词汇发展中，女性学习者 $p < 0.01$ 出现的频率更高；在口语句法发展中，达到 $p < 0.01$ 的都是男性学习者。因此，对于英语专业学习者来讲，低年级是口语句法的教学关键期，而口语词汇的教学关键期是在高年级阶段；同时女性学习者更多关注词汇，而男性学习者相对更加重视句法方面。另外，在同性别内部存在更多个体差异的情况是，女性学习者出现在低年级阶段，男性学习者则出现在高年级阶段。不过，在整个 4 年发展期中，男性学习者一直比女性学习者呈现出更高程度的变异情况，而女性学习者比男性学习者表现出更多的个体间差异。因此，在本科阶段的 4 年间，英语专业学习者口语句法发生的变异类型是发展中的系统自变异（这与其口语词汇变异情况一致），在低年级阶段口语句法的变异程度更加明显（这与其口语词汇变异情况不同，口语词汇是在高年级阶段），并且未表现出性别差异（这与其口语词汇变异情况一样）。所以，根据本科阶段英语专业学习者口语句法的变异特点，二语教师在口语句法教学安排中，可以考虑将重点内容主要放在低年级阶段，在整个 4 年学习期间需要给予女性学习者更多的个体差异化教学。

　　再来看看表 7-2 中本科阶段非英语专业学习者的情况。本科阶段非英语专业学习者在大学一年级到大学二年级期间，口语句法变异 $p$ 值从男 1 号、男 2 号到女 1 号、女 2 号、女 3 号和女 4 号学习者依次为 0.4651、0.3991、0.1213、0.0876、0.2752 和 0.3145。这说明经过蒙特卡罗模拟检验，分别有高达 46.51%、39.91%、12.13%、8.76%、27.52% 和 31.45% 的概率支持虚无假设，这远远高于 5% 的参照值。因此，非英语专业学习者此时口语句法发生的是自由变异，其中男性学习者的口语词汇此时出现的也是自由变异。本科阶段非英语专业学习者在大学三年级到大学四年级期间，口语句法变异 $p$ 值从男 1 号、男 2 号到女 1 号、女 2 号、女 3 号和女 4 号学习者依次为 0.0502、0.0687、0.0432、0.0296、0.0313 和 0.0198。这表明，此时学习者口语句法的变异程度虽然发生了变化，但是其中的男性学习者仍然处于 5.02% 和 6.78% 的概率水平值上，没有达到能够推翻虚无假设的概率水平。因此，非英语专业男性学习者的口语句法仍处于自由变异状态。女性学习者的原始检验标准与再抽样标准同质概率水平，经蒙特卡罗模拟 5000 次的检验后，却发现她们发生了质变，$p$ 值都小于 0.05，虚无假设不成立。因此，非英语专业女性学习者此时口语句法的变异发生了质的变化，由之前的自由变异发展成为标志发展进入新阶段的发展中系统性的结构变异。这与非英语专业学习者口语词汇的变异类型一样，既有自由变异也有发展中的变异类型。不过，在口语词汇与口语句法的变异类型的性别定位上刚好相反，对前者而言，此时男性学习者是发展中的变异，女性学习者是自由变异；而对后者而言，此时男性学习者是自由变异，女性学习者是发展中的变异。综上，本科阶段非英语专业学习者在从大学一年级开始的 4 年高等教育期间，英语二语口语句法的变异类型在低年级阶段中一直都是自由变异；在高年级阶段中，男性学习者仍是自由变异，而女性学习者却进入了发展中的变异新阶段。这与其口语词汇的变异情况不同：非英语专业男性学习者口语词汇是从自由变异到发展中的变异，女性学习者是从发展中的变异到自由变异。具体来看，在低年级阶段，6 位学习者是 $p > 0.05$；在高年级阶段，2 位男性学习者是 $p > 0.05$，4 位女性学习者是 $p < 0.05$。这一方面说明本科阶段非英语专业学习者口语句法在发展过程中，女性学习者变异的类型会受到发展阶段的影响，女性学习者在低年级阶段是自由变异，而到了高年级阶段却进化成了发展中的变异；而男性学习者并未受到发展时间的影响，一直处于口语句法的自由变异阶段。另一方面也表明高年级阶段比低年级阶段，他们口语句法的变异水平程度更高（高年级阶段 $p < 0.05$ 有 4 人，低年级阶段没有出现 $p < 0.05$）。这与其口语词汇的变异情况不同，口语词汇发展中是在低年级阶段变异的波动更明显。从学习者的性别角度来看，非英语专业男性学习者在低年级阶段比其在高年级阶段表现出更多的变异性，而女性学习者变异的变化则是在高年级阶段更为显著。这与其口语词汇的变异情况不同，非英语专业学习者口语词汇变异表现更为突出的情况是，女性学习者在低年级阶段、男性学习者在高年级阶段。从整个 4 年发展期来看，女性学习者比男性学习者口语句法的变异表现都更加明显，同性别的个体差异也更大；而其口语词汇的变异发展中也呈现出同样的性别差异，但只是定位在低年级阶段，在高年级阶段则转变为男性学习者的变异表现比女性学习者更明显、个体差

异也更大的特点。在同性别间的个体差别中未表现出性别差异，即非英语专业无论是男性学习者还是女性学习者，都是在低年级阶段表现出了更大的个体差异性。因此，在本科阶段的 4 年间，非英语专业学习者口语句法中既有发展中的变异也有自由变异（这与其口语词汇变异情况是一样的），其中男性学习者始终都是自由变异，女性学习者则是从自由变异到发展中的变异（这与其口语词汇变异情况不同，口语词汇发展中无论是男性还是女性学习者，都是在发展中的变异和自由变异两者间进行转变的）。在高年级阶段，口语句法的变异程度更加显著（这与其口语词汇变异情况不同，口语词汇是在低年级阶段），同时还表现出了性别差异（这与其口语词汇变异情况相似，只是不同性别发生的时期不同）。所以，根据本科阶段非英语专业学习者口语句法的变异特点，二语教师在低年级时需要关注的是不同的男性学习者在词汇发展中的个体差异，在高年级阶段的关注焦点则可以转移到女性学习者身上。

现在来看看表 7-2 中硕士研究生学习者的情况。硕士研究生学习者在研究生一年级到研究生二年级期间，口语句法变异 $p$ 值从男 1 号、男 2 号到女 1 号、女 2 号、女 3 号和女 4 号学习者依次为 0.0914、0.0832、0.0865 和 0.0152。这说明，蒙特卡罗模拟检验的结果是 $p$ 值都高于变异出现的概率参照标准值 0.05，因此此时硕士研究生学习者口语句法的变异类型是自由变异。硕士研究生学习者在研究生三年级到参加工作的 1 年期间，口语句法变异 $p$ 值从男 1 号、男 2 号到女 1 号和女 2 号学习者依次为 0.0136、0.0197、0.0216 和 0.0145。这意味着经过蒙特卡罗模拟 5000 次循环后的检验，发现了变异出现的程度、可持续性等都达到了显著程度。因此，此时硕士研究生口语句法变异类型已经转换成了发展中的变异。综上，硕士研究生学习者在从研究生一年级开始的 4 年期间，英语二语口语句法的变异类型是从自由变异发展成为发展中的变异。这与其口语词汇的变异情况不同，口语词汇是一直处于发展中的变异中的。具体来看，在研究生一年级到研究生二年级期间，所有 4 位学习者是 $p > 0.05$；在研究生三年级到参加工作的 1 年期间，所有 4 位学习者是 $p < 0.05$。这一方面说明硕士研究生学习者口语句法在发展过程中变异程度受到了所处时段的影响，研究期前两年所有学习者都是自由变异，研究期后两年所有学习者都是发展中的变异；另一方面也表明了从研究生三年级到参加工作的 1 年间比研究生

一年级到研究生二年级，学习者口语句法的变异水平变化更显著（研究期前两年 $p > 0.05$，研究期后两年 $p < 0.05$）。这与其口语词汇的变异情况不同，口语词汇的变异类型并未随时间发展而发生变化。

从学习者性别的角度来看，硕士研究生同性别学习者的口语句法变异显著性和个体间的差异性都没有出现性别分化的情况。无论是男性学习者还是女性学习者，口语句法变异凸显情况的出现都出现在研究生三年级到参加工作的 1 年期间；而男性和女性学习者各自的同性别个体间的口语句法变异间的差异更大的情况，却出现在研究生一年级到研究生二年级期间。这种在口语句法上两性学习者出现的变异情况中的时间一致性，与其在口语词汇中的表现是一样的；不过其口语词汇发展中变异明显的时期定位是在研究生一年级到研究生二年级，而同性别表现更多个体差异的时期定位是在研究生三年级到参加工作的 1 年期间。相对于硕士研究生学习者在口语词汇方面的表现，其口语句法的变异变化相对稳定一些。首先在时间定位上，硕士研究生学习者的口语词汇变异显著性更高的情况，在研究期前两年和后两年是不同的（前两年是男性学习者比女性学习者更显著，而后两年则是女性学习者比男性学习者更显著）；但是硕士研究生学习者的口语句法变异情况在不同性别学习者间的差异，并没有随时间的变化而变化，在整个 4 年研究期内，一直都是男性学习者比女性学习者有更为明显的变异表现。其次，同性别的个体差异在不同性别间的比较中，硕士研究生学习者在口语词汇和口语句法上依然表现出不同的情况。硕士研究生学习者口语词汇在研究期的前两年与后两年的表现不同（前两年是女性学习者比男性学习者差距大，后两年是男性学习者比女性学习者的差距大），其口语句法却在 4 年间保持同一状态，即女性学习者比男性学习者差距大。因此，在研究生阶段 4 年间，硕士研究生学习者口语句法的变异类型是由自由变异向发展中的变异转变（这与其口语词汇变异情况不同，口语词汇是始终如一地保持在发展中的变异类型中），研究期后两年比研究期前两年口语句法变异更具显著性（这与其口语词汇变异情况不同，口语词汇是研究期前两年变异更明显）；整个 4 年发展期间，男性学习者比女性学习者口语句法变异表现更加凸显，而女性学习者比男性学习者的个体间差异更大（这与其口语词汇的变异情况还是不完全一样，具体情况可见上文）。由此可见，硕士研究生学习者口语句法与其口语词汇的变异情况几乎都不一致，而相对来讲，本科阶段的学习者在口语句法与词汇的变异情况上多表现出了相同性。所以，根据硕士研究生学习者口语句法与词汇的变异特点，二语教师在关注两者联系的同时，更需要合理安排两者不同的教学内容。

现在来看看表 7-2 中博士研究生学习者的情况。博士研究生学习者在研究生一年级到研究生二年级期间，口语句法变异 $p$ 值男 1 号和女 1 号依次为 0.0166 和 0.0194。这说明，经过蒙特卡罗模拟检验，两个变异检验标准间同源的概率水平在参照值之下，因此此时博士研究生学习者口语句法的变异类型是发展中的变异。博士研究生学习者在研究生三年级到研究生四年级期间，口语句法变异 $p$ 值男 1 号和女 1 号依次为 0.0205 和 0.0264。这说明原始变异检验标准与再抽样检验标准来自同一数据集合的概率，经过蒙特卡罗模拟 5000 次循环后，发现还是低于参照水平值的，表明两者在统计学上具有显著性差异。因此，此时博士研究生学习者口语句法的变异类型依然是发展中的变异。综上，博士研究生学习者在从研究生一年级开始的 4 年期间，英语二语口语句法的变异类型始终都是发展中的变异。这与其口语词汇的变异情况不同，口语词汇是从自由变异类型演变成为发展中的变异。具体来看，在研究生一年级到研究生二年级期间，2 位不同性别学习者是 $p < 0.05$；在研究生三年级到研究生四年级期间，2 位学习者还是 $p < 0.05$。这说明，博士研究生学习者的口语句法在发展过程中变异程度稳定性很好，一直处于 $p < 0.05$ 的发展中的变异中（当然也并未出现极高显著性，即 $p < 0.01$ 的情况）。这与其口语词汇的变异情况不同，口语词汇的变异类型是随着时间的发展而发生变化的。但是，相比较而言，博士研究生学习者在研究期的前两年比后两年表现出的变异情况更为明显。这与其口语词汇的变异情况表现不同，口语词汇是在研究期后两年更显著。不过，与其口语词汇变异情况表现相同的是，博士研究生学习者的口语句法变异呈现更显著或明显的特征，是没有受到学习者性别影响的。在口语句法变异上，4 年间，相比博士女性学习者博士研究生男性学习者保持了更明显的状态，但其口语词汇却未出现这方面的性别差异。在口语句法的变异情况个体间差异中，男性学习者也是比女性学习者呈现了更多的个体差异，这与其口语词汇的变异情况一样，只是定位时间不同：口语句法定位在研究期后两年，口语词汇定位在研究期前两年。因

此，在研究生阶段的 4 年间，博士研究生学习者口语句法的变异类型一直是发展中的变异（这与其口语词汇变异情况不同，口语词汇是从自由变异向着发展中的变异转化），在研究期前两年比研究期后两年口语句法变异更具显著性（这与其口语词汇变异情况不同，口语词汇是研究期后两年变异更明显），其中口语句法变异程度的不同性别个体间的更大差异，出现在男性学习者中（这与其口语词汇变异情况一样）。所以，根据博士研究生学习者的变异特点，二语教师对于口语句法在博士研究生阶段的提升依然不能放松，尤其是男性学习者无论在变异的显著性上还是个体间的差异上，都需要给予足够的关注。

综上，在 4 年研究期间，笔者发现英语二语的口语句法变异类型中，与口语词汇的变异类型一样，既出现过发展中的变异，也发生过自由变异。本科阶段英语专业学习者和研究生阶段博士研究生学习者在 4 年间，口语句法一直保持着发展中的变异。另外，还曾出现过的口语句法发展中的变异类型的情况是，非英语专业女性学习者在大学三年级到大学四年级期间、硕士研究生在研究生三年级到参加工作的 1 年期间。与其在口语词汇的变异情况中相同的是，本科阶段的英语专业学习者在口语词汇和句法的发展过程中，发生的始终都是发展中的变异，因而高等教育的 4 年一直都是其口语（词汇和句法）的高度变异发展期。非英语专业女性学习者在口语词汇和口语句法发展中，也是既出现了发展中的变异类型，也出现了自由变异类型；不过，口语词汇出现在低年级阶段，而口语句法出现在高年级阶段。

在口语词汇和口语句法发展中，同样出现两种变异类型的还有硕士研究生学习者，只是相对于口语词汇一直都处在发展中的变异类型而言，口语句法中发展中的变异类型仅出现在了研究期的后两年中。自由变异类型出现在非英语专业学习者的大学一年级到大学二年级期间、男性学习者的大学三年级到大学四年级期间，以及硕士研究生学习者的研究生一年级到研究生二年级间。非英语专业男性学习者在口语词汇和口语句法的发展中，都出现了自由变异类型，前者只出现在低年级阶段，后者则在整个 4 年间都出现过。非英语专业女性学习者同样也在口语词汇和口语句法发展中出现了自由变异的情况，不过前者出现在高年级阶段，后者出现在低年级阶段。较为有趣的一个发现是，硕士研究生学习者的口语词汇一直是发展中的变异，而其口语句法是从发展中的变异进入自由变异；博士研究生学习者的口语句法一直是发展中的变异，而其口语词汇是从自由变异进展为发展中的变异。相对来说，口语句法系统的发展中的自变异出现的情况更多些，而且在每个学段的学习者中都出现过。这种情况与口语词汇系统的发展是一致的。这说明在这4年间，英语二语口语的句法与词汇都还在高度发展阶段，此期间不断出现各学段的学习者口语提升的关键时期，当然如果要对这个关键期的动态发展周期进行定位，还需要进一步进行科学判断，这也将是下一部分论述的重点。

在始终保持口语句法发展中变异类型的英语专业学习者和博士研究生学习者中，前者变异概率检验达到 $p < 0.05$ 的有 10 人次（占到总人次的六分之五），$p < 0.01$ 的有 2 人次（占到总人次的六分之一），后者所有 4 人次都是 $p < 0.05$（占到总人次的百分之百），但是无人达到 $p < 0.01$。这表明在 4 年间，英语专业学习者比博士研究生学习者在口语句法发展过程中表现出更高程度的变异水平。结合口语词汇的变异情况可以发现，英语专业学习者口语词汇与口语句法的变异情况，在所有学段的学习者中都是最为显著的。另一方面，在口语句法发展过程中自由变异和发展中的变异交替出现的是，非英语专业学习者和硕士研究生学习者，其中非英语专业学习者的口语词汇也是两个变异类型交替出现的。前者变异概率检验达到 $p < 0.05$ 的有 4 人次（占到总人次的三分之一），后者是 $p < 0.05$ 的有 4 人次（占到总人次的二分之一），两者均无人达到 $p < 0.01$。所以，按照口语句法 4 年间出现的变异类型来看，在本科阶段的英语专业学习者和研究生阶段的博士研究生学习者中，无人受到诸如不同学期、不同学习者性别等因素的显著影响。但是，在硕士研究生学习者中口语句法的发展受到了不同时段的影响，而非英语专业学习者却受到时段、学习者的性别等因素的影响。

另外，无论是何种类型的变异，除了博士研究生学习者之外，其他学段的学习者在变异的细微差异上，都是口语词汇比口语句法表现得更为明显。因此，在英语二语口语系统的发展中，或许其句法的提升会成为教学中的难点，当然这与句法本身的复杂性也是有关的。不过，对于博士研究生学习者来讲，口语词汇和口语句法的变异程度相差不大，甚至句法的提升意识还要更高一些。所以即使学习者在经历过其他学段后，口语句法的提升也并不理想，在高等教育的最后学段也还是句法的提升期。最后综合分析一下口语系统发展中出现的变异情况的异同点。第一，英语专业学习者和博士研究生学习者在研究期的前2年，口语句法变异表现得比后2年更明显；而非英语专业学习者和硕士研究生学习者则是研究期的后2年表现更明显。这与其口语词汇的比较和对比结果是，口语系统（词汇、句法）的发展变异在研究期的前2年表现明显的是：英语专业学习者口语句法、非英语专业学习者口语词汇、硕士研究生学习者口语词汇以及博士研究生学习者口语句法。在研究期后2年的是：英语专业学习者口语词汇、非英语专业学习者口语句法、硕士研究生学习者口语句法以及博士研究生学习者口语词汇。这样的时间定位为各学段的二语教师提供了进行精准教学的参考依据和数据。第二，本科阶段英语专业学习者、硕士研究生学习者和博士研究生学习者表现出无性别差异化的变异程度，这与其口语词汇的变异情况一样，只是定位时期略有不同。硕士研究生学习者的口语词汇和口语句法都是在研究期的前2年；英语专业学习者和博士研究生学习者的口语词汇在研究期的后2年，口语句法在研究期的前2年。在口语句法变异的个体差距上，非英语专业学习者、硕士研究生学习者和博士研究生学习者也表现出了同性别一致性，而且都出现在研究期的前2年。其中，非英语专业学习者和硕士研究生学习者在口语词汇的变异情况上也出现了同样的表现，只不过出现在研究期的后2年。第三，不同性别学习者的比较情况如下：首先，口语句法的变异程度明显度表现方面。全部学段的学习者变异程度的男女差异化表现，都出现在整个4年研究期间，这与口语词汇的变异情况不同，口语词汇变异程度的性别差别都是以2年为周期发生变化的。这4年间，在英语专业本科生、硕士研究生和博士研究生中，都是男性学习者比女性学习者口语句法变异更明显，仅有非英语专业本科生是女性学习者比男性学习者更明显。但在口语词汇发展中，表现出这种差异的是非英语专业学习者和硕士研究生学习者，而且男性与女性学习者的占比时间是各一半的。因此，相对而言，对于口语句法的关注度和提升程度上，男性学习者比女性学习者更高。其次，口语句法的变异差距表现方面。英语专业学习者、非英语专业学习者和硕士研究生学习者口语句法变异的个体差异，都出现在整个4年研究期间。这与口语词汇变异情况不同，口语词汇变异差别的性别差异都是以2年为周期发生变化的。不过，博士研究生学习者的口语句法变异的个体间差距，也是以 2 年为周期的，这与其口语词汇变异情况相同。4 年间，在英语专业本科生、非英语专业本科生和硕士研究生中，都是女性学习者比男性学习者口语句法变异的个体间差异更明显，仅在博士研究生中是女性学习者比男性学习者更明显。但在口语词汇发展中表现出这种差异的是非英语专业学习者和硕士研究生学习者，而且男性与女性学习者的占比时间是各一半的。因此，相对而言，在口语句法的提升路径上，女性学习者的个体间差异化更大。

## 7.2  口语发展变异周期

为了能够让学习者深度掌握英语二语口语系统的发展变异规律，本书的最后一部分将结合口语发展变异类型和口语发展变异过程等情况，明确口语发展变异模式，判定口语发展变异周期。首先根据口语系统（词汇、句法）的发展变异的检验结果，区分变异的不同类型，其中有随机的自由变异和系统自组织发展中的变异两种类型。无论是在口语词汇还是口语句法发展中，如果学习者的口语系统正处于自由变异发展中，这表明他们在此阶段并未进入一个有规律可循的发展周期中；如果学习者的口语系统处于发展中的变异当中，则表示他们通过前期的发展（往往是自由变异的过程），此时已经积累到了进入新的发展阶段的程度。然后再根据口语系统（词汇、句法）在本研究中发展后期的情况，如变异的速度、变异的持续时间等关键信息，为其确定是否完成了一个完整的发展周期。无论是在口语词汇还是口语句法发展中，如果学习者的口语系统在发展的最后期仍处于中速或快速发展中，而且同时这种发展速度的持续期在整个发展后期中的占比情况至少要持续二分之一时，那么就可以判断他们还处在一个尚未完结的发展周期中；如果学习者的口语系统在发展的最后期进入了慢速发展期，而且同时这种发展速度的持续期在整个发展后期中的占比情况持续了二分之一及以上时，那么就可以判定他们完成了一个发展周期或者说口语系统又向前行进了一个发展周期。当然对于口语系统是否完成一个发展周期的判定，都是以先行确认的变异类型为基础的。

## 7.2.1 口语词汇发展变异周期

英语二语口语词汇发展过程中的变异类型分为两种：自由变异和发展中的变异。其中出现口语词汇自由变异的具体情况是：非英语专业男性学习者在低年级阶段、非英语专业女性学习者在高年级阶段以及博士研究生学习者在研究期前2年这三种情形。虽然以上这些学段的学习者在某些时段呈现出了某些变化，但学习者并未进入口语词汇的真正发展期，口语词汇未获得真正的提升。再来结合出现口语词汇发展中变异类型的具体情况，可以发现非英语专业男性学习者在进入高校的2年后，由自由变异转变为发展中的变异，这说明他们在高年级阶段才开始开启口语词汇的一个发展周期；而非英语专业的女性学习者却是由低年级阶段的发展中变异，在高年级阶段再次走向了自由变异。这说明她们在进入高校2年后就已经完成了一个口语词汇的发展周期，但是在后2年（即高年级阶段）并未再次开始一个新的口语词汇发展阶段。博士研究生学习者的情况与非英语专业男性学习者是一样的，也是在研究期的前2年迟迟未曾进入一个口语词汇的发展周期，不过在研究期的后2年其口语词汇还是在自由变异后进入了发展中的变异，启动了一个发展周期。

纵观英语二语口语词汇变异在发展后期的表现，可以看到两种不同的情形：慢速发展和中速发展。其中，出现口语词汇慢速发展的具体情况是：英语专业学习者在低年级阶段、非英语专业学习者在低年级和高年级两个阶段、硕士研究生学习者在研究期的前两年以及博士研究生学习者在研究期前两年和后两年两个阶段。以上学习者不但在最后一个发展时期（即大约是在大学二年级下学期/研究生二年级下学期或大学四年级的学习者/研究生四年级下学期），口语词汇进入慢速发展期，而且还分别持续了3个月、5个月、5个月、3个月、3个月和5个月的时间，这个时长占到了整个发展后期的二分之一到六分之五的时间。这里持续时间的算法是，在发展后期的带宽数据中取众数（当可取众数的数量大于1时，取 $n$ 个众数中的最大值；当无众数出现时，取其平均数，下同）。这说明英语专业学习者在低年级阶段的2年间、非英语专业的女性学习者在低年级阶段的2年间、非英语专业的男性学习者在高年级的2年间、硕士研究生学习者在研究期的前2年间以及博士研究生学习者在研究期的后2年间，进入并完成了一个口语词汇的发展周期，也就是口语词汇得到了一个发展周期的提升。其中非英语专业男性学习者在低年级阶段、非英语专业女性学习者在高年级阶段以及博士研究生学习者在研究期的前 2 年中，由于均还是处在自由变异类型的未进入新发展阶段的状态，所以即使发展后期进入了慢速发展且持续期较长，也仍然不可能完成一个发展周期。口语词汇发展后期中出现中速发展的具体情况是：英语专业学习者在高年级阶段和硕士研究生学习者在研究期的后两年。其中英语专业学习者在大学四年级下学期口语词汇变异处于中速发展中，整个口语词汇系统的发展并未稳定，还在发展变化之中，而且这种不稳定的状态持续了 5 个月，占到了发展后期六分之五的时间。这说明英语专业学习者虽然于此时进入了一个新的发展周期（此时其是发展中的变异类型），但是系统还处于不断的波动之中，尚未完全完成提升，因此英语专业学习者在大学 4 年的最后阶段口语词汇系统发展还未稳定地进入吸态。

综上，英语二语口语词汇发展变异的周期定位有 3 类情形：尚未进入一个新的发展周期、进入一个发展周期但这个发展周期并未完结以及进入并完成一个新的发展周期。处于第一种情形（未进入）的有：非英语专业男性学习者在低年级阶段、非英语专业女性学习者在高年级阶段以及博士研究生学习者在研究期的前 2 年。处于第二种情形（进入未完成）的有：英语专业学习者在高年级阶段和硕士研究生学习者在研究期的前 2 年。处于第三种情形（进入并完成）的有：英语专业学习者在低年级阶段、硕士研究生学习者在研究期的前 2 年以及博士研究生学习者在研究期的后 2 年。因此，口语词汇在 4 年发展期间，英语专业学习者在低年级阶段进入并完成了一次发展周期，在高年级阶段进入但未完成一个新的发展周期。这表明，对于英语专业学习者来说，口语词汇的再次提升需要经历更长的时间周期，未来的此类研究可以继续追踪其完成这个新的发展周期所需的时间和条件。出现相同情况的还有硕士研究生学习者，他们也是在研究期的前 2 年进入并完成了一个完整的口语词汇发展周期，但是在研究期的后 2 年虽进入但却并未完成这个新的发展周期。不过，硕士研究生学习者与英语专业学习者在发展最后期所处的（语言使用）环境不同，前者已经进入职场，后者仍处在以课堂教学为主的学校中。而且，从整个学段发展角度来讲，从本科阶段到研究生阶段，似乎是经历了从进入并完成第一个新发展周期，到进入第二个发展周期，再到完成第二个发展周期，最后又一次进入并完成第三个发展周期，当然这种推断就需要未来更多的此类研究提供更为可靠的佐证。非英语专业学习者的口语词汇变异情况与其他学段的学习者相对，由于受到了更多学习者性别的影响，因此变异表现更为复杂多样一些。在口语词汇的 4 年发展期间，非英语专业的男性学习者在大学三年级上学期才进入真正的发展提升期，并于大学四年级下学期完成了这个口语词汇新的发展周期。非英语专业女性学习者在低年级阶段就进入并完成了口语词汇的一个新的发展周期，但是直到发展最末期，她们也再未进入下一个新的发展周期。博士研究生学习者的情况与非英语专业男性学习者相似，在研究生三年级才开始进入口语词汇的一个新发展周期，到研究生四年级下学期进入吸态的稳定发展期，结束了这次发展周期。从口语词汇发展变异新发展周期的启动时间来看，从大学一年级或研究生一年级开始的是：英语专业学习者、非英语专业女性学习者和硕士研究生学习者。从大学三年级或研究生三年级开始的是：非英语专业男性学习者和博士研究生学习者。这为二语教师合理安排口语词汇的教学提供了参考的时间窗口。从口语词汇发展变异开启新周期的次数来看，进入新周期 2 次的是英语专业学习者和硕士研究生学习者；进入新周期 1 次的是非英语专业学习者和博士研究生学习者。这表明，在口语词汇的发展过程中，英语专业学习者和硕士研究生学习者比非英语专业学习者和博士研究生学习者习得水平多提升了一个发展周期的时长。从口语词汇发展变异完成新周期的次数来看，全部学段的学习者都完成且仅完成了 1 次新周期。也就是说，全部学习者在 4 年间口语词汇都提升了一个发展周期的水平。从口语词汇发展变异新发展周期的完成时间来看，在大学二年级或研究生二年级完成的是英语专业学习者、非英语专业女性学习者和硕士研究生学习者；在大学四年级或研究生四年级完成的是非英语专业男性学习者和博士研究生学习者。

## 7.2.2　口语句法发展变异周期

英语二语口语句法发展过程中的变异类型分为两种——自由变异和发展中的变异，这与口语词汇发展过程一样，都出现了两种不同的变异类型。其中，出现口语句法自由变异的具体情况是：非英语专业学习者在低年级阶段、非英语专业男性学习者在高年级阶段以及硕士研究生学习者在研究期前 2 年。这说明以上这些学段的学习者虽然出现了口语句法的波动

变化，但却仍未进入可以达到提升口语句法水平的发展周期。与口语词汇
发展变异周期定位情况一致的是非英语专业男性学习者在低年级阶段的表
现，即在口语词汇和口语句法上都未进入真正的发展周期。再来结合出现
口语句法发展中变异类型的具体情况，可以发现非英语专业学习者在低年
级阶段的 2 年期间，口语句法并没有得到真正的质的发展，而且，男性学
习者在高年级阶段的 2 年期间，仍未出现口语句法实质提升的发展周期。
不过，女性学习者在高年级阶段最终达到了一个新的发展周期，口语句法
获得了新的提升，所以非英语专业的女性学习者口语词汇的新发展周期是
在低年级阶段，而口语句法的新发展周期却在高年级阶段。硕士研究生学
习者的情况与非英语专业女性学习者是一样的，也是在经过了研究期的前
两年后，才开始启动一个口语句法的发展周期，这种情况与博士研究生学
习者和非英语专业男性学习者在口语词汇上的表现相似。

纵观英语二语口语句法变异在发展后期的情况，同样出现了两种不同
的情形：慢速发展和中速发展。其中，出现口语词汇最后期慢速发展的具
体情况是：英语专业学习者在低年级阶段，非英语专业学习者在低年级和
高年级两个阶段，硕士研究生学习者在研究期前 2 年和后 2 年两个阶段，
以及博士研究生学习者在研究期前 2 年和后 2 年两个阶段。以上学习者在
口语句法慢速发展期，持续的时间分别是 4 个月、4 个月、3 个月、5 个
月、4 个月、5 个月和 5 个月。这个时长占到了整个发展后期的二分之一
到百分之百的时间，这里持续时间算法与 7.2.1 部分相同。这说明英语专
业学习者在低年级阶段的 2 年间、非英语专业的女性学习者在高年级阶段
的 2 年间、硕士研究生学习者在研究期的后 2 年间以及博士研究生学习者
在研究期的前 2 年和后 2 年的 4 年间，进入并完成了一个口语句法的发展
周期，此时其口语句法向前进了一个发展周期。其中，非英语专业学习者
在低年级阶段、非英语专业男性学习者在高年级阶段以及硕士研究生学习
者在研究期的前 2 年中，虽然其在各自的发展后期都进入了缓慢发展，而
且持续时间也足以体现发展的稳定性，但是他们所发生的变异类型却是自
由变异，这使其未曾进入就更谈不到完成发展一个周期了。在口语词汇的
发展中，非英语专业男性学习者也出现了相同的情况。口语句法发展后期
中出现中速发展的具体情况是：英语专业学习者在高年级阶段。这说明英
语专业学习者在大学四年级下学期口语句法变异仍然处于较高速度的发展

中，整个口语句法系统的发展呈现出不稳定的状态，口语句法正在高度发展变化之中，而且这种不稳定的状态持续期长达 6 个月，这个时长占到了发展后期的百分之百的时间。因此，英语专业学习者虽然此时已经再次开启了一个新的发展周期（此时其变异类型是发展中的变异），但是系统发展后期的斥态（repellent state）表明口语句法的提升还在进行当中，一个完整的发展周期还未结束。这与其在口语词汇的发展状况是一致的。

　　综上，英语二语口语句法发展变异的周期定位有 3 类情形：尚未进入一个新的发展周期、进入一个发展周期但这个发展周期并未完结以及进入并完成一个新的发展周期。处于第一种情形（未进入）的有：非英语专业学习者在低年级阶段、非英语专业男性学习者在高年级阶段以及硕士研究生学习者在研究期的前 2 年。处于第二种情形（进入未完成）的仅有：英语专业学习者在高年级阶段。处于第三种情形（进入并完成）的有：英语专业学习者在低年级阶段、非英语专业女性学习者在高年级阶段、硕士研究生学习者在研究期的后 2 年以及博士研究生学习者在研究期的前 2 年和后 2 年。因此，口语句法在 4 年发展期间，英语专业学习者在低年级阶段进入并完成了一次发展周期，在高年级阶段进入但未完成一个新的发展周期。这表明对于英语专业学习者来说，口语句法的再次提升需要经历更长的时间周期，这与其在口语词汇上的表现完全一致。因此二语教师可以对于英语专业学习者进行口语词汇和口语句法教学的同步安排。非英语专业学习者的口语词汇变异情况，与其口语词汇的情况一样，都同时受到了时段和学习者性别的双重影响，不过相对来讲，口语句法受到学习者性别的影响要小一些。在口语句法的 4 年发展期间，仅有女性学习者直到大学三年级上学期才开启新一轮的发展周期。这说明非英语专业学习者的口语句法的变异类型未受到学习者性别的影响，在低年级阶段都是自由变异。但是，在非英语专业学习者的口语词汇发展中，新的发展周期的起点是：女性学习者在大学一年级上学期、男性学习者在大学三年级上学期。因此，在口语句法发展中，非英语专业中仅有女性学习者进入并完成了一个发展周期，而男性学习者未曾进入真正的口语句法提升发展期。硕士研究生学习者的口语句法变异情况是：他们在研究期的前 2 年并未进入一个实质的发展周期，但是在研究期的后 2 年却进入并完成了一个新的发展周期。这种情况明显与其在口语词汇上的发展不同，口语词汇是连续 2 次进入新的发展周期，不过第 2 次的发展周期未在本研究期内完结；但口语句法却只进入了 1 次新发展周期，而且在 4 年间完成了这个发展周期。从整个学段发展的角度来看，从本科阶段到研究生阶段，口语句法的发展与口语词汇发展一样，似乎都体现出了某种程度上的时间连续性。但不同的是，口语句法在研究生阶段进入新发展周期的起始时间比本科阶段学习者要晚 2 年，而且最终完成了一个发展周期的句法提升。博士研究生学习者的口语句法的变异情况与其他学段学习者都不相同，甚至与其在口语词汇上的变异表现也不尽相同。博士研究生学习者在 4 年间，2 次进入并都完成了这两个发展周期。在每个时段上发展后期的稳定吸态，说明了他们在口语句法上发展的效果和效率双高，这与本研究前面发现博士研究生学习者相对其他学段学习者更加具有复杂的结构意识是互证的。从口语句法发展变异新发展周期的启动时间来看，从大学一年级或研究生一年级开始的是英语专业学习者和博士研究生学习者；从大学三年级或研究生三年级开始的是非英语专业女性学习者和硕士研究生学习者。结合口语词汇的研究结果可以发现，英语专业学习者口语词汇和口语句法新发展周期的启动时间都始于大学一年级上学期。从口语句法发展变异开启新周期的次数来看，进入新周期 2 次的是英语专业学习者和博士研究生学习者；进入新周期 1 次的是非英语专业女性学习者和硕士研究生学习者。这表明，在口语句法的发展过程中，英语专业学习者和博士研究生学习者比非英语专业女性学习者和硕士研究生学习者习得水平多提升了一个发展周期，而非英语专业的男性学习者在 4 年间口语句法未得到有效提升。其中，英语专业学习者的口语词汇和口语句法在 4 年间都 2 次进入新发展周期，非英语专业女性学习者则是在口语词汇和口语句法上都有 1 次进入新发展周期。从口语句法发展变异完成新周期的次数来看，完成新周期 2 次的是博士研究生学习者；完成新周期 1 次的是英语专业学习者、非英语专业女性学习者和硕士研究生学习者；未进入也未完成新周期的是非英语专业男性学习者。其中，英语专业学习者、非英语专业女性学习者和硕士研究生学习者的口语词汇和口语句法，在 4 年发展期间都各自完成了 1 次新发展周期。

最后，本研究精细刻画了不同学段的学习者英语二语口语词汇和句法在每个时段（学期）的发展变异周期，展现了二语口语动态发展系统在时间轴线上的行进路径。"时间表"与"路线图"的结合将有助于二语教师精准定位口语系统发展中的关键期，推动口语系统重组，达到提升二语口语技能的目的。英语专业学习者口语词汇和口语句法发展变异表现出了高度的一致性：在大学一年级上学期到大学二年级下学期，口语词汇和句法都进入并完成了第一个新的发展周期；在大学三年级上学期到大学四年级下学期，口语词汇和句法都进入但尚未完成第二个新发展周期。因此，英语专业学习者在口语词汇和句法的发展变异上，2次进入新发展周期，低年级阶段完成了1次发展周期，而且2个新发展周期出现的起始时间、持续时间等都是相同的。英语专业学习者在口语系统发展中，对于词汇和句法的提升采取的是同步平衡发展方式。非英语专业男性学习者口语词汇和口语句法发展变异表现完全不同：在大学三年级上学期口语词汇进入并完成了一个发展周期，但口语句法却从未进入一个实质性的发展提升周期中。因此，非英语专业男性学习者口语技能的提升主要依赖的是词汇的发展，或许口语句法的学习将会是其提升的难点，这就需要二语教师为其尽早开启口语词汇的新发展周期，同时采取一切教学手段和方法使其进入口语句法的一个新发展周期。非英语专业女性学习者口语词汇和口语句法发展变异表现不尽相同：她们在口语词汇和句法的发展变异上，都进入并完成了一个完整的新发展周期；不过，口语词汇是在低年级阶段（具体时间是大学一年级上学期）、口语句法是在高年级阶段（具体时间是大学三年级上学期）进入并完成一个新的发展周期的。因此，非英语专业的女性学习者在口语词汇和句法的发展变异上，都分别进入并完成1次新发展周期。这与英语专业学习者的情况相似，都采用了两者平衡发展的方式，只不过并不是同期进行的，口语词汇发展在前，口语句法发展在后。硕士研究生学习者口语词汇和口语句法发展变异表现不太一致：在研究生一年级上学期到研究生二年级下学期，口语词汇进入并完成了第一个词汇的新发展周期；在研究生三年级上学期到参加工作的1年间，口语词汇再次进入第二个词汇新发展周期，同期口语句法也开启了第一个句法新发展周期，不过，口语词汇在4年间未完成第二个新发展周期，而口语句法则结束了其第一个也是唯一的一个新发展周期。因此，硕士研究生学习者在口语词汇和句法的发展变异上，词汇2次进入新发展周期，其中在研究期前2年完成了1次新发展周期（这与英语专业学习者口语词汇的情况相同），句法进入并完成1次新发展周期（这与非英语专业女性学习者口语句法的情况相似）。相对硕士研究生学习者自身而言，他们更趋向于借助词汇来提升口语技能的水平；不过比起本科阶段非英语专业学习者（本研究中的硕士研究生学习者都来自非英语专业）来说，他们的口语句法发展提升程度只多不少，同时还要考虑到研究生阶段学习者大多已经发展到高水平阶段，有待提升的空间会比本科阶段学习者相对少一些的这个影响因素。博士研究生学习者口语词汇和口语句法发展变异表现既有相同点也有不同点。不同之处是：在研究期的前 2 年，博士研究生学习者的口语句法进入并完成了句法的第一个新发展周期，但此时口语词汇却仍处于自由变异阶段，还未开启词汇的新发展周期。相同之处在于：在研究期的后 2 年，博士研究生学习者的口语词汇和句法都进入并完成了一个完整的新发展周期。因此，博士研究生学习者在口语词汇和句法的发展变异上，句法 2 次进入新发展周期，并且 2 次完成了新发展周期，这是其他学段的学习者都没有达到的提升高度。词汇进入并完成了 1 次新发展周期，这与非英语专业学习者口语词汇发展变异情况相似。作为高等教育的最后一个学段，博士研究生学习者基本可以确定为高水平英语学习者，他们在二语提升路径上可以说是已经非常接近（起码是比其他学段的学习者）本族语者目标语的水平了，因而其提升的程度非常有限、提升的难度也是最大的。博士研究生学习者把对二语（口语）水平提升的关键主要放在句法层面，这充分表明即使在博士研究生学习阶段，二语的课堂教学依然是中国学习者二语系统质的飞跃发展的重要方式。

在目前绝大多数高等院校中，"英语"课程的开设，一般是将"词汇"课与"语法"课单独设立的，本研究可为其按照学习项目的发展规律安排教学计划和精准分班提供依据。比如在"词汇"教学安排上，根据本研究结果，可以打破原有传统的按照学段或专业分班的制度。将进入并完成词汇新发展周期一致的学习者纳入一个"词汇"学习班中，围绕口语词汇学习做既统一又多样的教学安排。本研究发现进入并完成 1 次词汇新发展周期的学习者包括：大学一年级的非英语专业女性学习者、研究生一年级的博士研究生学习者和大学三年级的非英语专业男性学习者；进入 2 次并完成 1 次词汇新发展周期的学习者包括：大学一年级的英语专业学习者和研究生一年级的硕士研究生学习者。在"语法 / 句法"的发展周期方面，进入并完成 1 次句法新发展周期的学习者包括大学三年级的非英语专业女性学习者和研究生三年级的硕士研究生学习者；进入 2 次并完成 1 次句法新发展周期的学习者是大学一年级的英语专业学习者；进入并完成 2 次句法新发展周期的学习者是研究生一年级的博士研究生学习者。当然，在教学分班时考虑到"学习项目"的发展情况，只是作为众多分班依据中的一个有益补充，而不是唯一的标准。不过，每一个尊重语言系统客观发展规律的研究结果都必将会带来更加精准、更具可操作性的实践与应用。

本研究结果对提升我国本科阶段学习者的英语口语技能有如下启示：（1）在口语教学方面，根据不同学习个体的教学关键期，为其分别制定词汇、句法的个性化精准教学计划；（2）在口语评价方面，根据不同学习项目的评价窗口期，制定长短期相结合的多元化动态评价标准。变异研究在国内外都尚属前沿性和创新性研究，本研究是在"新文科"背景下的二语习得领域中，对理论视角及方法论同时进行跨学科研究的一次尝试，扎根中国英语学习者丰富的二语研究资源，检验自然科学的理论和方法在二语习得领域中的适配程度，提高二语研究的科学性和精准性，从学着走，到跟着走，甚至尝试领着走（王克非，2020），尝试以引领的姿态对国际新兴话题进行本土化融合和深耕，探索中国外语环境下学习者的语言习得规律（郑咏滟、刘飞凤，2020）。

SLD 中的变异研究虽然已经成为本领域研究中的一个热门议题，但是截至目前此类研究还是处于发展的初始期（尤其是在我国），因此相关研究中都不可避免地存在一定的局限性和不足之处，当然这也是此类研究今后发展的方向和趋势。第一，关于研究的时长。发展变异研究的时长，可以是几个月，也可以是几年，甚至是十几年、几十年。但将就目前 SLD 中的变异研究来看，最长的研究周期基本都是在 1 年左右。虽然本研究历经了大约 4 年的时间，但是如果期待发现更加符合真实发展情况的变异规律和发展路径，就需要将研究时间尽可能地拉长，这样也可以扩大研究成果的适用范围和实用性。第二，关于研究的受试。发展变异研究中受试的选取，首先在数量上，可以是 1 个人，也可以是几个人、十几个人。其次在类型上，可以在以高等教育为主的受试基础上，选择中学或小学阶段的受试，进而形成一条更为广泛的动态数据链条。但是由于此类研究收集数据的时间较长，需要受试很高的参与度和配合度，所以可以在研究初期在可控范围内尽量选取多个备用受试，增大参与者的基数，以提供更多选用有效研究语料的机会。第三，关于研究的语料。第二语言中的变异研究由于研究周期较长，已经增加了研究的难度和操作。而且像本研究这样以口语作为研究语料的，就无形中更加深了研究的难度。目前在国内外，关于（英语）二语口语发展中的变异研究所需的历时（口语）语料库几乎无迹可寻。因此建立大型的、开放共享的、能够为变异研究提供研究数据的历时语料库（尤其是口语语料）是此类研究的下一个发展阶段和努力方向。第四，关于不同学段的对比研究。目前在 SLD 中的变异研究还基本停留在同质的研究受试内，极少有研究扩展到不同二语学习者的变异情况的组间对比上。当然这与变异研究本身复杂、难操作有密切关系，但是如果要对变异规律有更加深入的了解，就需要在不同条件的二语学习者之间进行对比。虽然本研究在以往研究的基础上，呈现了不同学习阶段、不同性别、不同专业的发展变异轨迹、趋势和规律的比较和对比，但其实还可以在诸如不同的年龄段、不同的学习动机、不同的教学环境等方面进行对比研究。这些都将有助于 SLD 中的变异研究朝着更加深入、更加系统、更加精准、更加实用的方向发展。

# 参考文献

Adolph, K. (1997). *Learning in the development of infant locomotion*. New York: Wiley.

Beer, R. D. (2000). Dynamical approaches to cognitive science. *Trends in Cognitive Sciences*, 4(3), 91-99.

Bulté, B., & Housen, A. (2012). Defining and operationalising L2 complexity. In A. Housen, F. Kuiken, & I. Vedder (Eds.), *Dimensions of L2 performance and proficiency* (pp. 21-46). Amsterdam: John Benjamins.

Bybee, J. (2008). Usage-based grammar and second language acquisition. In P. Robinson, & N. Ellis (Eds.), *Handbook of cognitive linguistics and second language acquisition* (pp. 216-236). London: Routledge.

Cancino, H., Rosansky, E., & Schumann, J. (1978). The acquisition of English negatives and interrogatives by native Spanish speakers. In E. Hatch (Ed.), *Second language acquisition: A book of readings* (pp. 207-230). Rowley: Newbury House.

Caspi, T., & Lowie, W. (2013). The dynamics of L2 vocabulary development: A case study of receptive and productive knowledge. *Revista Brasileira de Liuguistica Aplicada*, 13(2), 437-462.

Clark, A. (1997). *Being there: Putting brain, body and world together again*. Cambridge, MA: The MIT Press.

Crookes, G. (1990). The utterance, and other basic units for second language discourse analysis. *Applied Linguistics*, 11(2), 183-199.

de Bot, K. (2008). Introduction: Second language development as a dynamic process. *The Modern Language Journal*, 92(ii), 166-178.

de Bot, K., Lowie, W., & Verspoor, M. (2005). *Second language acquisition: An advanced resource book*. London: Routledge.

de Bot, K., Lowie, W., & Verspoor, M. (2007). A dynamic systems theory approach to second language acquisition. *Bilingualism: Language and Cognition*, 10(1), 7-21.

Dörnyei, Z. (2009a). Individual differences: Interplay of learner characteristics and learning environment. *Language Learning*, 59(Suppl. 1), 230-248.

Dörnyei, Z. (2009b). *The psychology of second language acquisition*. Oxford: Oxford University Press.

Dörnyei, Z. (2010). The relationship between language aptitude and language learning motivation: Individual differences from a dynamic systems perspective. In E. Macaro (Ed.), *The continuum companion to second language acquisition* (pp. 247-267). London: Continuum.

Dowker, A., Flood, A., Griffiths, H., Harriss, L., & Hook, L. (1996). Estimation strategies of four groups. *Mathematical Cognitions*, 2(2), 113-135.

Dulay Heidi C., & Burt Marina K. (1974). Natural sequences in child second language acquisition. *Language Learning*, 24(1), 37-53.

Efron, B., & Tibshirani, R. J. (1993). *An introduction to the bootstrap*. New York: CHAPMAN & HALLICRC.

Ellis, N. C. (1998). Emergentism, connectionism, and language learning. *Language Learning*, 48(4), 631-664.

Ellis, N. C. (2008). The dynamics of second language emergence: Cycles of language use, language change, and language acquisition. *The Modern Language Journal*, 92(ii), 232-249.

Ellis, R. (1994). *The study of second language acquisition*. Oxford: Oxford University Press.

Evans, N., & Levinson, S. C. (2009). The myth of language universals: Language diversity and its importance for cognitive science. *Behavioral and Brain Sciences*, 32, 429-492.

Feldman, H., Dollaghan, C., Campbell, T., Kurs-Lasky, M., Janosky, J., & Paradise, J. (2000). Measurement properties of the MacArthur communicative development inventories at ages one and two years. *Society for Research in*

*Child Development*, 71(2), 310-322.

Fenson, L., Bates E., Dale, P. Goodman, J., Reznick, J. S., & Thal, D. J. (2000). Measuring variability in early child language: Don't shoot the messenger. *Child Development*, 71(2), 323-328.

Foster, P., Tonkyn, A., & Wigglesworth, G. (2000). Measuring spoken language: A unit for all reasons. *Applied Linguistics*, 21(3), 354-375.

Gaddis, J. (2002). *The Landscape of history: How historians map the past*. Oxford: Oxford University Press.

Goldberg, A. E. (2003). Constructions: A new theoretical approach to language. *Trends in Cognitive Sciences*, 7(5), 219-224.

Good, P. (1999). *Resampling methods: A practical guide to data analysis*. New York: Springer Science.

Grant, L., & Ginther, A. (2000). Using computer-tagged linguistic features to describe L2 writing differences. *Journal of Second Language Writing*, 9(2), 123-145.

Herdina, P., & Jessner, U. (2002). *A Dynamic model of multilingualism: Perspectives of change in psycholinguistics*. Bristol: Multilingual Matters.

Hiver, P., & Al-Hoorie, A. H. (2020). *Research methods for complexity theory in applied linguistics*. Bristol: Multilingual Matters.

Hopper, P. (1998). Emergent grammar. In M. Tomasello (Ed.), *The new psychology of language: Cognitive and functional approaches to language structure* (pp. 155-175). Mahwah: Lawrence Erlbaum Associates.

Hunston, S., & Francis, G. (2000). *Pattern grammar: A corpus-driven approach to the lexical grammar of English*. Amsterdam: John Benjamins.

Jordan, G. (2004). *Theory construction in second language acquisition*. Amsterdam: John Benjamins.

Langacker, R. (2008). Cognitive grammar as a basis for language instruction. In P. Robinson, & N. Ellis (Eds.), *Handbook of cognitive linguistics and second language acquisition* (pp. 66-88). London: Routledge.

Larsen-Freeman, D. (1997). Chaos/Complexity science and second language acquisition. *Applied Linguistics*, 18(2), 141-165.

Larsen-Freeman, D. (2005). Second language acquisition and the issue of fossilization: There is no end, and there is no state. In Z. Han, & T. Odlin (Eds.), *Studies of fossilization in second language acquisition* (pp. 189-200). Clevedon: Multilingual Matters.

Larsen-Freeman, D. (2006). The emergence of complexity, fluency, and accuracy in the oral and written production of five Chinese learners of English. *Applied Linguistics*, 27(4), 590-619.

Larsen-Freeman, D. (2007). On the complementarity of chaos/complexity theory and dynamic systems theory in understanding the second language acquisition process. *Bilingualism: Language and Cognition*, 10(1), 35-37.

Larsen-Freeman, D. (2009). Adjusting expectations: The study of complexity, accuracy, and fluency in second language acquisition. *Applied Linguistics*, 30(4), 579-589.

Larsen-Freeman, D. (2012). Complex, dynamic systems: A new transdisciplinary theme for applied linguistics?. *Language Teaching*, 45(2), 202-214.

Larsen-Freeman, D., & Cameron, L. (2008). *Complex systems and applied linguistics*. Oxford: Oxford University Press.

Laufer, B., & Nation, P. (1995). Vocabulary size and use: Lexical richness in L2 written production. *Applied Linguistics*, 16(3), 307-322.

Laufer, B., & Nation, P. (1999). A vocabulary-size test of controlled productive ability. *Language Testing*, 16(1), 33-51.

Leather, J. (1999). Second language speech research: An introduction. *Language Learning*, 49(Supp. 1), 1-56.

Lee, K., & Karmiloff-Smith, A. (2002). Macro- and micro-developmental research: Assumptions, research strategies, constraints, and utilities. In N. Granott, & J. Parziale (Eds.), *Microdevelopment: Transition processes in development and learning* (pp. 243-265). Cambridge: Cambridge University Press.

Loftus, G. (1996). Psychology will be a much better science when we change the way we analyze data. *Current Directions in Psychological Science*, 5(6), 161-171.

Long, M. (1993). Assessment strategies for second language acquisition theories.

*Applied Linguistics*, 14(3), 225-249.

Lu, X. (2010). Automatic analysis of syntactic complexity in second language writing. *International Journal of Corpus Linguistics*, 15(4), 474-496.

MacWhinney, B. (2000). *The CHILDES project: Tools for analysing talk (Volume II: The database). (3rd. Ed.)*. Mahwah: Lawrence Erlbaum Associates.

MacWhinney, B. (2008). A unified model. In P. Robinson, & N. Ellis (Eds.), *Handbook of cognitive linguistics and second language acquisition* (pp. 341-371). London: Routledge.

Mandelbrot, B. (1983). *The fractal geometry of nature*. New York: W. H. Freeman and Company.

McKee, G., Malvern, D., & Richards, B. (2000). Measuring vocabulary diversity using dedicated software. *Literary and Linguistic Computing*, 15(3), 323-337.

Meara, P. (2004). Modelling vocabulary loss. *Applied Linguistics*, 25(2), 137-155.

Norris, J., & Ortega, L. (2009). Towards an organic approach to investigating CAF in instructed SLA: The case of complexity. *Applied Linguistics*, 2009, 30(4), 555-578.

Nunnally, J. (1970). *Introduction to psychological measurement*. New York: McGraw-Hill Book Company.

Ortega, L. (2003). Syntactic complexity measures and their relationship to L2 proficiency: A research synthesis of college-level L2 writing. *Applied Linguistics*, 24(4), 492-518.

Paulson, E. (2005). Viewing eye movements during reading through the lens of chaos theory: How reading is like the weather. *Reading Research Quarterly*, 40(3), 338-358.

Pickover, C. (2009). *The math book: From pythagoras to the 57th dimension, 250 milestones in the history of mathematics*. New York: Sterling Publishing Company.

Polat, B., & Kim, Y. (2014). Dynamics of complexity and accuracy: A longitudinal case study of advanced untutored development. *Applied Linguistics*, 35(2), 184-207.

Port, R., & van Gelder, T. (1995). *Mind as motion: Explorations in the dynamics of cognition*. Cambridge, MA: The MIT Press.

Read, J. (2000). *Assessing vocabulary*. Cambridge: Cambridge University Press.

Richards, B. (1987). Type/Token ratios: What do they really tell us?. *Journal of Child Language*, 14(2), 201-209.

Robinson, B. F., & Ellis, N. C. (2008). *Handbook of cognitive linguistics and second language acquisition*. London: Routledge.

Robinson, B., & Mervis, C. (1998). Disentangling early language development: Modeling lexical and grammatical acquisition using an extension of case-study methodology. *Developmental Psychology*, 34(2), 363-375.

Selinker, L. (1972). Interlanguage. *International Review of Applied Linguistics*, X(3), 209-231.

Siegler, R. (2006). Microgenetic analyses of learning. In D. Kuhn, & R. Siegler (Eds.), *Handbook of child psychology (Volume 2: Cognition, perception, and language)* (pp. 464-510). Hoboken: John Wiley & Sons.

Snijders, T., A. B. & Bosker, R. (1999). *Multilevel analysis: An introduction to basic and advanced multilevel modeling*. London: Sage Publications.

Spivey, M. (2007). *The continuity of mind*. Oxford: Oxford University Press.

Spoelman, M., & Verspoor, M. (2010). Dynamic patterns in development of accuracy and complexity: A longitudinal case study in the acquisition of Finish. *Applied Linguistics*, 31(4), 532-553.

Thelen, E., & Smith, L. (1994). *A dynamic systems approach to the development of cognition and action*. Cambridge, MA: MIT Press.

Tukey, J. (1977). *Exploratory data analysis*. New York: Addison-Wesley Publishing Company.

van Geert, P. (1994). *Dynamic systems of development: Change between complexity and chaos*. Hertfordshire: Harvester Wheatsheaf.

van Geert, P. (2003). Dynamic systems approaches and modeling of developmental processes. In J. Valsiner, & K. Connolly (Eds.), *Handbook of developmental psychology* (pp. 640-672). London: Sage Publications.

van Geert, P. (2008). The dynamic systems approach in the study of L1 and L2 acquisition: An introduction. *The Modern Language Journal*, 92(ii), 179-199.

van Geert, P., & van Dijk, M. (2002). Focus on variability: New tools to study intra-individual variability in developmental data. *Infant Behavior & Development*, 25, 340-374.

Vercellotti, M. L. (2017). The development of complexity, accuracy, and fluency in second language performance: A longitudinal study. *Applied Linguistics*, 38(1), 90-111.

Vercellotti, M. L (2018). Finding variation: Assessing the development of syntactic complexity in ESL speech. *International Journal of Applied Linguistics*, 29(2), 1-15.

Vermeer, A. (2000). Coming to grips with lexical richness in spontaneous speech data. *Language Testing*, 17(1), 65-83.

Verspoor, M., de Bot, K., & Lowie, W. (Eds.). (2011). *A dynamic approach to second language development: Methods and techniques*. Amsterdam: John Benjamins Publishing Company.

Verspoor, M., Lowie, W., & de Bot, K. (2008). Input and second language development from a dynamic perspective. In T. Piske, & M. Young-Scholten (Eds.), *Input matters* (pp. 62-80). Clevedon: Multilingual Matters.

Verspoor, M., Lowie, M., & van Dijk, M. (2008). Variability second language development from a dynamic systems perspective. *The Modern Language Journal*, 92(ii), 214-231.

Verspoor, M., & Sauter, K. (2000). *English sentence analysis: An introductory course*. Amsterdam: John Benjamins Publishing Company.

Verspoor, M., Schmid, M., & Xu, X. (2012). A dynamic usage-based perspective on L2 writing development. *Journal of Second Language Writing*, 21, 239-263.

Wolfe-Quintero, K., Inagaki, S., & Kim, H. (1998). *Second language development in writing: Measures of fluency, accuracy, & complexity*. Honolulu: University of Hawaiʻi, Second Language Teaching and Curriculum Center.

Young, R. (1988). Variation and the interlanguage hypothesis. *Studies in Second Language Acquisition*, 10, 281-302.

Yu, G. (2009). Lexical diversity in writing and speaking task performances.

*Applied Linguistics*, 31(2), 236-259.

安颖，2017. 第二语言的动态发展路径研究. 北京：中国书籍出版社.

安颖，2023. 中国英语学习者口语发展中的词汇及句法变异实证研究. 外语教学与研究（2）：251-263.

安颖，成晓光，2018. 从动态系统视角研究第二语言发展中的变异. 江西师范大学学报（哲学社会科学版）（1）：133-138.

鲍贵，2008. 二语学习者作文词汇丰富性发展多纬度研究. 外语电化教学（5）：38-44.

蔡寒松，周榕，2004. 语言损耗研究述评. 心理科学（4）：924-926.

蔡金亭，朱丽霞，2004. 过渡语变异研究的理论框架：继承与发展. 外语学刊（3）：88-95.

崔刚，柳鑫淼，2013. 语言学习者个体差异研究的新阶段. 中国外语（4）：61-68.

戴运财，2013. 二语习得研究中的认知理论分析. 中国外语（5）：49-55.

戴运财，2015. 复杂动态系统理论视角下的二语学习动机研究. 外国语文研究（6）：72-80.

戴运财，王同顺，2012. 基于动态系统理论的二语习得模式研究——环境、学习者与语言的互动. 山东外语教学（5）：36-42.

丁言仁，戚焱，2005. 词块运用与英语口语和写作水平的相关性研究. 解放军外国语学院学报（3）：49-53.

侯俊霞，陈钻钻，2019. 中国工科大学生英语写作能力发展轨迹历时研究. 中国外语（3）：63-72.

胡学文，吴凌云，庄红，2011. 大学英语社会需求调查分析报告. 中国外语（5）：12-17.

黄小扬，何莲珍，2011.《二语习得心理学》介绍. 外语教学与研究（3）：474-478.

江韦姗，王同顺，2015. 二语写作句法表现的动态发展. 现代外语（4）：503-514.

李茶，隋铭才，2012. 二语学习者个体差异研究：由简单趋向复杂. 中国外语（3）：47-59.

李茶，隋铭才，2017. 基于复杂理论的英语学习者口语复杂度、准确度、流

利度发展研究 . 外语教学与研究（3）：392-404.

李兰霞，2011. 动态系统理论与第二语言发展 . 外语教学与研究（3）：409-
421.

李绍林，1994. 论书面语和口语 . 齐齐哈尔师范学院学报（哲学社会科学版）
（4）：72-78.

李英，闵尚超，2010. 国内英语口语研究现状及发展趋势 . 中国外语（6）：
85-91.

马建俊，黄宏，2016. 从动态系统理论看语言能力综合性研究趋势 . 现代外语
（4）：561-569.

沈昌洪，吕敏，2008. 动态系统理论与二语习得 . 外语研究（3）：65-68.

宋宏，2009. 浑沌理论对第二语言习得的解释力刍议 . 中国外语（2）：66-69.

陶红印，2001. 口语研究的若干理论与实践问题 . 语言科学（1）：50-67.

王勃然，赵雯，2019. 近十年动态系统理论视域下我国二语习得研究：现状
与展望 . 外国语文（3）：134-140.

王初明，2008. 语言学习与交互 . 外国语（6）：53-60.

王初明，亓鲁霞，2016. 从动态系统理论视角看语言测试的反拨效应 . 山东外
语教学（4）：35-42.

王海华，周祥，2012. 非英语专业大学生写作中词汇丰富性变化的历时研究 .
外语与外语教学（2）：40-44.

王克非，2020. 外语学刊的时代担当 . 中国外语（4）：11-14.

王立非，周丹丹，2004. 我国英语口语研究 12 年：回顾与现状 . 外语界（6）：
7-14.

王涛，2010. 从二语习得到二语发展：一个动态的观点 . 外语教学理论与实践
（4）：1-7.

王宇，王雨，2020. 动态系统理论视角下的二语产出性词汇微变化研究 . 外语
教育研究前沿（1）：44-52.

韦晓保，2012. 第二语言习得理论研究的新视角：D-C-C 模式 . 外语界（6）：
18-27.

邬庆儿，2011. 国内英语口语研究十年：现状与思考——对九种外语类核心期
刊十年（1999—2009）的统计分析 . 四川教育学院学报（1）：110-114.

杨荣广，2013. 回顾与反思：国内英语口语研究（1949—2012）述评——基于

14种外语类核心期刊的统计分析.湖北第二师范学院学报（11）：21-24.

杨文星，孙滢，2016.二十一世纪新兴的二语习得理论评析.现代外语（1）：108-118.

于涵静，戴炜栋，2019.英语学习者口语复杂性、准确性的动态发展研究.外语与外语教学（2）：100-110.

于涵静，彭红英，周世瑶，2022.英语学习者口语复杂性动态发展趋势研究——基于多层次建模法.现代外语（1）：90-101.

展素贤，孙艳，2015.我国55年来英语口语研究述评.重庆交通大学学报（社会科学版（1）：123-126.

郑咏滟，2011.动态系统理论在二语习得研究中的应用——以二语词汇发展研究为例.现代外语（3）：303-309.

郑咏滟，2015.基于动态系统理论的自由产出词汇历时发展研究.外语教学与研究（2）：276-288.

郑咏滟，2018.高水平学习者语言复杂度的多维发展研究.外语教学与研究（2）：218-229.

郑咏滟，2019.从复杂动态系统理论谈有效的外语教学.当代外语研究（5）：12-16：49.

郑咏滟，2020.复杂动态系统理论研究十年回顾与国内外比较.第二语言学习研究（1）：84-98.

郑咏滟，冯予力，2017.学习者句法与词汇复杂性发展的动态系统研究.现代外语（1）：57-68.

郑咏滟，李慧娴，2023.复杂动态系统理论视角下二语写作发展的变异性研究.现代外语（5）：650-663.

郑咏滟，刘飞凤，2020.复杂理论视角下任务复杂度对二语口语表现的影响.现代外语（3）：365-376.

郑咏滟，温植胜，2013.动态系统理论视域下的学习者个体差异研究：理论构建与研究方法.外语教学（3）：54-58.

郑玉荣，2011.基于历时学习者语料库的中国英语专业学生词汇与句法发展研究.上海：上海外国语大学.

朱宝，2017.虚拟样本生成技术及建模应用研究.北京：北京化工大学.